卡特政府对华政策与中美建交

与中美建交

★ 宋辰熙 著

开明书店

本书为江苏省优势学科第三期项目资助，江苏省委宣传部／苏州市委宣传部／苏州大学"部校共建马克思主义学院"，江苏省中国特色社会主义理论体系研究中心苏州大学基地，苏州大学人文社科优秀学术团队（马克思主义政党与国家治理研究）理论成果。

目　录

表格目录

摘　要

　　一直以来，国际关系理论学界对解释国家外部决策行为存在两种观点：一种是古典现实主义所主张的"权力中心论"，认为国家的外交决策主要源于国家内部的权力因素，即强调单元因素来解释对外政策。另一种是结构现实主义所主张的"体系中心论"，认为理解国际政治以及国家彼此互动的政治环境必须要深入理解国际体系的性质，即强调体系因素解释对外政策。但是通过大量的国际案例表明，国家的对外政策不可能把体系和单元两个层次上的影响因素完全分离，这也导致了上述理论在解释力上日趋不足。而新古典现实主义的提出正是弥补上述两种理论的缺陷，将体系层次和单元层次有机的结合起来作为解释对外政策的共同因素。体系层次可以分为相对实力分布和国家战略环境，单元层次可以分为战略文化、体系认知、国内制度以及社会力量。体系层次需要通过单元层次作为中介才能最终影响国家对外政策的生成。

　　依照该理论，卡特政府在对华政策做出之前所基于的背景需要从体系和单元两方面进行解读。体系层次方面，20 世纪 70 年代美国的相对实力优势急速下滑，身处的国际战略环境也逐渐被压缩。单元层次方面，一是战略文化：美国的外交文化始终受到理想主义与现实主义的共同影响。有时现实主义占主流，而有时则是理想主义处于支配地位。二是体系认知：自冷战以来，美国的政治精英面对国际体系不断变迁经历了由"遏制 —— 全面遏制 —— 缓和均势"的认知过程。三是国内制度：首先，尼克松在对华政策上具有明显的"双轨制"特征，一方面要和中国关系解冻和改善，另一方面又强调与台湾当局的"外交"关系不能改变。这些政策逐渐形成了制度惯性，并在相当程度上影响着卡特政府对华政策。其次，美国在对外事务中的政策需要通过国会以立法的形式加以确认和认可，这也就决定了参众两院在外交政策的制定中扮演着极为重要的角色。而美国议会多数议员对于中美关系长期持消极的态度。四是社会力量：美国社会中绝大部分的民众深受西方自由主义的价值观熏陶，坚信美国价值的普世性，反共产主义的思想显得尤为明显。

政治外交政策是卡特政府对华政策的基础。此后无论美国对华的经济文化政策还是军事科技政策都是在两国政治外交关系得以根本改善并正式确立外交关系的基础上得以展开的。通过分析卡特政府对华政策所基于的背景可以发现，虽然卡特政府上台伊始国际体系层次发生了变化，但是受制于单元层次的制约使得其难以在中美关系上实现突破。此后由于体系层次（苏联的扩张和 SALT Ⅱ 谈判停滞不前导致美苏关系进一步恶化）和单元层次（"建交派"掌握对外决策话语权，巴拿马运河条约获得国会批准以及美国商业团体的推动）都发生了变化，使得卡特政府决定彻底调整对华政策的轨迹，开启了两国建交谈判的历程。经过双方的努力，中美最终建立外交关系。这也标志着卡特政府对华政治外交政策的确立。在此之后，两国关系进入了全新的发展阶段。在政治外交关系得以解冻的总体环境下，中美经济文化以及军事科技领域的交流和合作逐步有计划的展开。

在经济文化领域，中美两国高层领导人经过了一系列的会谈，终于解决了困扰两国多年的资产冻结问题和最惠国贸易谈判问题，扫清了制约美国对华经济政策推进的障碍。在此之后，中美经济关系持续升温，这不仅为中国的现代化进程注入了动力，而且也让美国获得了可观的利益。但是经济文化政策的实质是美国希望在与中国的经济互动中推行"和平演变"战略，妄图颠覆中国政府，使其成为西方自由社会的一部分。

在军事科技领域，卡特基于对抗苏联的战略目的，开始寻求与中国在相关领域的合作。不仅在军事技术交流、对华武器出口方面逐步放宽限制，促进中美防务合作不断深化，而且在对华转让民用技术方面也开始松绑。但是在这个过程中，美国始终对中国心怀戒备，并不情愿把自身的尖端科技成果分享给中方。卡特政府推进与中国在科技领域上的合作，除了希望借助中国的实力对抗和遏制苏联之外，还有就是试图将中国强行纳入到以美国主导的国际体系结构中，逐步完成对中国的同化。

总之，卡特政府的对华政策无论从生成到运行都体现了新古典现实主义理论的核心主张即"体系层次＋单元层次＝对外政策"。由于体系层次与单元层次的共同影响使得卡特在对华关系上从"犹豫不决"到"坚定建交"。在政策运行过程中，体系层次决定了美国希望与中国达成诸多领域的合作和交流以实现遏制苏联的战略目的，但单元层次的局限性又使得卡特政府所推行的诸多政策在施行过程中具有明显的逻辑缺陷，在当时的环境下中美双方不可能展开真正意义上合作和交流。

从卡特任期结束至今已经将近四十个年头，国际权力体系格局和美国自身的单元层次要素早已发生了深刻性的重组和变迁。但卡特政府对华政策对当下的中美关系仍然具有借鉴意义。从某种程度来说，特朗普政府时期的"印太战略"与卡特政府时期提出的"硬缓和"战略有一定的相似性，实质上都是为了遏制战略对手，只是遏制对象由苏联换成了中国。但中美两国不会陷入"修昔底德陷阱"，更不会展开全面的战略对抗。中美两国应该携手建立 21 世纪新型的大国关系，即"不冲突不对抗"、"相互尊重"以及"合作共赢"。当今世界强烈呼吁和期盼中美两国能够承担起世界秩序的稳定和发展的担当，共同推动人类文明迈向新的历史篇章！

【关键词】新古典现实主义；美国对华政策；中美建交

导　论

0.1　选题源起和研究价值

0.1.1　选题源起

　　近代以来，中国一直被美国视作是亚太地区最为重要的战略地区。早在二战期间，罗斯福就希望中美两国在战时结成的同盟关系能够一直延续下去，并且能够成为美国在亚洲最为重要的盟国。[1]可这种认知随着中国国内政局的嬗变发生了根本性的改变：国民党政权由于内战失利退出了中国大陆的历史舞台，新中国与苏联建交并结盟，加之朝鲜战争的爆发使得中美两国兵戎相见。此时的中国由美国的盟友变成美国在远东地区最为核心的"威胁"和"对手"。从此之后中美开始了长达三十年的对抗，美国经历了从杜鲁门一直到福特六任总统。福特之后的总统卡特具有承前启后的性质：一方面，他对华政策的逻辑是前几任美国领导人对华思路的总结和升华。另一方面，他在对华政策上的经验被此后美国许多届政府所借鉴并对中美两国关系产生了深远的影响。冷战时期美国对华政策研究是一项既传统又创新的课题。说到传统是由于中美关系特别是美国政府对华战略研究始终是学术界热议的话题，无论是文献数量还是研究人员皆为国际关系和中共党史专业之首。但它也是一项亟待创新的方向，随着许多相关解密档案的发布，对于不少历史事件的认知需要重新加以认知。而全新理论范式的嵌入也能够使我们有更多角度去审视既有研究成果。

1　陶文钊：《中美关系史（中卷）》，上海人民出版社2004年版，第1页。

本书题目为《卡特政府对华政策与中美建交》。民主党人卡特总统在位时间只有四年（1977—1981），是一位容易被"忽视"的总统。他不像他的前任尼克松和后任里根在对华关系上留有许多"光辉的经历"。人们提到卡特经常认为他除了在任内与中华人民共和国政府实现了建交并与台湾地区签订了《与台湾关系法》以外，几乎很难找到值得研究的话题。而随着一些新解密档案（如 2013 年一批有关卡特政府时期的 FRUS 档案）的公开，我们会对当时的历史环境、政策背景、人物关系等细节有更细致入微的把握和了解。在此基础上，我尝试将一些国际关系理论，如新古典现实主义等作为分析范式去解读卡特总统四年的对华政策路径。全新的史料加上新颖的理论范式会给本书注入崭新的生命力。

0.1.2 研究创新

首先，将新古典现实主义的研究范式引入到卡特时期美国对华政策。这更能使我们意识到国家政策的制定往往是国际因素和国内因素二者复杂互动的结果。在既往卡特政府对华政策的研究文献中，学者们或是只着重于中美苏三角格局的体系层次去梳理这时期美国政府对华政策的生成，将美对华政策视为美国亚太战略的一部分；或是将研究的视阈置于美国国内的某些单元因素（如"建交派"的推动）来试图解读卡特政府对华政策变迁的内在逻辑；或者也有部分学者试图从体系和单元两个层次进行分析，但只是将这两种层次进行背景式的陈述，而对这些层次之间的逻辑关系（如对体系层次、单元层次以及政策的生成与运行之间的关系）并没有进行进一步探讨。本书最大的研究价值就是在上述既有研究的基础上，把体系层次和单元层次有机的结合，并分别建构为国家对外政策回应（因变量）的自变量和中介变量，试图说明影响卡特政府对华政策最终生成以及日后得以运行的根本逻辑是一系列体系层次和单元层次复杂作用的结果。在体系层次，

20世纪70年代美国在国际体系中的相对实力分布和身处的战略环境是决定美国对外政策走向的根本动力因。基于体系的根本性变迁，美国政府做出政策回应是一种必然。但政策变迁何时做出、以何种形式做出、政策回应的程度如何就需要考虑国内单元层次这一中介变量，如当时美国国内政治精英对于体系变迁的认知、美国国内的政治文化、政治制度以及社会力量推动。这些国内因素影响着卡特政府对华政策的最终成形。

其次，尝试在充分挖掘英文原始档案的基础上对卡特政府对华政策的既有认知进行全新的解读。本书引用了大量的美国外交关系档案（FRUS, Foreign relations of the United States）以及部分卡特总统图书馆的电子档案，其中涉及到该时期白宫政策顾问对华政策的评估和建议，中美高层领导人会谈纪要以及双方电报通信等广泛的题材资料。通过对这些原始资料的汇总和分析为我们进一步还原了卡特短暂的四年任期中美两国在政治外交、经济文化以及军事科技等领域交流和合作的全貌。可以说，第一，这种"合作关系"得以确立经历了双方高层数次的评估、论证、会谈等一系列前期铺垫，在过程上是极为复杂和曲折的。第二，通常认为卡特政府在对华政策上具有明显的过渡性特征，即推进了尼克松和福特政府在对华关系上的进程同时又给里根政府时期的中美关系奠定了基础。实际上卡特在对华政策上又有着与其前任和继任者不同的特征。

最后，通过对卡特政府时期美国对华政策的系统考察和研讨可以进一步理解冷战时期美国在亚洲乃至全球的战略政策。在两极格局的铁幕之下，美国的对华政策既是其对苏政策的重要分支，又是其亚太战略的重要组成部分。具体来说，二战以来美国的历届政府在对华关系的处理上主要考虑的是苏联因素，即中美关系所要调整的程度要着眼于美苏关系这个基本立足点。卡特政府在上台后实现中美关系正常化也与美苏关系恶化有着直接关系。而对华政策也与美国在亚太地区的战略布局有着很大的关联。自中国的内战基本结束后，美国就寄希望于中国的台湾地区成为遏制"共产主义国家"的桥头堡，而美国在两岸之间也始终维持着所谓的平行双轨制的处理模式，在大陆和台湾当局之间分别实行各自独立的政策，以期通过这种"相互制衡"的模式保证美国在亚太地区的既有利益。而卡特政府在任内实现了中美关系根本上的突破，这充分反映了美国的亚太战略以及对苏战略面临重大调整的节奏。所以说，研究卡特政府的对华政策可以更加深入的了解冷战时期美国宏观的国际关系布局。

0.2 相关文献研究成果

0.2.1 美国对华政策研究文献

0.2.1.1 国内文献

美国对华政策研究属于国际政治中的外交决策学范畴，主要是研究政治实体在外交互动中做出行为决策所依据的因素链条以及做出这种行为决策之后所导致的国际影响。自二战以来，外交决策学的研究在西方国家特别是美国得以兴起和发展，并最终成为国际关系领域一门重要学科分支。在中国，该领域的研究程度也在近年获得了充分的提升，文献成果可谓汗牛充栋，百家争鸣。体现在文献体裁丰富、选取主题广泛、研究范式多元等特性。接下来，我将从三个方面对有关研究现状加以概述。

第一，以系统梳理中美关系史作为内容的美国对华政策研究。即以详尽的史料作为基础对冷战以来美国对华政策进行通史性的阐述。主要有陶文钊的《中美关系史（上、中、下）》（上海人民出版社，2004 年版），该书运用充分和详实的国内外史料，对清末至今的两国关系进行了详实性叙述，堪称是研究中美关系史以及相关领域的首选历史文献。美国对华各领域政策亦能在该书各个时期的章节中得以很好的体现。苏格的《美国对华政策与台湾问题》（世界知识出版社，1998 年）以美国国家档案馆等解密的美国政府外交文件作为重要资料来源，披露了许多长期以来鲜为人知的内幕。该书最大的特点是将冷战以来美国历届政府对华政策分为大陆和台湾两个分支进行各自阐述，并将台湾问题这个制约中美关系之间最大的因素作为重点的分析对象。郝雨凡所写的《白宫决策：从杜鲁门到克林顿的对华政策内幕》（东方出版社，2002 年）详细记述了 20 世纪 50 年代以来美国对华政策的发展演变，也试图说明美国在对华政策的成熟度和适应性上有相当艰难的过程。就算是美国决策层熟知中国事务的政治精英也缺乏对中国事务足够了解，在决策制定上出现了不少的失误。

第二，系统分析美国对华政策制定背后的逻辑链条。这类文献不仅专注于美国对华政策史的梳理，还有两点显著的特征：其一，运用国际关系理论分析范式将研究重点放在美国对华政策制定背后的动因：或是聚焦在国家利益论层面，或是着重现实主义及其衍生范式，试图分析出冷战以来美国对华政策得以形成的基本逻辑。具有代表性的是资中筠所著《追根溯源：战后美国对华政策的缘起与发展（1945—1950）》（中国社会科学出版社，2007 年版），该书详尽介绍美国对华政策的缘起和发展过程，试图对冷战之初美国对华外交政策形成所基于的动力因进行充分的探讨。与此同时资中筠深刻把握住了国共两党博弈的关键特点，切中肯綮的指出赫尔利以及马歇尔等人国共调停失败的深层次原因。[1] 杨生茂编写的《美国外交政策史：1775—1989》（人民出版社，1991 年版）也具有类似的特性，该书将美国为了实现自身

1　其一，美国高层内部对于"扶蒋反共"的决心和力度一直不足；其二，考虑到与苏联的影响力以及美国当时的全球战略布局以欧洲为主，故而不可能将全部精力用在中国；其三，美国国内的"亲华派"左右政府决策。

国家利益而制定的外交政策主要分为四个类型[1]。与此同时该书指出了国家的外交政策制定由该国国内政治、国外政治以及经济和意识形态等多方因素合力形成。[2]其二，通过比较美国国内政治体系（如国会、意识形态、压力集团等）与政策制定的关系，进一步阐述美国对外政策的特点以及得以形成的内在逻辑。如王立新的《意识形态与美国外交政策》（北京大学出版社，2007年版），该著作是将美国的主流政治意识形态如（自由主义、新保守主义）嵌入到美国对外政策的分析中，把美国政府长期以来的对外政策形成过程与和美国历史进程结合在一起，进行了细致的系统梳理，从而分析出意识形态对于20世纪以来美国所有重大外交政策出台的影响以及背后的逻辑。在这本著作中，特别突出的特点是作者针对美国的对华政策以及对华政策的生成过程进行了重点的分析。这填补了国内学术界的一项研究空白，是国内学者首次既系统又全面的将意识形态作为研究角度运用到对美国的政策研究之中。

第三，美国对华具体相关政策（如军事、政治以及经济政策等）的研究。如刘劲松的《中美军事关系的历史演变、问题和前景》，[3]文章简要回顾了新中国成立以来中美军事关系史，重点关注美国政府在其中扮演的角色并系统分析了美国发展与中国军事关系的幕后原因。文中指出，美国在对华军事合作方面一直是现实主义的实用主义哲学，并十分关注中国军力的发展情况。因而把限制对华军售当作主要的预防性措施，以达到消减中国对其可能构成直接或现实的威胁。他还对

---

1 即1.两国利益平衡发展互不干扰，2.二者求同存异，3.主动侵犯他国利益，4.通过战争实现利益。在美国的外交史上经常是以第三种即主动侵犯他国国家利益以实现自身国家利益最大化。

2 杨生茂：《美国外交政策史：1775—1989》，上海人民出版社1991年版，第5—6页。

3 刘劲松：《中美军事关系的历史演变、问题和前景》，《战略与管理》，1997年第5期。

当时中美军事关系的问题和前景作出评述，其中包含美台关系、军事透明度、对华出口管制、不扩散等一系列问题。从另外一个角度来看："中美之间的军事关系也并不是完全被动的，这是由于军事关系自然有其独具特色的表现和发展规律。与此同时，中美之间的军事关系还有其特殊性，正因如此，这也给两个国家之间的军事关系创造了较为广阔的想像空间和发展余地。"[1]陶文钊《中美关系史》认为卡特政府时期中美资产冻结偿还问题、最惠国待遇问题谈判是卡特任内对华政策的重要方面。在中美关系正常化以后，两国政府通过对话协商解决了持续三十余年的双方对等冻结彼此国家和公民资产的外交纠纷，为今后两国政府经贸关系的开展奠定了基础。除此之外，卡特在其任内推动了中美贸易协定的签订和给予中国最惠国待遇的事件也是中美经贸关系史的大事。肖虹《中美经贸关系史论（1950—2000）》（世界知识出版社，2001年版）一书以中美经贸关系作为基本主线，运用编年的形式对不同时期两国的经贸关系进行详实性的叙述，详细分析了不同时期两国政治与经济关系之间彼此潜移默化的联系，并对中美经贸关系中所存在的症结问题进行了深入的剖析。孙哲、李巍《国会政治与美国对华经贸决策》（上海人民出版社，2008年版）一书将美国国会在中美经贸关系中所施加的影响作为切入点，以两国政治关系的互动和国际关系的变迁为背景，全面梳理了新中国成立以来中美两国经贸关系的发展脉络。

0.2.1.2 国外文献

档案方面。美国国务院历史学家办公室整理编译的《美国对外关系文件》（FRUS）（现阶段解密了从1861年林肯总统到2000年克林顿总统时期美国部分外交文件）是研究美国对外政策的重要核心资料。

1　杨生茂:《美国外交政策史：1775—1989》，上海人民出版社1991年版，第5-6页。

杨奎松、沈志华编纂的《美国对华情报档案解密》（东方出版中心，2009 年版）则是把美国情报机构收集的中国情报以及对这些情报进行的分析和评估进行了汇总和翻译。张曙光和周建明编译的《中美"解冻"与台湾问题——尼克松外交文件选编》，汇集了从 1969 年到 1972 年中美两国交往的大量的档案资料，是中美关系正常化研究中弥足珍贵的第一手资料。除此之外各总统图书馆也有大量原始档案作为重要补充。

亲历者回忆录。这些著作包括理查德·尼克松的《尼克松回忆录》、卡特总统的《保持信心》、亨利·基辛格的《白宫岁月》、《动乱年代》、约翰·霍尔德里奇的回忆录《1945 年以来美中关系的正常化》、理查德·.所罗门的《中国人的政治谈判行为》、赛勒斯·万斯的《艰难的选择》等。就本书而言，卡特总统的回忆录《保持信心》（Keeping Faith）（世界知识出版社，1983 年版）作为历史当事人的回忆录具有无可替代的参考价值。这本回忆录记述了他在四年任期内的生活言行、重大决策以及重要国际会议和政绩成就等。而另一位重要的历史参与者，卡特国家安全事务助理布热津斯基的回忆录《实力与原则》（Power and Principle）则要比总统的回忆录更加细致入微。这是一部记载卡特政府期间美国对外政策和对外活动的回忆录。布热津斯基在卡特执政的四年间一直担任卡特的国家安全事务助理。他以第一视角经历详细记录了这一时期美国所遇到的重大国际事件和参与的国际会议、对外谈判以及国事访问等外事活动等。该著作详尽描述了中美建交、戴维营谈判，美苏 SALT Ⅱ阶段谈判以及伊朗人质危机的台前幕后，为世人最大限度的还原了历史。另外，布的回忆录也充分反映了美国决策层的政治精英对有关国家重大对外政策的分歧和冲突，在政策意见的冲突背后不仅是美国门阀政治和政治文化等国内因的集中反映，更体现了在冷战中期美国政府对苏联关系以及两极格局认知程度的差异性和异质性。作者在著作中还充分论述了卡特外交思想的特性，对其四年任期美国对外政策进行了较为中立性的评价，并分析了美国外交战略的成败得失，提出了日后美国外交政策所应该遵循的路径方向和思想基础。他认为，美国制定外交政策要兼顾实力和原则，既不能够将美国的民主从过多的道德主义摇摆到不敏感的现实主义，也不能将试图增强和使用美国实力斥之为不道德。[1]

　　华裔美国人邹谠所著的《美国在中国的失败》一书（上海人民出版社，2016 年版）以美国人的视角，对太平洋战争爆发直到朝鲜战争结束期间的中美关系进行了系统性梳理之外，还详细对美国对华战略的失败进行了较为理性的分析：在国共内战时期摆在美国人面前有三个可行性方案，即干涉、援助和撤退。干涉中国事务违反美国的全球化战略布局，使得美国难以应付苏联在欧洲日益崛起的势力。从中国撤退也使得美国在"道义和情感"上说不通，并且会受到国内舆论指责。正因如此只有对国民党实现"有限援助"才是最为符合美国利益的选择。但是援华法案并不能够扭转国民党在大陆败亡的局面。还会激起中国民众更为广泛的反美情绪，加速美国对华政策的失败。[2]由美国的马歇尔编著，中国社科院翻译的《国共内战与中美关系——马歇尔使华秘密报告》（华文出版社，2012 年版）是以原始档案的形式呈现了马歇尔使华处理国共调停谈判期间（1945 年 12 月到 1947 年 1 月）向美国国务院递交的报告书。它对马歇尔出使中国期间的工作进行了完整的背书，对于每次会谈的内容、经过以及国共双方对于每次会谈的态度和建议都做了客观性的记录，是研究内战时期中美关系的重要参考性文献。

　　美国人哈里·哈丁（Harry Harding）的《脆弱的关系：1972 年以

1　兹比格涅夫·布热津斯基著；邱应觉译：《实力与原则》，世界知识出版社 1985 年版，
　　第 614 页。

2　邹谠：《美国在中国的失败》，上海人民出版社 2016 年版，第 368—386 页。

来的中美关系》(A fragile Relationship : The United States and China since 1972) 以美国人的视角将中华人民共和国成立以来的对美关系分为四个阶段即敌对期、联合美国对抗苏联时期、现代化和改革合作时期、互不信任时期。[1] 他还提出美国与中国的关系实质上是一种"脆弱的关系",中美两国在未来既不可能是朋友也不是敌人。[2] 双方这种不温不火的关系只有当第三方因素出现才会使得中美两国感到需要联合,正如 20 世纪 70 年代中国需要试图通过和美国联合起来以孤立苏联。但与此同时台湾和人权问题始终是两国关系重要的分歧。[3]

　　美国学者郈培德所著的《伟大的长城》(A Great Wall) 和詹姆斯·曼所著的《大转折》(About Face : A history of America's curious relationship with China, From Nixon to Clinton) 则是系统讲述了从尼克松到克林顿时期中美关系的历史发展历程。前者对于中美关系的现实做出了四点判断:第一,美国已经背离了自尼克松以来向台湾提供有限防卫性武器方面进行克制的承诺;第二,自尼克松上台以来,台湾人的意愿不再是一个问题;第三,两岸问题已经成为美国政治进程中的永久性特征;第四,美国对中国的开放才刚开始。[4] 而后者认为自尼克松以来之今(即作者成书时间 1998 年)的三十年中美互动的经验教训对于今后会有许多启示和帮助。[5]

1　斯塔尔;李向前译:《评哈里·哈丁新作脆弱的关系:1972 年以来的美国与中国》,《国外社会科学》, 1994 年第 7 期。

2　Harry Harding, A fragile Relationship : The United States and China since 1972, Brookings Institution Press, P324.

3　Harry Harding, A fragile Relationship : The United States and China since 1972, Brookings Institution Press, P320-321.

4　Patrick Tyler, A Great Wall : six president and China, Public affairs Press, P14-16.

5　James Mann, About Face : A history of America's curious relationship with China, From Nixon to Clinton, Vintage, P372.

值得注意的是，美国政治学者，资深政论作家约翰·朱迪斯（John Judis）曾经在《选择的国家：宗教对美国外交政策的影响》一文中对 17 世纪（英属殖民时代）至小布什时代美国对外政策的特点做了概括总结，为世人更好的了解美国政府制定对外政策所遵循的内在逻辑提供了理论支撑。[1]（具体详见下表）

表 0.1　美国各时期对外政策的目标、对手和手段

时期	目标	对手	手段
殖民时期的美国 （1600—1776 年）	新纪元	教皇反基督者	山巅之城
革命与建国时代 （1776—1815 年）	自由帝国	旧大陆的暴政，"地狱恶魔"（美洲原住民）	例如大陆扩张，没有联盟纠缠
天命 （1815—1848 年）	基督教的文明	野蛮人或"孩子"（印第安人）	例如大陆扩张，没有联盟纠缠
美国帝国 （1898—1913）	基督教的文明	野蛮人和野蛮人（菲律宾人）	不结盟的海外扩张
威尔逊国际主义 （1914—1919）	全球民主	专制与帝国主义	国际组织和联盟
冷战自由主义 （1946—1989）	自由世界	共产主义	国际组织和联盟
布什和新保守主义 （2001—）	自由的传播	国际恐怖主义，极端组织	建立临时联盟的单方面行动

1　摘自约翰·朱迪斯《选择的国家：宗教对美国外交政策的影响》，《政策简报》，2005 年 3 月。

罗伯特·罗斯的《风云变化的美中关系（1969—1989）》（中央编译出版社，1998 年版）一书对尼克松到老布什时期中美经济与军事关系进行了详尽的论述。作者采用独特的视角试图表明苏联是这个时期中美两国重要的战略对手，但是维持中美两国的合作关系仍然不是件易事，而是由多重因素所决定 —— 特别是台湾问题始终是制衡两国关系的重要因素。

美国学者艾伦·容安澜[1] 撰写的《悬崖勒马》（新华出版社，2007 年版）集中探讨中美两国从实现初步和解到正式建交这段过渡性历史时期内美国历届政府对台政策的嬗变及其对中美关系的深刻影响。全面分析中美两国围绕台湾问题展开的外交互动以及中美达成微妙平衡的台前幕后。与此同时，他还对台海博弈过程中的不确定因素及其潜在风险进行了评估。陈敦德的《中美建交：邓小平与卡特握手纪实》（中国青年出版社，2014 年版）以尼克松至卡特期间中美关系从解冻到建交的整个过程作为结构，披露了这个阶段许多鲜为人知的情节如"自行车外交"、"空军一号接尼克松访华"等。

0.2.2　有关决策机制理论的研究结构

新古典现实主义不仅仅是外交决策理论的一个重要分支，它更是在外交决策理论基础上升华的一种全新的外交分析理论。接下来我们有必要对外交决策理论的基本架构做一个梳理和总结。有关外交机制研究从研究流派和研究范式上可以概括为"三种流派、四种模式"。具体来说三种流派包括"决策机制和决策过程流派、比较政策流派以及政治心理学派"。四种研究模式分别为：第一，理性选择模式；第

1　美国知名中国问题专家，前美国副助理国务卿，国务院副发言人，现为美国智囊机构史汀生中心东亚项目高级研究员和东亚研究室主任。他多年在美国政府部门和智囊机构从事美国东亚政策问题研究。

二，官僚政治模式；第三，心理认知模式；第四，双层博弈模式。

三大流派。第一流派，决策机制和决策过程。这一流派始于二战结束初期，美国学者斯奈德（Snyder）提出解释一个国家外交行为的公式判断即：决策机构内部成员关系、国内外环境、决策者意识层面（个性、价值观等）————→ 决策者根据自己的知识与经验对环境做出的科学判断 ————→ 最终确定的外交行为 [1]。这种方式与流程与只是把国家看作是片面追求利益的行为体的思维路径有着非常大的区别。它把国家决策机构和决策者像机器一样分解开来研究外交决策过程，而这一流派具体又可以细化为两个分支：官僚政治派和小集团动力派。其无外乎就是认为在外交政策之中不完全是有目的一种行为选择，而是在许多松散组织之间，根据不同的日常工作程序，规范操作而产生的结果 [2]，这也正是由于美国政府不同机构之间争权夺利，而对美国政策的决策所造成的影响 [3]。

第二流派，比较外交政策。该流派试图找到不同层次的影响因素对不同国家外交决策所形成的影响，并深入研讨这些影响因素在不同国家之间所造成的区别。比较外交政策中的代表人物罗森诺（J. Rosenau）经过多年的考证，最终将有可能会影响到外交政策的决

---

[1] Richard Snyder, H.W. Bruck, and Burton Sapin, Decision Making as an Approach to the Study of International Politics (Princeton: Princeton University Press, 1954), pp.12.

[2] 如从发现苏联在古巴部署导弹的嫌疑到正式派出飞机来证实这一嫌疑持续了相当的一段时间，因为每一个部门必须按照其标准工作程序一级一级将消息向上报，最后由最高层作出决定才能采取行动，派出 U-2 飞机再次去核实。

[3] 三年后，汉普林（M .Halperin）利用杜鲁门、艾森豪威尔、肯尼迪和约翰逊政府时期的有关军事外交政策的决策和执行的大量事例，向人们揭示了在外交政策制定过程中不同的机构和人员为争夺特权、经费以及选举的考虑对外交政策造成的影响，导致外交政策的非理性，揭示了官僚政治发挥作用的规律。详见 Graham T. Allison, Essence of Decision, Explaining the Cuban Missile Crisis, Boston, 1971.

策因素详细划分为五个类别。主要包括：外部影响、国内社会影响、政府结构影响、政策的决策者的角色影响以及决策者的个人影响因素。根据这些内容，他按照国家的大与小、发达与不发达、开放与封闭等三个条件进行了详细的分析。

依照这个理论，假如我们以美国为例，作为一个在世界上具有较大影响力，国土辽阔、国力强盛发达的国家，这些因素所发挥作用的基本顺序是：首先是角色因素、其次是社会因素、再次是外部因素或国际体系因素、随后是政府因素、最后才是个人的因素。但假如我们以中国为例，这些因素发挥作用的基本顺序却发生了一定程度的变化，它们发挥作用的顺序则转变为：从个人到角色，再到国际体系，继而是政府和社会。

第三个流派，政治心理学派。代表人物有赫尔曼（Herman）、伊斯特（Easter）等人。这派学者指出，决策者的心理过程是非常重要的，这是由于所有的客观环境与一切现实的因素都不能直接形成国家决策，最终还是需要通过决策者的心理过程才能形成具体的政策，从而发挥自己的影响。为什么决策者的心理过程非常重要呢？这是由于决策者往往会有一种"透过现象看清楚本质"的看问题的方法，在长期的积累中，他们形成了一定的经验，具备在突发事件中有效决策的决断力。除此之外，对于他们而言，长期的政治生活形成了综合判断的习惯，因而，从外界收集到的信息往往并不是孤立地存在的，他们就像一个信息接收分析器一样，所有获取的信息会在他们的脑海中过一遍，经过他们的态度、信仰、经验、动机等构成的漏斗进行有效的过滤和吸收，从而去掉一些无关紧要的细小因素，突显对局势影响较大的问题，最终使自己做出快速的决断。该流派还认为，决策者对问题的判断和决策的形成并不是毫无来由的，在他们长期的政治生涯中，受到来自多个方面的因素影响。与此同时，他们的立场和决策又会反映出社会生活的影子，无论是政治文化、经济制度、意识形态和人口变迁以及历史地理等因素，都是可能会影响他们决策方向的原因之一。

决策者的成长经历、个人特征、决策方向均有不同，但从决策模式的选择上可以分为四大不同模式。

第一种模式是理性选择模式。这种决策模式的基本逻辑或者说立足点是决策者对于人类的能力非常的自信，正因如此，决策者坚定地认为：人类具有能够预测未知未来的水平，更具有计算利益的能力。也正是这样，在遇到特别重大的问题时，决策者自信自己具有冷静地审视、准确地界定、科学地判断以及高效地解决的能力，能够第一时间在众多的可选的方案中找到最优的解决方案。

但实际上，这种选择模式在处理国际事务中往往是并不实用的，我们可以试想一下：当一个国家在应对国际事务时，这些事务除了纷繁复杂之外，还往往是突发而至的，由于国际事务的突发性、临时性，决策者在收集信息和思考决策等方面的时间非常紧迫、能够获取到的信息内容也往往是相对有限的。国际上比较常见的突发事件之中，往往是要在信息残缺、还有很多必须要在选项非常有限、处理时间格外紧急、事态发展并不清晰的危机局势之下做出判断和外交政策的选择。当然，要依靠过去积累起来的政治事件经验、以往决策经历以及凭借自己的直觉和有限的理性而作出的外交政策的选择，其实并不是毫无来由的。在面对突发事件时所做出的第一反应，往往会夹杂着太多的决策团体的政治意图和核心决策者的个人偏好，而这些都会导致外交决策的导向。当然，在这个过程之中，毫无疑问地说，必然还会夹杂这政治决策团体的意愿，抑或是政治决策团体之中核心决策者的个人导向，这些因素都会无可避免地导致外交决策的结果会受其左右。与此同时，在这个过程中的自觉感知、判断失误等因素都会影响到决策者和决策团体的判断力，影响到他们在外交决策行为之中的个人判断和价值取向。持有这种观点的典型人物就是美国的知名学者布雷布鲁克（Bradbrook）以及和他持有同一理论的林德布洛姆（Lindblom）。针对上述理性选择主义存在的问题和先天的不足，赫伯特·西蒙（Herbert Simon）却提出了变通的"有限的理性"的改良观点：正因如此，他的主张是决策的时候应该多用"满意"、少用"最佳"，从降低期望值做起，逐步来建构一个全新的有限理性的决策模式[1]。林德布罗姆提出了"渐进决策模式"[2]，他与其他学者持有的意见不同。他认为，决策实际上并不是一次性的行为，而是一个变化发展着的、渐进的过程。政治团体中的决策者往往只是在根据以往的政治经验循例而行，并对现行政策做了一些小小的改动，并没有从根本上推翻抑或改旗易帜。与此同时，他的政治导向是非常温和的。正因如此，他个人非常反对政治政策出现大起大落的调整，因为在他看来，这样或多或少会影响到社会的长期安定、长治久安。

　　第二种模式是官僚政治模式。这种模式属于介入政治过程的组织决策与个人纳入外交决策论的理论分析的框架之中，运用了一种较为独特的理论视角来解释政治上的外交决策。这种政治模式高度关注国内政治竞争造成的对外交决策的偏移和影响。研究官僚政治模式的专家明确指出：政治决策不是个人的意志，而是一个国家的政府组织，抑或是一个国家的官僚机构的产物，这其中，政府的各个部门都在发挥着重要的作用，官僚政治模式也是非常常见的，他们用来进行理论建构的学理基础不是纯理论的内容，而是政治组织这一特有的分析层次。其中不仅包含着政府各个组成部门，还囊括了所有的政府制度。从实效性来分析，一个国家的政治组织视角实际上与国际体系、国家和社会这三种视角有较为明显的区别，它注重和一再强调的是国家内

1　宋志艳：《中国外交决策机制研究》，中共中央党校博士论文，2017 年。

2　查尔斯·林德布洛姆著；竺乾威译：《决策过程》，上海译文出版社 1988 年版，第 22 页。

部的政治架构会左右一个国家制定不同的外交政策并导致不同影响。

　　与理性选择模式一样，从组织和官僚政治角度出发构建的决策理论模型也存在极为明显的局限性和不适应性。这是由于从官僚到组织的视角提供的是一种理想化、制度性的决策模式。这种决策模式能够成功执行的前提是：政府必须要具有科学而高效的决策方面的机制、决策的专业人员、决策工作原则和决策流程。但从实际上来看，外交政策的制定并不是一成不变的，往往在不同社会制度的国家中体现出非常明显的差异。正因如此，我们认为：所有国家在制定自己的外交政策时，都要经历来自于自己国家官僚政治的激烈碰撞，这种认知是有失偏颇的。与此同时，就算是在美国等权力相对较为分散，形成高度互相制衡的西方国家，虽然国家的官僚机构往往会在明显的局部外交问题上政见不一、争论不休，最后总是会导致政出多门、难以统一。但从以往的历史来看，在国家面对危机的时刻，国内原本正在争论的各个政府部门之间却是高度统一的，他们会形成一种关键时刻的凝聚力和向心力，在关键时刻放下内部的芥蒂，携手抗敌、一致对外。其中尤为重要的关键是：从推动做出决策的实际效果来看，官僚政治决策理论模式是一种不以国家的实质性利益为出发点，也并没有完全顾及国际体系环境所形成的制约（实际上这些变量却对于国家的外交决策往往是非常重要的）。[1]

　　第三种模式即心理认知模式。这种模式认为，决策者的心理认知对于决策的方向和确定非常的重要。从心理认知模式出发，只有通过决策者的主观分析及处理，国家的所有客观方面的环境和所有的现实影响因素才能与外交政策挂钩，形成影响外交政策的因素之一。罗伯特·杰维斯（Robert Jervis）指出："如果不考察决策者对客观世界的看法和对其他人的认识，就无法解释重大决定和政策是怎样形成的。

---

[1]　宋志艳：《中国外交决策机制研究》，中共中央党校博士论文，2017 年。

也就是说，这些认知因素构成了部分行为的近因，其他层次的分析无法直接说明这些认知因素是什么。"[1]这种模式所持有的态度是：在外交政策的确定中，政策决策者对于国家客观现实的认知，往往影响着国家对外政策决策的结果。正因如此，从研究决策者出发，通过研究决策者的个人信仰和成长经历、决策者的认知过程来深入研究国家外交政策的制定与执行，实际上是一种对决策者与外交决策结果之间的有效概括与总结。

当然，心理认知的模式下依然存在许多的缺陷，主要表现在：资料的稀缺不足以支撑做出科学有效的决策判断，决策者的个人想法、其真实的心理发展过程也往往难以直接被研究者深入地了解，因而对决策者的了解和分析往往只是臆测，因而可信度实际上并不高。而从分析角度来认知，这种模式成立的前提是：假设做出决策的个体是非常重要的，甚至于在世界政治发展历程中都具有非常重要的地位。从这个因素出发，这种心理认知模式往往只是关注到对个人和微观方面的初步研究，从而却忽视了国际体系层次方面因素的影响。这就是心理认知模式的薄弱之处。

最后一种模式是近年热议的双层博弈模式。这种模式分别从国际和国内政治影响因素来思考和分析，以此来解释两种因素在不同层面发生的交集与互动以及它们又将如何影响国家的政治合作，并且在作出政策抉择的过程中在国内不同的官僚机构之间发生的具体的博弈过程。美国的外交政策学者在 1988 年正式提出了"双层博弈模式"的理论，目的正是要深刻阐释：在做出外交政策选择的过程中，国内因素和国际因素究竟应当如何关联，如何相互影响最终发生作用。在两种政治模式的博弈之中，双层博弈模式尤为重视的是国内的政治变量，

1　罗伯特·杰维斯著；秦亚青译：《国际政治中的知觉与错误知觉》，世界知识出版社 2003 年版，第 18 页。

尤其是在官僚政治竞争以及部门利益之间的竞争，会对一个国家外交决策的产生造成什么样的影响，而实际上这样的一种模式往往并不是把两种政治博弈模式进行简单地叠加阐述，而是从内政与外交互动的角度进行深入地探究和分析，从决策者、国家内政、国际体系三种不同的因素综合起来，进行三个层面的分析与阐述，从而突出了国内政治的博弈过程对国际合作造成的影响和控制。[1] 但双层博弈模式不足之处在于缺少对于自变量和中介变量的界定，仅引入了三个参考因素去分析显得十分单薄，对于绝大多数国际问题的分析都并不能实现理论上的自洽，除此之外国内因素和国际因素究竟如何作用于决策的过程，该理论并没有做出相应解释。

0.2.3　新古典现实主义的研究成果

0.2.3.1　现实主义学派的发展历程

国际关系理论学界曾经对解释国家外部决策行为存在两种观点：第一种是古典现实主义（classical realism）所主张的"权力中心论"，认为国家的外交决策主要源于国家内部的权力因素。古典现实主义从权力概念出发研讨一个国家的外交决策可以在一定程度上对国际政治的现状作出合理解释，但问题是单纯使用权力概念这种绝对主义的认知，即过分强调权力因素而忽视国际体系等非权力因素的影响，这也导致了古典现实主义的解释变量相对单一。在国际格局日趋复杂的全球化背景下，将权力与政策之间的关系视为一个简单而自然转化过程的"权力中心论"已经不能对许多国际问题进行令人信服的解释。

1　王泛森：《执拗的低音——一些历史思考方式的反思》，三联书店 2014 年版，第 47–48 页。

第二种是结构现实主义（structural realism）所主张的"体系中心论"。结构现实主义的创立者肯尼思·华尔兹（Kenneth Waltz）提出，为了理解国际政治以及国家彼此互动的政治环境，必须深入理解国际体系的性质。按照华尔兹的理论逻辑，传统理论范式在诠释国家之间的互动模式仅仅停留在政治决策者与国家性质的基础上，即所谓的第一意象和第二意象。[1]这在某种程度上有着天然的理论缺失，因为人性理论与国别差异理论无法回避一个现实性难题，即从决策者层面抑或国别层面无法全面解释国家行为。而第三意象（即国际体系）则聚焦国际体系的无政府结构及其对国家行为的影响（不涉及国家内部的权力结构，制度类型以及决策者心理等因素），能够较为充分的解释国家之间战争、合作等一系列宏观性政治后果。[2]

结构现实主义系统性的回答了两个问题，第一，究竟何种体系结构是最为稳定的国际秩序，华尔兹认为两极格局 ＞（平衡）多极格局 ＞（失衡）多极格局 ＞ 单极格局。[3]处于单极格局的国际体系最不稳定，因为除了霸权国以外的所有国家都会担心前者会采取掠夺性的行为。正因如此非霸权国会自然而然进行联合以对抗单极格局。[4]第二，提出了国家为了实现国家安全而采取的一系列战略偏好（例如追随、制衡、绥靖等）以及国家如何进行抉择。总之，依据结构现实主义理论模型预演，内部政治制度、政权结构、意识形态、领导人意志截然不同的国家，当面对相似的外部环境之时会采取类似的国家行为，即国家必须按照体系指令行事。

1　第一意象是决策者、第二意象是国内结构、第三意象是国际体系。

2　诺林·里普斯曼；刘丰译：《新古典现实主义国际政治理论》，上海人民出版社 2017 年版，第 17 页。

3　Kenneth N.Waltz, Structural Realism after the Cold War: The Future of the Balance of Power, University Press, 2002, pp.29–67.

4　不过罗伯特·吉尔平也提出相反的观点，他认为单极体系是最为稳定的格局。

但是，结构现实主义对国际环境变化进行迅速与机械的反应，这与新古典现实主义对于环境本体论的高度关注形成了鲜明的对比。结构现实主义模型在实践运用中主要面临着四个局限：即政治精英对于体系感知是否全面，国际环境的明确性缺失，理性选择问题以及国内资源的动员问题。

第一，国内政治精英并不能总是做出适应的体系认知。体系会依据相对权力分布和增长率差异给予国家提供相对确定的指令。但是沃尔福斯（Wohlforth）又提出了向左的论证，即如果假定权力影响国际政治进程，那么权力在很大程度上要通过代表国家做出决策那些人的认知来体现。[1] 罗伯特·杰维斯也借着这种逻辑继续提出"政治精英决策有限理论"，领导人毕竟不是机器，他们在处理信息以及计算相对实力、做出政策评估，制定可行性的政策等问题上都会出现问题。[2] 这种认知有可能是由于特定人的意向和认知的系统性偏差造成的。正因如此，国家的外交决策行为与政治精英的个性、意象有着千丝万缕的联系。[3]

第二，国际体系并不总是发出关于威胁和机遇的明确信号。在大多数情况下，国际体系带来的指令信号并不十分清晰，甚至有时候比较模糊。例如，19 世纪末美国实力的增长加大了其在加勒比海的军事存在，彼时英国则对此出现了战略预判的困境。究竟是集中军事力量来制衡美国，进而消除其对英国全球殖民霸权所产生的威胁。抑或是采取接触的战略以和缓与美国对峙的局面。

1　William C. Wohlforth, The Elusive Balance: Power and Perceptions during the Cold War, Cornell University Press, 1993, pp.2.

2　诺林·里普斯曼；刘丰译：《新古典现实主义国际政治理论》，上海人民出版社 2017 年版，第 19 页。

3　Ibid.

　　第三，政治领导人并不会完全对体系做出理性的反应。就算他们正确认识到了国际体系的指令，也有可能不会做出最优的决策，造成政策反应与体系指令不对称的局面。这有可能与人类对信息认知与处理信息的能力有一定的关联，也有可能与体系指令传递的紧急性以及决策者身处的条件环境有着潜移默化的关系。正如芭芭拉·塔奇曼（Barbara Tuchman）在《八月炮声》所描述的那样，一战之前面对奥匈帝国对塞尔维亚各种挑衅性的外交动作，作为大国政治精英的俄皇尼古拉二世一直难以摆明自己的立场。

　　第四，国家间动员程度不一的现实。结构现实主义预设了国家在维护国家自身利益（如维持政府权威、国内秩序、国际安全等）的基础上，都会做到绝对理性的价值预判来处理纷繁复杂的国际关系。总之，国家间的功能都是相似的，都会在体系指令下做出最优政策选择。但现实情况是，各国的政治、经济乃至文化环境各不相同，要使得每个国家都能依循体系的"呼声"来适度做出动员社会各种资源的行为显然缺少客观性。

　　总之，结构现实主义认为国家的决策由国际体系所决定。它强调从国际体系结构的视角观察问题，忽视了国内因素在国际关系分析中的地位。[1]与此同时将国际主体的外交决策完全解读为国际体系结构下的行为体互动的结果，而没有对国内单元层次诸如体系认知、国家权力等层面予以足够的关注，这使得结构现实主义不能以动态的眼光观察国家的行为，逐渐成为一种比较僵化和静止的理论。

0.2.3.2 新古典现实主义的雏形理论

　　目前对于新古典现实主义的最早提出者一般认为是美国学者吉登·罗斯（Gideon rose）。罗斯对于理论的生成是对此前现实主义

1　王公龙:《新古典现实主义理论的贡献与缺失》,《国际论坛》,2006 年第 5 期。

学派，如托马斯·柯庆生（Thomas Christensen、兰德尔·施韦勒（Randell Schweller）、法里德·扎卡利亚（Fareed Zakaria）以及威廉姆·沃尔夫斯等相关学者研究范式进行了集中化的概括和整合。[1] 也就是说，新古典现实主义是罗斯对于上述这些现实主义的前辈学者研究路径的总结和升华。接下来，本书将会对新古典现实主义的雏形理论进行系统性梳理。

第一，柯庆生国内动员模型。柯庆生在《有用的对手：大战略、国内动员与 1947—1958 年中美冲突》一书中首先提出了国内动员模型，他着重于研究政治实体在体系中何以会出现"过度反应"（over-reaction）的现象[2]，强调国家利益（诸如安全利益）在影响国家外部行为的顺位上会高于意识形态因素，抑或说国际政治的现实形态有时会突破意识形态的桎梏。这与新现实主义所提出的均势理论有着本质上的区别。不过这种观点很容易解释为什么在 20 世纪 70 年代中美这两个意识形态完全迥异的国家会逐渐走向政治和解。同样的道理也适用于 20 世纪 50、60 年代的苏东阵营为什么屡屡发生像"波兹南事件"、"布拉格之春"等一系列卫星国背离事件。柯庆生还提出，片面分析国际抑或国内因素都不能解读出国家在某些时段做出违背身处的国际结构特征的外部行为。正是由于结构现实主义过分注重体系层次的相对实力分析，导致对于单元结构关注的严重不足。[3] 基于这种现实，柯

1　陈志瑞，刘丰：《国际体系、国内政治与外交政策理论——新古典现实主义的理论构建与经验拓展》，《世界经济与政治》，2014 年第 3 期。

2　详见 Thomas J. Christensen, Useful Adversaries: Grand Strategy, Domestic Mobilization, and Sino-American Conflict, 1947-1958, Princeton University Press, 1996.

3　Thomas J.Christensen, Useful Adversaries: Grand Strategy, Domestic Mobilization, and Sino-American Conflict, 1947—1958, New Jersey, Princeton: Princeton University Press, 1996, pp.12.

式重新将其研究的视域聚焦在国内，提出了国内动员模型（Domestic Mobilization Model），它很好诠释了单元结构对于国家外部行为的潜在影响。具体来说（1）它是连接国家外部威胁与外部行为的中介变量。（2）政治精英对于外部威胁以及相对权力认知的程度影响国家动员的强度。（3）政治动员的目的是国家为了提升自身的政治力量抑或说是希望从社会中有效汲取更多的政治资源实现自身权力稳固。其模型示意图如下所释[1]：

国际体系结构发生变迁　➡　政治精英对此的认知　➡　发动国内政治动员　➡　巩固政治动员采取的外交政策

　　柯式尝试用这种模型解释20世纪50年代中美两国的外交争端。通过分析，它发现当时无论中国还是美国都做出了"违背"国际环境的对外政策：彼时苏联无疑是美国全球战略格局的最大竞争对手。苏联的军事实力对中国的北方边境以及东北亚地区造成了重大的安全威胁。两极均势的格局使得中美两国没有理由同时采取高度对峙的战略决策使得地区的安全滑向失衡的深渊。

　　按照柯式的理论诠释，冷战伊始，欧洲处于即将崩溃的局面，美国政府希望通过马歇尔计划在遏制苏联向西渗透的同时进一步实现对西欧各国的掌控。但面对国内严重的经济危机和反对的舆论呼声，美国的这项计划有破产的危险。为了在宣扬现实的"共产主义威胁"的同时又不至于触动苏联，美国才把中国这个"更为合适"的对手作为矛盾的集中点。这样能说服美国社会有效防范"共产阵营"以便政府进行有效的政治动员，从而进一步推进"马歇尔计划"。而当时中国

1　参考李巍：《从体系层次到单元层次：国内政治与新古典现实主义》，《外交评论》，2009年第5期.

由于长期的战乱，国民经济百废待兴的现实亟待需要大规模的国家动员，以其能够高效整合社会资源进行战后重建。可以说，实现政治动员的有效开展是当时中国推行其外交战略的基础性考量。与美国在台海发生有限规模对抗是性价比最为合适的行为，可以借助国家统一问题提升国内对于政治动员认同的有效性，抵消 20 世纪 50 年代中国由于一系列社会主义尝试带来的党内外质疑。[1]

柯式的国内动员模型理论也指出国内精英对于外部结构的认知也不可能做到绝对的客观，甚至由于信息不对称、部门执行力等外部因素会导致国家对于外部威胁的反应过于强烈。正如上文提到，政府精英的过度反应有时甚至会与其所处的国际环境格格不入。而国内对于政治精英推行政治动员的阻力强弱也会影响政治动员的能否顺利推行。

第二，扎卡利亚与政权中心型现实主义。法利德·扎卡里亚在《从财富到权力》中对国家的经济实力增长是否会在一定程度上推进国家的外部权益拓展这个问题进行了论述。[2] 他认为国际社会处于无政府的状态现实，这也就决定了既有的权力分配格局决定了国家的外部行为 —— 相对权力与国家行为呈现出正比例的关系。但扎卡利亚指出，这种一厢情愿的理论逻辑对于解读 19 世纪末崛起国家的外部行为就显得难以自圆其说：一方面，彼时的德日在实现自身国家工业化之后，经济迅速得以崛起，紧接着就开始对外殖民的侵略道路。另一方面，美国在迅速实现国家崛起的道路后却对殖民扩张的道路保持沉默。这种不对称的国家战略轨迹也使得传统研究范式暴露出明显的逻辑自洽性缺失，扎卡利亚开始尝试将国内单元结构嵌入到国家行为分析当

1　Thomas J.Christensen, Useful Adversaries: Grand Strategy, Domestic Mobilization, and Sino-American Conflict, 1947—1958, New Jersey, Princeton: Princeton University Press, 1996, pp.195.

2　详见 Zakaria, From Wealth to Power, The Unusual Origins of America's World Role, Princeton University Press, 1998.

中，进而恢复现实主义的理论活力。

美国在建国伊始就有一套完善的政权制衡结构，通过相对复杂的运行机制实现了国家权力的三权平衡。政府决策层正是由于所受到的制衡导致其社会动员能力受到了钳制，逐渐形成了"有限政府"的行政体系。应该说，扎卡利亚提出的这种"政权中心型现实主义"（state-centeredrealism）在一定程度上丰富了柯庆生的国内动员论，将政权结构与国家行为有机的结合起来，一个国力充盈的国家如果在政权组织形式上过于松散也会严重影响其外部行为的扩张性。国家决策层在做出体系认知后是否会发动符合其预期的国内政治动员，动员的程度如何是会受到自身政权体系类型的制约。

美国的国家权力结构先天具有制约和平衡的基因，这也导致了其曾经长期表现出孤立主义的外交角色。这种现象持续到 19 世纪末，随着国家构建运动（state-building）的开展，美国的权力结构发生了较大程度的转变：行政权力逐渐从各州向上集聚到联邦，立法部门的许多权力转移到行政部门。强大的联邦政权使得其对外政策走向逐渐走向外向型。据统计，在政权建设之后美国的扩张率（成功实现扩张的事件／具有潜在扩张的情形）从 27% 提升到 78%。[1] 到了 19 世纪末美国的经济总量已然超越英国成为全球第一，军事力量也属世界前列。但美国在国际体系相对权力的优越性与其外部政策的保守性显得格格不入。实际上，一直到了罗斯福新政以后，经历了国内经济政治领域的一系列改革，美国才彻底摆脱孤立主义的钳制，成为全球体系中最为重要的参与主体。

第三，施韦勒的制衡不足理论。兰德尔·施韦勒在《致命的不平衡：的黎波里与希特勒征服世界的战略》一书中运用了大量引证对二

1　Fareed Zakaria, From Wealth to Power: the Unusual of America's World Role, Princeton, N.J: Princeton University Press, 1998, pp.127.

战的缘起和过程进行了解释，并着重介绍了国家利益和实力分配是影响国家外部行为的两个重要的变量。在当时轴心国、英美自由主义和共产国际支配着世界秩序的运行。基于此，上述两个因素对于国家究竟采取绥靖、制衡抑或是修正的战略偏好起到了决定性作用。[1] 此后施韦勒又出版了《悬而未决的威胁：权力制衡的政治制约》一书，对于此前的理论进行了修正，提出了"制衡不足"理论范式。施韦勒承认均势理论所提出的观点，即国家面对外部威胁所采取的外部行为是制衡。此后，他又进行了进一步探讨，他认为制衡从程度上可以划分为不足、适度、过度以及不制衡四种形式，但在现实中国家面对外部威胁时往往表现出制衡不足，即在对外政策中很难保持积极有效的制衡。基于此，他重点从国家在面对体系层次潜在危险时所表现出的"制衡不足"（underbalance）进行探究。施韦勒的"制衡不足"与扎卡利亚的理论有一定相似之处，都表达了国家外部行为的"缺失性"。但扎卡利亚的观点偏重于国家行为力的不足层面上，而施韦勒则强调于国家在面对体系威胁时制衡不足的层面上。施韦勒认为，国家采取制衡行为的关键取决于两个因素，即体系层次的刺激和单元层次的制约。在这个基础上国内领导人对国内和国外情况做出综合性的衡量最后做出决定。"制衡不足"往往是政治决策者考虑到制衡行为本身会带来难以预计的政治成本。正因如此，制衡现象经常在国家实践中发生。[2] 结构现实主义认为制衡行为是无政府状态下国际社会的一项基本性准则，国际体系的结构厌恶不受制衡的权力[3]，它驱使着大国之间彼

1　详见 Randall L. Schweller, Deadly Imbalance: Tripolarity and Hitler's Strategy for World Conquest, Columbia University Press, 1988.

2　RandallL.Schweller, Unanswered Threats: Political Constraints on the Balance of Power, Princeton University Press, 2006, pp.4-8.

3　Kenneth N.Waltz, Structural Realism after the Cold War, International Security, Vol.25, No.1, Summer 2000, pp.28.

此制衡。[1] 与此同时，制衡不足彰显出国际社会的反常特例。

施韦勒通过观察国际关系大量现实案例中得出，许多国家对于外部威胁往往存在消极性的行为特征，即可能出现迟缓、无为、追随、绥靖 (appeasement)、等制衡不足甚至不制衡的现象。[2] 而且国家的制衡行为与国内政治精英的体系认知有着重要的联系，施韦勒从众多的国内因素中选取了四个重要因素，即精英共识、精英凝聚力、社会凝聚力、政治制度强弱。前两个因素决定了国家行动的意愿，后两个因素决定了国家行为的能力，而国家行为意志与行为能力共同作用着政治实体的战略偏好。具体来说，所谓精英共识程度与凝聚力指的是国内政治精英对国家所面临的政治威胁的默契程度以及内部政治派系之间的博弈。社会凝聚力与政治制度强弱则代表了政治精英通过国家机器汲取资源的能力。（详见下图）

施韦勒基于制衡不足理论对大量案例进行分析，第一个案例是二战期间殖民主义大国英法的绥靖政策在很大程度上导致纳粹德国扩张主义的兴起，也使得自身在战争初期的国家安全遭受了严重的威胁。第二个案例是地缘格局极度恶劣的小国以色列何以能够在周

---

1 Christopher Layne, From Preponderance to Off shore Balancing: America's Future Grand Strategy, International Security, Vol.22, No.2, Summer 1997, pp.117.

2 李巍：《从体系层次到单元层次：国内政治与新古典现实主义》，《外交评论》，2009年第 5 期。

围都是威胁国的环境下竟然采取军事扩张主义。这两组案例构成鲜明的对照，他试图去证明国家实力的强弱与国家外部政策积极性关联并不大，单元层次下国家行为能力与意志的推动才是国家战略偏好的关键。

0.2.3.3 新古典现实主义的提出

1998 年，美国学者吉登·罗斯在《世界政治》杂志上发表《新古典现实主义与外交政策理论》（Neoclassical Realism and Theories of Foreign Policy）一文中正式提出了新古典现实主义这一学说。[1] 这位美国学者的思路是非常清晰的，他尝试通过古典现实主义视域、结构现实主义视域的相互结合，进行一场理论上的重构，并将体系层次和单元层次进行重组，力图建构出一种相对调和性、中立性的解释理论[2]。他在文章中提出了三个观点：

第一，政策制定的内部逻辑。一个国家的对外政策是单元层次和体系层次二者复杂互动结果。这里主要包含几层意思：（1）国家的外交决策直接受制于体系因素。这一点继承了结构现实主义大师沃尔兹（Kennith Waltz）的观点。（2）在"体系"和"国家"二者之间加入"单元"这个中介分析变量，也就是说国家的外交决策除了受到其身处体系的相对权力和体系压力的影响，也受到许多国内因素的制约，诸如决策者认知、价值的等各种国内因素的影响[3]。

1　Gideon Rose, Neoclassical Realism and Theories of Foreign Policy, World Politics, NO, 1, 1998.

2　徐其森，王英：《国内新古典现实主义理论研究综述》，《现代国际关系》，2012 年第 9 期。

3　Jennifer Sterling-Folker, Realist Environment, Liberal Process, and Domestic-Level Variables, International Studies Quarterly, Vol.41, NO.1, 1997.

第二，环境认知和动员能力。国家在回应不确定性的外部环境时会受到国内政治的制约，而国家外部环境有时会以威胁的形式呈现，而有时会以机会的形式出现，这也就决定了国家对这种环境的认知有时会准确而有时会出现偏差。政治精英汲取信息的能力是有限的，国家的理性也是有限的。正因如此国家充分理解和捕捉体系环境的信息并且通过国家动员进行回应显得尤为重要。

第三，他将外交决策理论划分为四个流派，即国内政治理论、防御性现实主义、进攻性现实主义以及新古典现实主义。第一个流派即国内政治理论强调国内因素对国家外交决策的影响。至于其他的流派则都是强调体系对于国家行为的影响。进攻性现实主义与防御性现实主义都强调体系要素的制约，后者则认为，体系能够引起国家的行为，但并不是全部。[1] 吉登·罗斯则将他的新古典现实主义成为"第四个流派"[2]。他在承认国际体系作为影响国家外部行为的重要因素的前提下将国内因素嵌入到外交政策的范式解释中。与此同时，罗斯认为，任何科学的外交决策理论都不是孤立存在的，而是要将单元层次与体系层次进行有机的结合，体系与单元两者对于国家外交行为的影响差异性非常大。形成差异的主要原因是：体系诱因是作为外交政策的自变量，单元因素则可视作是连接体系诱因与外交政策的中介变量。而中介变量的作用是调节（增强或减弱）体系对国家行为的影响。有关这四种外交决策理论具体主张可参照下表：

1　有关进攻性现实主义与防御性现实主义二者区别可参考 Jack Snyder 的 Myths of Empire : Domestic Politics and International Ambition 一文

2　Gideon Rose, Neoclassical Realism and Theories of Foreign Policy, World Politics, NO, 1, 1998.

表 0.2　现实主义理论主要学派的基本逻辑

理论	国际体系	单元	逻辑链
国内政治理论	0	3	国内因素 ——→ 外交行为
防御性现实主义	1	3	体系 + 单元 ——→ 外交行为
进攻性现实主义	3	0	体系 ——→ 外交行为
新古典现实主义	2	2	体系（自变量）——→ 单元（中介变量）——→ 外交行为

（按照依赖程度由小到大划分为 0—3，0 为忽略，3 为最高）

　　吉登·罗斯在提出新古典现实主义这一具有里程碑意义的理论范式之后，该理论开始受到了学术界的重视，越来越多的学者将注意力聚焦于此并将自己的研究归入这个阵营，并由此产生了一大批研究著作和论文。其中具有代表性的专著方面有：斯蒂芬·洛贝尔[1]（Stephen lobell）的《霸权的挑战》，杰弗里·托利弗[2]（Jeffrey Tolliver）的《平衡风险》（Balancing Risk），兰德尔·施韦勒[3]（Randall Schweller）的《没有应答的威胁》（Unanswered Threat），诺林·里普斯曼[4]（Noreen Ripsman）的《新古典现实主义，国家和外交政策》（Neoclassical Realism, State and Foreign Policy）以及《新古典现实主义国际政治理论》（Neoclassical Realist Theory of International Politics）。

　　论文部分有杰弗里·托利弗的《新古典现实主义与资源汲取型国家》（State Building for Future Wars: Neoclassical Realism and the Resource–Extractive State），载于《安全研究》（Security Studies）2006

1　加州大学洛杉矶分校政治学博士，美国犹他大学政治系副教授。

2　哈佛大学政治学博士，美国塔夫茨大学政治系副教授。

3　哥伦比亚大学政治学博士，美国俄亥俄大学政治系教授。

4　宾夕法尼亚大学政治学博士，加拿大麦考迪亚大学政治系教授。

年第 3 期。兰德尔·施韦勒的《没有应答的威胁：制衡不足的新古典现实主义解释》（Unanswered Threat: A Neoclassical Realist Theory of Underbalancing），载于《国际安全》（International Security）2004 年第 2 期。贺航 [1] 的《动态制衡：中国对美国的制衡战略（1949—2005）》(Dynamic Balancing: China's Balancing Strategies towards the United States, 1949–2005），2006 年加州圣地亚哥第 47 届国际研究协会会议论文。兰德尔·施韦勒的《新古典现实主义与中美关系的未来》（NeoClassical Realism and the future of Sino–US relations），载于《国际政治科学》（International Political Science）2018 年第 3 期。

新古典现实主义发展至今已经有二十余年，其理论的经验拓展方面所获得的成果值得我们去关注。比如斯蒂芬·洛贝尔将视域聚焦在霸权国在衰落时候的政治以及经济抉择。他认为挑战霸权国的国家类型有可能是自由主义国家抑或是帝国主义国家。前者会在一定程度上增强霸权国国内自由国际主义政治联盟的力量。正因如此面对自由主义的挑战国，霸权国更有可能放弃对争议地区的控制，通过削减国防开支、签订自由贸易协定等方式加以应对。如果是后者则霸权国内部经济民族主义政治联盟的力量会得到强化，它们会推动霸权国在各个地区抵制挑战国。而杰弗里·托利弗则对大国在边缘地区的干预行为做了大量的研究工作。

托利弗考察了大国经常在并不涉及核心安全利益的边缘地区进行大规模军事和外交干预的原因。[2] 他关注为何大国会在边缘地区（并且在这些地区投入政治、经济以即军事成本回报甚微）做出重要的外交和军事承诺。针对这个问题，他提出了所谓的"风险平衡论"。具体而言，托利弗从国家领导人对风险和收益的认知角度解释了大国所采

1　亚利桑那大学政治学博士，丹麦哥本哈根大学政治学系副教授。

2　具体参见 Stephen lobell The challenge of hegemony。

取的风险很大但成功机会并不明显的干预行为，认为国家会采取规避风险和接受风险两种不同策略，在预期自己处于获益状态时更倾向于前者。在预期自己处于损失状态时则倾向于后者。

0.2.3.4　新古典现实主义在中国的研究

　　早在上个世纪 80 年代末，中国就已经开始了有关国家外交决策及其相关的理论探索。最早是在引入西方外交决策理论的范式基础上关注本国外交决策的实践。由于研究时间起步较晚以及意识形态等外部因素的制约，现有研究成果仍然属于发展阶段。可以说，新古典现实主义研究属于国内政治学领域中的一个薄弱环节。但令人欣慰的是，随着中国参与国际事务能力的不断增强，中国外交实务水平和实践能力不断提高，不仅促使着外交决策理论的急速转型，也使得外交决策研究领域不断拓展，涌现出一些研究成果。具体可以归纳为以下几大类：

　　第一，理论本体研究

　　国内学人最早对于新古典现实主义的研究都是以外交决策作为切入点的。《外交政策分析：理论与方法》是国内首部介绍外交决策理论与方法的概论式著作，可以视为是外交决策这门学科的入门教材[1]。它除了对外交决策的理论特性、相关概念、研究范围和意义加以论述之外，着重于对建国以后中国的外交决策实践进行了深入的解读和探讨。与此同时，书中还引用了大量外交案例[2]。中国国内最早引入西方外交决策模式的文章是卢义民和倪世雄于 1988 年发表的《美国外交决策模式研究》一文[3]。北大张清敏教授是介绍西方外交决策机制理论研究的领军人物，他从西方外交决策机制理论的学派划分和决策模型着

1　王鸣鸣：《外交政策分析：理论与方法》，中国社会科学出版社 2008 年版，第 16 页。

2　张历历：《外交决策》，世界知识出版社 2007 年版，第 28 页。

3　郑义民、倪世雄：《美国外交决策模式研究》，《复旦学报（社会科学版）》，1988 年第 6 期。

手进行全面阐释。他的代表作《外交政策分析的三个流派》对西方外交决策机制理论的流派做出了划分[1]。在此之后，他又发表了一些相关的拓展性文章，主要有《外交政策分析的认知视角：理论与方法》[2]、《小集团思维模式：外交政策分析的特殊模式》[3]、《外交决策的微观分析模式及其应用》、《国际政治心理学流派分析》[4]。在外交决策模型的介绍上对官僚政治组织模式、理性选择模式、心理认知模式、双层博弈模式进行了深入阐释，不仅对于理论本体的自洽性进行了介绍，还对本体性所存在的缺陷进行了详细说明。

1998 年，美国学者吉登·罗斯正式提出新古典现实主义这一理论。两年后，国内就有人开始发表相关领域的文章。于铁军的《进攻性现实主义、防御性现实主义和新古典现实主义》是国内最早介绍相关理论的学者。此后，国内对于相关的研究便开始络绎不绝。刘丰是近些年来研究新古典现实主义的代表人物，他在《国际体系、国内政治与外交政策理论》一文中详细的对新古典现实主义理论的背景进行了梳理。与此同时，为了更好让国内学人与国内相关学术界对接，他还系统介绍了众多新古典现实主义的前沿理论，为该理论的前景以及理论的自洽性矛盾提出了一些见解。[5] 李巍的《从体系层次到单元层次：国内政治与新古典现实主义》是国内最早开始反思结构现实主义理论缺陷的文章，他认为新古典现实主义想要在结构现实主义的基础上实现突破，需要发挥单元层次的多元性，加强国际政治学与比较政治学

1　即外交决策和过程流派、比较政策流派、政治心理学流派。参见张清敏：《外交政策分析的三个流派》，《世界经济与政治》，2001 年第 3 期。

2　张清敏：《外交政策分析的认知视角：理论与方法》，《国际论坛》，2003 年第 1 期。

3　张清敏：《小集团思维模式：外交政策分析的特殊模式》，《国际论坛》，2004 第 2 期。

4　张清敏：《国际政治心理学流派分析》，《国际政治科学》，2008 年第 3 期。

5　陈志瑞，刘丰：《国际体系、国内政治与外交政策理论：新古典现实主义的理论构建与经验拓展》，《世界经济与政治》，2014 年第 3 期。

的相互整合与借鉴。[1]

　　除此之外，对于影响外交决策动力因素的研究有毕云红的《外交决策及其影响因素》[2]。他认为外交决策包括两层含义：动态的外交决策过程和静态的外交决策结果。影响外交决策结果的各种因素大致可分为国内因素和国外因素。它们只能通过动态的外交决策过程发挥作用。外交决策过程本身也是一个重要的变量，它受决策问题的性质、决策主体和决策方法的影响。王存刚的《当今中国的外交政策：谁在制定 谁在影响》[3]一文对于研究中国外交决策机制的影响因素有着重要的借鉴意义。具体体现在，他站在中国国内行动者的独特视角，详细地深入地分析了目前在中国的外交方面的决策、有影响力的组成力量及其外交决策和影响力量各自占据的地位和作用，指出了中国对外政策的主要决策者。与此同时，根据影响外交决策的诸多因素的影响，他还将这些因素界定为核心、半边缘和边缘三种力量。[4]

　　第二，实践应用研究

　　齐建华所著的《影响中国外交决策的五大因素》[5]是实践应用研究方面的专业书籍。它是在针对影响中国外交决策的系统专题的调研中，以调研的结果为基础，通过结合实际的有效分析形成了独树一帜的研究对象，并以独特的视角和研究方法，坚持从中国的立场出发、结合中国的外交实际，形成了宏观综合与微观分析结合的模式。与此同时，他系统研究和分析出了影响中国外交决策的五个方面的主要因

1　李巍：《从体系层次到单元层次：国内政治与新古典现实主义》，《外交评论》，2009年第 5 期。

2　毕云红：《外交决策及其影响因素》，《世界政治与经济》，2002 年第 1 期。

3　王存刚：《当今中国的外交政策：谁在制定 谁在影响》，《外交评论》，2012 年第 2 期。

4　核心力量有中央有关机构、外交部和国务院有关部委、军事系统；半边缘力量有大型国有企业和省级地方政府；边缘力量有智库、大众传媒和公众。

5　齐建华：《影响中国外交决策的五大因素》，中央编译出版社，2010 年。

素，分别是：国际环境因素、法律体系因素、意识形态因素、组织结构因素和社会舆论因素。该著作对于推进中国国内外交决策体制研究具有一定的学术意义。

王铁军的《体系认知、政府权力与中俄能源合作 —— 来自新古典现实主义的视角》借助新古典现实主义理论，从体系认知和政府权力两个中介变量入手理解俄罗斯对华能源合作[1]。此后他又发表了《从新古典现实主义看平成时代日本的防卫政策变化 —— 兼论日本的和平路线能坚持多久》一文，将该理论嵌入到平成时代的日本防卫政策，并将其作为分析对象，提出了日本的防卫政策究竟是被动适应外部威胁抑或是在认知体系性信号的基础上进行主动调试。[2]

刘丰，陈志瑞的《东南亚国家应对中国崛起的战略选择：一种新古典现实主义的解释》则是该理论分析东南亚问题的经典文献。该文认为，东南亚地区中小国家所面对的体系压力和国家的战略偏好共同决定了他们的对外战略。与此同时，当面对自主性、安全和福利三个目标的时候，他们希望以"对冲"的策略进行维持。[3]杨勇的《巴基斯坦对阿富汗的外交决策研究》则是以巴基斯坦对外政策为研究对象，系统解读分析出了影响巴基斯坦对外决策的单元层次和体系层次。[4]

唐晓是最早以新古典现实主义以外视角对美国的外交决策机制决定因素进行研究的学者，它的《美国外交决策机制概论》提出有四个因素影响着美国的外交决策机制，即政府、国会、压力集团和社会舆

1　王铁军：《体系认知、政府权力与中俄能源合作：来自新古典现实主义的视角》，《当代亚太》，2015 年第 2 期。

2　王铁军：《从新古典现实主义看平成时代日本的防卫政策变化：兼论日本的和平路线能坚持多久》，《日本学刊》，2020 年第 1 期。

3　刘丰，陈志瑞：《东南亚国家应对中国崛起的战略选择：一种新古典现实主义的解释》，《当代亚太》，2015 年第 8 期。

4　杨勇：《巴基斯坦对外政策决策研究：新古典现实主义视角》，时事出版社 2019 年版。

论。这四个因素的影响力是依次递减[1]。刘文祥的《考察影响美国外交决策的国内因素》[2]则在唐晓的基础上进行了升华性的解读，提出思想（Ideas）、机构（Institutions）、利益（Interests）、个人（Individuals）来解读美国的国内因素。同时，他认为影响美国外交决策的因素主要包括国外因素和国内因素两方面。冷战结束后，美国国内因素与外交的互动作用明显增强，而对于国内因素的深入理解有利于更好地了解美国外交政策，把握其发展趋势。[3]

　　孙哲的《美国的总统外交与国会外交》[4]从国会的角度对美国外交决策机制进行了分析，他认为美国国会在美国外交决策过程中发挥着巨大的作用，国会自身运作机制的特点在对外决策中随着美国参与公共外交程度的增加，其地位也在逐渐的提升，慢慢显现出成为掌控美国外交的"锚与舵"的趋势。李艳辉从政党、利益集团[5]以及公众舆论角度[6]论述了上述因素对美国整体外交战略的影响。钱文荣认为思想库对美国外交政策形成过程中的作用尤为突出，了解和研究美国思想库的由来、运作及其对美国外交决策的影响与作用有助于更好地了解美国的外交战略、政策及其决策过程。[7]

　　王缉思认为中美两国的外交都服从、服务于国内政治，但两国政治的基本区别决定了内政同外交关系的互动性质不同。美国外交主要

1　唐晓：《美国外交决策机制概论》，《外交学院学报》，1996 年第 1 期。

2　刘文祥：《考察影响美国外交决策的国内因素》，《世界经济与政治》，1999 年第 8 期。

3　刘文祥：《考虑影响美国外交决策的国内因素》，《世界经济与政治》，1999 年第 8 期，

4　孙哲：《美国的总统外交与国会外交》，《复旦大学学报（社会科学版）》，2001 年第 4 期。

5　李艳辉：《政党与利益集团对美国外交决策的影响》，《湘潭大学社会科学学报》，2003 年第 3 期。

6　李艳辉：《谈公众舆论对美国外交决策的影响》，《湘潭大学社会科学学报》，2003 年第 6 期。

7　钱文荣：《美国思想库及其对美国外交政策的影响》，《亚非纵横》，2004 年第 3 期。

受的是党派政治、利益集团（包括犹太人、古巴移民等基于族群的集团）的干扰。中国内政同外交的关系则表现为维护国内政治稳定和政府权威[1]。张历历主要是对 21 世纪初期中美外交决策机制进行了比较研究[2]。他认为 21 世纪初期中国外交决策机制内出现了"经济外交"等专门领域外交发展、决策领域扩大等变化。美国外交决策机制出现应对反恐的重要调整，进行了大幅度的机构创新。相较于美国以总统为核心庞大复杂、军事和情报部门的作用巨大、影响因素复杂、研究力量深厚等特点，中国的外交决策机制则更具有长期稳定、高端、保密以及核心领导和决策核心突出等特点。学者杨奎松通过长期对于中苏两党两国之间关系转变的深入研究，形成了自己独具特色的认知。他的理论认为，中苏两国之间的关系与两国领袖的个人特点是密不可分的。他在著作中强调："具有独特性格、特殊成长背景、自我情感经历以及特有的政治经验和意识形态追求的国家领袖，在中国外交政策的制定和对外关系的发展中起到了不可替代的支配性作用。"[3]而学者牛军则是更加注重用案例来说话，他先后选取了在冷战期间发生的一系列重要案例，并进行了深刻的分析，从而揭示出中国在冷战时期的大背景下，在处理重大事件时的决策经过、决策机制的运行以及中国外交战略的形成和其对中国的外交政策所造成的长远影响。与此同时，牛军经过案例分析提出了中国外交决策的框架并结合实际对于部分决策进行了重要反思，其作出的研究对于科学认识和准确总结中国在冷战时期的外交决策形成规律以及总结历史经验都具有非常重要的参考价值。[4]余丽则将角度选取到 1979 年中美建交这个阶段，他认为国际体

1　王缉思：《中美外交决策的国内环境比较》，《国际政治研究》，2006 年第 1 期。

2　张历历：《21 世纪初期中美外交决策机制比较研究》，《世界经济与政治》，2009 年第 9 期。

3　杨奎松：《毛泽东与莫斯科的恩恩怨怨》，江西人民出版社 1999 年版。.

4　牛军：《冷战与中国外交决策》，九州出版社 2013 年版。

系的影响、美国国内因素的制约对中美建交有着重要推动作用。美国
政府在处理这一事件时体现了理性行为者、官僚政治以及组织机构三
种模式的决策特点。这三种模式的结合使美国能够较全面地维护自身
的国家利益，但也带来了一些难以克服的弊病。[1]

0.2.4 中美苏三角关系研究现状

在国际关系的理论研究之中，客观存在着三个主体相互作用的情
况，并将其称为三角关系抑或是三边关系，其中三角关系实际上是三
边关系的一种更高的表现形式。假如我们把国际关系格局中三角关系
的三个主体分为 A、B、C 三方。同时预设三方关系所出现的六种可能
性以及伴随的预期结果，具体如下表：

表 0.3　国际体系中三角关系格局的预期可能性

主体行为	预期结果 1	预期结果 2	预期效果 3
B 国的行为 作用效果	影响 A 国	影响 C 国	同时影响 A、C 两国
C 国的行为 作用效果	影响 A 国	影响 B 国	同时影响 A、B 两国
A—B 双边关系 作用效果	影响 B—C 双边关系	影响 A—C 双边关系	同时影响 B—C 和 A—C 关系
B—C 双边关系 作用效果	A—B 双边关系 作用效果	影响 A—C 双边关系	同时影响 A—B 和 A—C 关系
A—C 双边关系 作用效果	A—B 双边关系 作用效果	B—C 双边关系 作用效果	同时影响 A—B 和 B—C 关系

1　余丽：《美国外交决策模式分析：以中美建交为例》，《郑州大学学报（社会科学
版）》，2008 年第 1 期。

正如上图所示，国际关系中的三角关系指的是在一个由三个国家构成的系统中，其中一个国家的行为会对另一个或两个国家的行为产生影响，或其中一对双边关系的变化会导致另一对或两对双边关系发生变化的互动关系[1]。学界最早提出国际格局中存在三角关系的是英国学者马丁·怀特（Martin Wight）。他于1977年出版的著作《国家体系》有一章专门从历史的角度研究了三角关系[2]。四年之后，美国学者洛厄尔·迪特默（Lowell Dittmer）发表的论文《战略三角：博弈理论初析》对三角关系的形态作出了较系统的理论分析。他提出了三角关系的三种形式，具体如下图所示：[3]

表 0.4　国际体系中三角关系格局的基本类型

类型	表现形式
"三人共处"式	三方之间的关系都非常友好
"浪漫三角"式	一方较为中立与其他两方关系较好，但其他两方却形成了对抗的关系
"稳定婚姻"式	两方友好，且都与第三方处于对立关系。

国内有关三角关系的研究有代表性的学者是上海国际问题研究所教授夏立平，在三角关系的状态和互动方面都存在几种样式或模式。从三角关系的状态来说主要样式有：①三边关系紧张；②"两松一紧"

1　夏立平：《当代国际关系中的三角关系：超越均势理念》，《世界经济与政治》，2002年第1期。

2　Martin Wight, Systems of States, Leicester University Press, 1977.

3　Lowell Dittmer, The Strategic Triangle: An Elementary Game -Theoretical Analysis, World Politics Vol.33, No.4, July 1981.

状态；③"两紧一松"状态；④"三边关系缓和"状态[1]。同时，他提出从三角关系的互动来说，三角关系的各方都总是力争在三角结构中处于有利地位，其中的某些主要模式有：① A 国与 B 国发展关系是为了促进与 C 国的关系；② A 国与 B 国发展关系是为了制约 C 国。

0.3 理论研究方法

新古典现实主义认为国家的外部行为并非总能与体系层次保持一致，主要是因为政治精英对体系的认知偏差、国家外交思想以及国内政治结构差异等一系列"国内性因素"所导致。新古典现实主义之所以"偏离"了传统意义上的现实主义研究范式，是因为它引入了一系列单元层次因素（即中介变量），这些单元作为体系刺激与国家的外部行为之间起到了中介变量的作用。正因如此，将国内因素纳入进国家行为的分析范式实质上是通过"找回国家"的思维体系来改进过去现实主义"体系决定论"的既有认知。[2] 本书的理论研究方法运用新古典现实主义的分析路径，将体系层次作为自变量，国内单元层次作为中介变量，国家的政策生成作为因变量。自变量并不会直接影响因变量的结果，而是需要通过中介变量的"传输作用"而最终形成国家对外政策的逻辑脉络。

1　夏立平：《当代国际关系中的三角关系：超越均势理念》，《世界经济与政治》，2002年第 1 期。

2　然而，新古典现实主义理论在近几年又有了全新的补强。有人提出这种理论仍然不能够完全客观的诠释国家的外部行为。其一，单纯强调体系与国家的单项性互动，至于因变量（即国家的外部行为或政策选择）是否会反作用与其所在的体系。其二，对于国家在体系刺激之下的体系认知和此时的国内因素考虑的信息还并不充分和全面，还可以进一步进行拓展。

0.3.1　自变量

0.3.1.1　国际体系的性质

新古典现实主义的逻辑起点是国际体系。国际体系指的即是国家间的体系，而国际体系的前身则由地区体系演进而来。15世纪以后，伴随着航海技术以及殖民化运动的开展，传统的封闭割裂世界逐渐的融为一体：封闭的地区体系被欧洲的殖民化浪潮所冲击，将东亚、南亚、美洲、非洲乃至大洋洲"重组"到一个全新的体系中。华尔兹曾说，国际体系如同经济市场，由利己的单元而组成。源于国家共存的国际结构依照它所存在的时期内的首要政治单元（如城邦国家、帝国抑或民族国家）而定义。没有国家意图去建构一个受到约束的结构体系，就像利己主义者组成的经济市场一样。[1] 总之，华尔兹将国际体系界定为一种结合，参与主体包括结构与单元。也就是说所谓国际体系是结构和互动单元组成的集合。除此之外，华尔兹在《国际政治理论》上对国际体系界定为三个方面：第一，秩序性，即国际体系内的国家都会受到潜移默化的秩序影响。国内政治系统与国际政治系统最大的差异在于，前者系统中的子集是作为等级化的表征进行排布，而后者则是具有平等、对等的性质。这是因为国内的政权部门需以发号政令的形式使得下级部门执行其政策意志，这也导致了这种系统的关系具有天然的不平等性。而国际体系中，国家之间原则上具有平等的身份。正如上文所言，国际政治体系有若干个具有利己主义的单元所构成。与经济市场的结构相似，国际政治体系在本源上也是自发创建的。[2] 而这两个系统得以维系的基础是国际体系。

1　诺林·里普斯曼；刘丰译：《新古典现实主义国际政治理论》，上海人民出版社2017年版，第35页。

2　肯尼思·华尔兹；信强译：《国际政治理论》，上海人民出版社2003年版，第122页。

第二，同一性，即国际体系内的单元则由同类的、重复且功能雷同的行为体构成。国家在外部形式上千差万别，但这些差异性的表象只能说是同类单元的差别：国家在资源总量、领土面积、国家制度、经济状况各不相同。尽管外部表征迥异、国家实力不同，但其功能却相同：国家的目标都是相似的。每个国家至少在很大程度上是在重复其他国家的行为。每个国家都有着自己的机构来制订、执行和解释法律法规，征收岁赋和实施自卫。每个国家都依靠自身的资源和手段，为其国民提供食物、衣服、住房、交通以及福利设施。除去那些袖珍国，所有国家的国内事务都远远多于对外事务。这体现了国家功能的相似性以及各国相似的发展道路。无论一个国家是贫瘠或是富有，自从政权建立之后，没有任何一个政权会对国家任其发展，而是对不由自主地对国家的经济文化、政治军事等方面进行有效调控，正是由于国家之间无论大小贫富，基本功能都是相似的，国家之间的差别主要体现在能力大小的差别上。国内政治是由国家内部独具特色，功能各异的单元构成，而国际政治却不同于国内政治，它是由相同的、一再重复彼此行为的单元而构成的。[1]

第三，分布性，即国家在体系内的相对实力分布。单元之间的能力各有差异彼此实力分布在国际体系中，新古典现实主义使用了一系列衡量国家相对实力的标准体系，诸如国内生产总值、国防经费、人口数量、资源储备量等评价国家物质水平的指标，还有国家外交指数、民主指数、政府清廉指数以及政府执政能力等软实力指标。体系内部各单元相互联系的方式取决于彼此功能的差异及其能力。正如上文所述，在无政府的国际社会，单元在功能上并不存在差异，主要区分的标志是能力的大小。结构的差异并不取决于单元在特性及功能上的差异，而取决于单元能力的差别，能力是唯一的区别标准。国家具

1　肯尼思·华尔兹；信强译：《国际政治理论》，上海人民出版社 2003 年版，第 129 页。

有何种传统、习惯、目标、愿望和政府形式以及这些国家是革命型的还是合法型的，是专制型的还是民主型的都不是所要考虑的问题。国家间的关系（友好抑或敌对）同样也不重要。只去研究通过考察国家间秩序的类型以及能力的分配状况。

新古典现实主义在借鉴了华尔兹结构现实主义的前提下，对国际体系性质本身进行了建构性的深化，这主要体现在两个方面。首先，新古典现实主义在承认体系作用于单元的先决性条件下，指出体系本身不会直接影响单元的行为抑或说单元不会直接遵循体系的指令进行活动。其次，由于国际体系实际上处于无政府的秩序状态下，给单元的决策带来了不确定性。国际环境的无政府事实并不意味着国家不受制约，只是这种调适具有明显的不确定性和自主性色彩。当无政府环境在短期内无法给单元以指导或解决途径，加之体系层次的影响有时并不是十分明显。这就导致了体系结构极易变成一种自助环境——单元依照自身所需进行外部行为。所以，我们也不可能期待着单元能够合理回应体系约束和机会的选择。应该说，华尔兹强调体系——单元的影响是不充分的。对此，罗伯特·杰维斯（Robert Jervis）对体系这一词又有了进一步深入的解读，即"当一组单元或要素相互关联，改变某些要素或相互关系，进而对体系的其他部分产生影响，并且整个体系展现出的特征和行为不同于受影响的那些部分，我们称这样的构成为体系。"也就是说，体系变量（如相对实力分布）与单元的外部行为有着十分复杂的联系，同时，体系变量对于单元外部行为的塑造有着重要的影响。

0.3.1.2 相对实力分布

依照新古典现实主义观点，国际体系是国家外部行为的自变量。而国际体系在作用国家外部行为的时候会以更具体的表现形式来施加影响。接下来，我将会从两个最具代表性的因素（即相对实力分布和战略环境）进行系统梳理。

相对实力分布，即体系中的国家（单元）之间通过与其他国家进行的衡量标准比较，并且在成系统的国际机制制衡下所形成的国家实力强弱格局。新古典现实主义假设国际体系的基础性单元是国家，而国际体系主要也指的是国家间的体系。在理查德·罗斯克兰斯（Richard Rosecrance）看来，相对实力分布需要有四个要素（1）输入者（2）国家的相对实力（3）调节者（4）相对实力分布。[1] 国家就是因素 1 即输入者。虽然说，在当下的国际关系格局中有许多超国家行为体例如国际组织、NGO、跨国公司、私人国家、恐怖组织等越发扮演重要的角色。[2] 但不可否认国家仍然在国际社会中承载着决定性作用。例如国际组织如果没有在其成员国政府的支持则几乎不能开展其所有的相关工作。国家的干扰作用与国内政治决策者的保守程度成反比的关系：如果政治精英的执政风格偏于保守且对本国的资源控制力强，那么国家的干扰程度就小。反之，如果政治决策者属于激进型，同时资源控制力相对一般，则国家的干扰程度就大。至于因素 2 即相对实力，它可以理解为国家物质实力的指标，通常的标准是有形指标即包括国内生产总值、国防开支经费、人口规模以及增长率、武装力量的规模、自然资源的储备量、领土大小等。[3] 其在很大程度上决定了国家在国际体系的相对实力分布。作为单元因素的国家在对外政策的范围主要取决于其在国际体系中的位置，即取决于国家的相对实力。[4]

　　因素 3（调节者）可以理解为是单元身处的国际战略环境。国家在

1　肯尼思·华尔兹；信强译：《国际政治理论》，上海人民出版社 2003 年版，第 55 页。

2　诺林·里普斯曼；刘丰译，《新古典现实主义国际政治理论》，上海人民出版社 2017年版，第 35 页。

3　诺林·里普斯曼；刘丰译，《新古典现实主义国际政治理论》，上海人民出版社 2017年版，第 41 页。

4　Gideon Rose, Neoclassical Realism and Theories of Foreign Policy, World Politics, No.1, 1998.

某个时段具有了相对实力的比较优势并不能完全确保其获得其在体系中所匹配的相对实力排布，这主要因为：1. 国际机制的潜在制约，当单元在体系中受到与其相悖的国际机制（制裁性该国某些外部行为的国际仲裁、不利其在某区域进行活动的国际法）的规制可能使得该国的战略环境受到挑战，导致其在该时期的某些外部行为受挫。2. 其他国家制衡行为，例如一些相对较弱的国家建立了具有军事性质的同盟也会让该区域相对实力处于强势的国家的周边战略环境恶化。即只有国家在相对实力和战略环境二者都处于较为理想的状态下，才会使得其在体系内的相对实力分布获得比较满意的局面。即国家 + 国际机制 + 相对实力 = 不同国家在体系内的相对实力分布。

0.3.1.3 战略环境

国家在体系之中都会面临各自的战略环境。国家的外部行为是由其所处的国际体系所塑造，上文提到国际体系具有秩序性、同一性以及分布性的性质，这也决定了国家一旦置于体系之中，由于相对实力彼此分布不均，且内部单元在体系中与其他单元在互动的同时都会受到其所在体系的无形约束、制约以及面临体系是如何对其行为进行激励和惩罚的现实。这种类似社会的竞争机制客观上给单元营造出了一种战略环境。值得注意的是，由于国家之间相对实力分布差异性和运动性也使国家身处的战略环境会不断发生动态变化。这就涉及到（影响国家外部行为的自变量）国际体系的另外一种表现形式，即国家所面临的战略环境。它可以分为包容性战略环境和约束性战略环境两种类型，它们的区分与国家面临威胁和机遇的紧迫性和大小有关。当国家所面临的威胁程度越高（或机遇的利益越大），国家的战略环境就越具有约束性特征。反之，当威胁程度越低（或机遇的利益越小），国家的战略环境则会具有包容性的特征。而且国家面临约束性环境的时候要比置于包容性环境会存在更多的难题，这是因为约束性的环境会使得国家的政策选择面较小，除了顺应当前的环境即消减危机抑或利用机遇以外几乎没有更好的选择余地。国家无论所身处是包容性的战略环境抑或是约束性的战略环境实质上都不是一成不变的。

与此同时，国际体系中的"极"与战略环境的关系密不可分。所谓"极"这个概念主要指在特定的时期，体系内部的强国数量。至于衡量强国的标准则取决于物质实力以及资源的动员和政府执政能力等因素。"极"通常有单极、两级抑或多级这几个概念，与此同时，极也是体系内国家间相对实力分布的主要参考依据。迈克尔·马斯坦杜诺（Michael Mastanduno）认为国际权力的理想格局是"极"，无论是多极和两极的相互转化还是两极和单极的相互转化。当国际体系处于两极格局时，国家所面临的战略环境有时会呈现约束性特征，有时会转变为包容性特征。

战略环境的类型与清晰度也具有相当的关联，例如体系能够在包容（约束）环境中提供给国家威胁（机会）的性质以及其存在的时间范围和对此采取政策的清晰抑或模糊的信号。新古典现实主义理论认为清晰度主要包含以下三个方面，分别是：面对威胁和机遇时的可识别和可认知的程度；体系造成的不足形成的威胁和提供的机会的时间与范围等信息；最终是否能够做出有效而最佳的政策。就第一个要素来说，明确的威胁可以理解为如果 A 国对 B 国有清晰的威胁必须同时满足下列三个特性包括：（1）修正主义倾向抑或 A 国表现出对 B 国核心利益的企图（2）A 国具有实施这种企图的能力，例如军事抑或经济实力（3）A 国有在短期实施这种图谋的必要性和可能性。明确的机遇可以理解为有证据表明 A 国相对于 B 国在某些实力上获得了绝对的优势，具体来说，清晰的机遇包括三个要素：（1）A 国的实力占优（2）B 国的实力在处于劣势的情况下且缺乏抵抗的决心（3）A 国有迅速实现机遇的行动力。

清晰度的第二个要素是时间范围，对于国家内部的决策者来说对于机遇和危机的时间范围预判是很难做到完全精准的，这主要是因为对预判国的情报并不可能做到全部掌握。同时，国内的官僚体系对于信息的反馈效率也会制约着决策层对于体系认知的程度。清晰度的第三个要素是最优政策能否做出的可能性，尽管国际体系约束着国家，而且经常限制国家可供采取的选择，但它很少清晰地表明特定情形下的最优政策选项。实际上，清晰度是体系层次变量的一项重要因素，如果国家面临的威胁和机遇以及其变成现实的时间范围还有决策层做出最佳政策的反应都具有较高的清晰度，则国家之间对于外交政策的制定空间就比较小。换句话说，如果清晰度不高则会使得国家之间的政治精英在政策的抉择上有较多的不一致。

总之，当国家置于国际体系层次的时候，由于国家之间的客观实力差异明显，诸如国家之间经济总量、人口数量、资源储备量等评价国家物质水平的指标都不尽相同，会使得国家之间呈现出相对实力彼此不均衡的分布。而单元在置于体系之中都会面对其自身所要应对的战略环境，战略环境呈现出何种特性（包容或约束）与国家在这个时期所面临的威胁和机遇有着正相关的关系。国家的外部行为是由其所处的国际体系所塑造，国际体系具有秩序性、同一性以及分布性的性质也决定了体系一旦存在就会通过社会化和竞争机制客观给单元的外部行为营造约束抑或包容的环境。单元在这个环境中不断遵循着体系给其的指令（或清晰或模糊）来做出相应的外部行为。但是这种外部行为并不是终局性的，而是需要通过单元因素这一中介变量加以作用而形成国家外部行为的根本路径。

0.3.2 中介变量

0.3.2.1 政治精英的认知
政治精英对于体系的认知（或称之为领导人的知觉、意象）被视作新古典现实主义的一项重要中介变量。外交决策的执行者比如总统、部长甚至外交政策顾问都可以视作是政治精英。[1]他们对于国家身处的体系所发生的变化，体系对于国家的影响有着自己的认知，这种认知简单来说也叫"体系认知"。"体系认知"属于外交决策理论的微观层次研究体系，其主要是探求国内政治精英对客体的目的和意图的认知。

受制于人自身认知水平的限制和客观条件的制约，国内的政治精英对于外部体系的知觉，特别是对于在不确定的条件下会出现认知偏差甚至是认知扭曲。基于这种情况，罗伯特·杰维斯认为，人们对于世界的认知在不同的人看来会有不同的见解和理解，进而会潜移默化的影响外交决策。与此同时，政治决策者和普通的个人一样都会产生认知的局限，这也就使得国内政治精英会存在发生认知层面偏差的风险。[2]所以，如果不从决策者的客观处境去研究就很难去解读重大决策所产生的逻辑因素。

首先，"体系认知"是主观世界的产物。它是人脑直接作用于它的客观事物的各个部分和属性的整体反映，同时，它也是确定所接受到的事物意义过程。[3]它并不是对外部信号机械抑或被动性的接受，而是人们根据自身的认知结构面对外部世界输入的信息加以选择的过程。外部信息和认知结构的互动不仅决定了认知具有明显主观性的色彩，而且这种互动也使得外部事物的特性和人们认知结构共同影响着个体认知的内容。然而，在决策的实践层面上每个人在面对同样的外部信

1　诺林·里普斯曼；刘丰译：《新古典现实主义国际政治理论》，上海人民出版社 2017 年版，第 60 页。

2　罗伯特·杰维斯；秦亚青译：《国际政治中的知觉与错误知觉》，世界知识出版社 2003 年版，第 12 页。

3　申玉庆：《外交决策的微观认知视角对杰维斯认知理论的几点评价和思考》，《外交评论》，2005 年第 5 期。

息时由于认知结构的差异会导致决策的结果大相径庭。正因如此，只对决策的外部环境分析而忽视决策者自身的认知结构越来越难有立足点。

其次，精英体系认知内涵的多元化。具体来说，这种多元化可以理解为本国外交决策精英对于国家战略总体布局的完善思想体系，也可以理解为外交决策者对于全球性、地区性以及双边国际关系的主观性认知。除此之外，从某种程度上来说，体系认知代表了个体不易被修改的主观思维结构，其一旦形成就会对外部信息产生筛选、提取的状态。这在一定程度上影响了政治精英对于体系所传达的信号的认知。所以，面对某一特定的国际挑战和机遇，领导人基于自己的认知内容会产生出不同的反应。

0.3.2.2　战略文化

战略文化（Strategic Culture）指的是一个国家根深蒂固的信仰和世界观，是国家外交决策的生成和运行过程中重要的文化土壤。具体来说，一个民族或国家的战略思想、战略原则和战略决策中所沉积和蕴含的文化传统、哲学思维和社会观念都可成为战略文化[1]。它为国家战略思想、外交政策的形成提供了相应的文化指引，也是一个国家的外交思想和政策产生的深层次文化因素。国家的外交决策和思想随着时间的变化具有动态的属性，而处于相对稳定且长期起作用的深层内容则是战略文化，它是国家长期的历史发展过程中逐渐积淀形成的，决定着一个国家研究和处理战略问题的惯用战略思维方式。

战略文化包括价值判断观念和行为模式观念两部分内容。价值判断观念是核心与基础，即外交行为做出所基于的价值判断，如是基于理想信念还是基于国家利益，零和博弈还是非零和博弈。如果认为战

1　张键：《冷战后中国东亚外交战略的学理分析》，外交学院博士论文，2011 年。

争是必然的和正常的现象，国家在国际社会追求的是强权和绝对利益，只有本国实力比别国强大才能得到安全，就倾向于重视战争作用和军事力量建设；如果认为威胁是非零和性的，别国的强大并不意味着己方的弱小，别国的安全也不意味着己方的不安全，那么就会认为处理威胁和实现国家利益的手段是多种多样的，军事只是其中的一种，还要靠政治、外交等协商对话的方式加以解决。如果认为战争只是人类社会的一种异常现象，通过人类社会的改造和利益的协调就可以彻底消除冲突和战争，从根本上消除威胁，国家追求的是相对利益，使用军事力量是不必要的 —— 这种战略文化历来为理想主义者推崇。

0.3.2.3 国家制度与社会力量

国内制度可以视作是新古典现实主义理论的另一组中介变量，它涉及国家结构和国内政治制度等因素。通常来说，国家的制度、惯例、程序乃至监督体系得以运行的重要基础首先是以确定性规则和规章作为基础的法律。各国不同的制度结构会影响着该国政治决策者们应对外部体系压力的能力。西方国家一致将共享民主规范和准则的约束作为一种固有的制度性的约束，按照这个逻辑就形成了诸如分权制衡、议会民主、投票选举等模式，这在一定程度上约束了国家决策者制定过激性的对外政策。然而在西方国家，制度对于政治精英的约束或制约程度并不完全相同，制度往往体现在政治决策者权力的性质和政权结构之间的关系层面。领导人权力的大小、政党制度、三权关系（行政、立法、司法）、选举制度、政府执政能力、监督机制等因素都会影响国家决策制度化的程度。除了上述成文性的制度以外，非正式制度、政治惯例等不成文制度也会影响外交决策者制定和实施政策的能力。尽管这些制度没有作为成文化的形式存在，但是仍然会对行为者产生重要的影响。进一步说，这些非正式制度和惯例会影响行为体在国内环境中的正式制度框架内采取行动的范围。

　　社会力量是现代政治中的重要政治主体，对政府决策的制定与执行以及社会经济发展产生重要影响。社会力量主要包括利益集团、社会公众等因素。在美国的政治体系环境中，社会力量通过与国家公权力机构的互动潜移默化的影响政府对外决策的行为路径。比如国会是其民意所谓的"忠实代表"和传声筒。美国民众主要是通过投票和大众传媒来表达他们对政府对华政策的意见和看法，形成具有影响力的社会舆论基础之后，政府就不会公然制定与民意相背离的政策回应。而国会的立场在某种程度上也反映和传递着国内公众的关注点和集聚点，议员们为了获得选票支持普遍将自己的政治主张与"主流民意"靠拢。

　　而利益集团是美国社会力量的又一重要参与主体。院外活动（lobby）[1]是美国利益集团影响政治的最重要的方式。院外活动具体是通过公民、利益集团来代表本人抑或委托专业游说人员以直接面对面交流的方式，与国家实际的决策者（在美国，国家决策者特指国家的国会议员、政府官员和司法机关的官员等）产生接触，第一时间传递信息、表达出自己的观点、从而施加影响的一种活动。从实际效用上来说，这种活动的作用是明显的，这是因为凭借面对面的沟通，有效避免了信息传递过程中的耗散、扭曲和误读等情况，从而客观保证了

1　院外活动，又称院外游说活动，早在美国独立后的第一届国会中就已经出现了游说活动。由于说客不是国会和政府部门的正式成员，他们通常不能进入会议室和议事大厅，只能在国会和政府大楼的走廊上活动，正因如此走廊（lobby）这个单词就成了游说活动的英文名，而从事游说活动的人士也正因如此被称为 lobbyist。20世纪50年代以后，部分利益集团与美国共和民主两党之间的关系出现了常态化的合作关系，比如，美国劳联－产联、全美农民协会、全美教育协会等团体都与民主党的关系较为接近；而与共和党接近的团体主要包括：美国商会、全美制造业者协会、美国农事局联盟、美国医师协会、美国教育联盟等。

游说的质量。对于美国这种类型的国家而言，利益集团争取的主要对象实际上是作为立法机关的国会。一般情况下，利益集团为了达到自己的目的，为了成功游说国会议员明确支持或坚决反对某一个议案，就会积极主动地汇集大量相关信息，并整理成一个逻辑严密、说服力强，对自己的见解非常方有利的材料，呈送给国会议员，以此左右议员，改变议员原本的政策倾向。而游说国会的另外一种方式则是在国会委员会的听证会上作证，这也是一种常见的游说方式。总的来说，利益集团组织的间接的院外活动形式多样，主要包括草根游说和媒体游说、有的时候还会以利益集团结盟的形式，以及组织影响较大的示威活动，或者相对温和的抵制和抗议等活动。这属于一种较为迂回的沟通，主要通过广告宣传、公众舆论、群众动员等不同的手段来向决策者传递有关信息。由于这种形式需要动员更多的人加入进来，说传达信息的完整性和全面性有可能会受到影响，而且必然会造成一定的资金耗费，因此存在一定的不足。但是从影响力来说，由于它所代表的层面较为广泛，并且是一种公开的行为，在社会影响力方面有天然的优势，有利于帮助树立良好的公众形象，在活动的开展过程中更容易和公众打成一片，更能得到公众的理解以及支持。

0.3.3 因变量

　　新古典现实主义的因变量主要研究国家外交政策的选择及其对外政策的最终生成。[1]而一个国家外部政策的最终生成也会影响其所在体系。新古典现实主义从本质上是一种外交政策理论，它是试图解释具体的外交政策行为，而不是研究宏观的政治现象。与此同时，该理论将国际体系视为导致任何一个国家外交政策行为发生变化的最重要深

1　诺林·里普里曼；刘丰译：《新古典现实主义国际政治理论》，上海人民出版社 2017 年版，第 81 页。

层原因，并将国内层次（单元）纳入到解释模型中。[1]外交政策理论需要将体系层次诱因与单元层次要素加以结合，体系因素与单元因素在导致对外政策的结果所起的作用是不同的，体系因素作为对外政策的自变量，单元因素是连接自变量与因变量的中介变量（其作用是加强或是减少体系因素对单元行为的影响）。

新古典现实主义的因变量的解读定义也发生过两次理论性的变革。第一阶段被称作是"意在解释特例时期"，它被定义为"体系指令相悖的次优政策选择"。也就是说，其着力点聚焦在国际关系案例的特殊例证和罕见现象。因为在结构现实主义的兴盛阶段，通过体系分析论分析国家外交政策虽然有一定的理论空间，但对于某些国家现象的例证也出现了解释力不足的局面。如国家对在体系内更强的对手发动战争。这类学者认为，国家体系虽然给国家发出了清晰的信号，但是按照新古典现实主义的逻辑，这些信号必须通过国内政治精英认知和国内制度的影响才能对国家的政策做出反应。在极少情况，这些体系的指令可能会在国内政治精英的认知中出现偏差，抑或即使认知精准但因为国内的政治制度而约束精英们的决断。第二阶段被称作"外交政策的解释路径"阶段，它解释为国家的外交政策的选择及其对外政策的最终生成。这也从某种程度上标志着新古典现实主义由解释结构现实主义的理论不足走向独立的外交决策理论。本书运用新古典现实主义的分析路径，选取了自变量（体系因素）中的相对实力分布、战略环境。中介变量（单元因素）中的战略文化、国内制度模式、社会结构以及决策者对于国际体系的认知。因变量则研究国家外交政策的选择和生成（详见下图）。

1　陈志瑞、刘丰：《国际体系与国际政治：新古典现实主义的探索》，北京大学出版社2015年版，第18—19页。

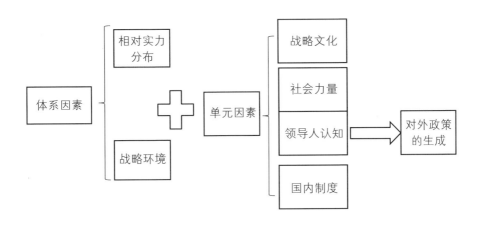

0.4　文献研究方法

　　本书的实证研究方法立足于充分的史料依据。通过美国外交关系档案（FRUS）、美国国家安全委员会解密档案（NSCF）以及尼克松总统档案为支撑。中美建交以前，两国外交接触的基本表现从单纯依靠第三地作为沟通渠道进行情报传递、外交会谈等（秘密渠道）逐渐发展到中美通过互设联络处进行直接的外交对话。这种由"间接到直接"的联络方式看似平淡无奇怪，实则折射出这一阶段世界形势已然经历了巨大变迁，特别是中美苏三角关系发生了深刻性变化。而卡特政府上台以后，中美两国最终建立外交关系，开启两国历史的新篇章。本书运用史学的研究方法，通过对大量已经解密的原始档案（主要以美方档案为主）进行分类解读、系统分析、提炼精华，将卡特政府对华政策和中美建交 —— 这段尘封已久的历史还原世人。

　　外交史的研究离不开对于史料的深刻挖掘与细致解读。对于本书来讲，由于是涉及到运用外交决策理论去分析中美渠道外交这一史实，不仅对于史料的数量和类型的要求是较为苛刻，同时对于理论文献的选取也是十分繁琐。本书所选取的文献主要来自以下几个方面：

第一，党的文献资料以及报刊杂志。中央文献出版社出版的《毛泽东年谱（1949—1976）》、《周恩来年谱（1949—1976）》、《毛泽东外交文选》、《周恩类外交文选》、《建国以来毛泽东文稿》。中共中央发行的《人民日报》、中央军委发行的《解放军报》、新华社发行的《参考消息》等。

第二，美方已解密的档案。具体有：FRUS（Foreign Relations of the United States）美国对外关系文件集、USDDO（U.S. Declassified Documents Online）美国解密档案在线、DNSA（Digital National Security Archive）解密后的数字化美国国家安全档案、USCSS（U.S. Congressional Serial Set.1817—1994）国国会文件集、RNPLM（Richard Nixon Presidential Library & Museum）尼克松总统图书馆、AAD（Access to Archive Database）美国国家档案与文件局档案数据库、APP（The American Presidency Project）美国总统系列文件。

另外美国乔治华盛顿大学威廉·布尔（William Burr）的档案汇编，涉及到中美这个时间段的档案汇编，主要有中美从对立走向合作（China and the United States From hostility to engagement）、北京—华盛顿的秘密渠道和亨利·基辛格的中国秘密之行（The Beijing–Washington Backchannel and Henry Kissinger's Secret Trip to China）、尼克松的中国之行（Nixon's Trip to China）、中美和解谈判（Negotiating U.S.—Chinese Rapprochement）。还有就是一些已有研究成果，包括相关论文和论著。

第一章

卡特政府对华政策的背景

体系层次的考量是卡特政府对外乃至对华政策生成的总体性逻辑。在 20 世纪 70 年代以来，美国在两极格局的体系中其自身的相对实力已经在与苏联的对比中凸显劣势，对于苏联的全球战略扩张很难采取有效的制衡措施，而这也使得美国在全球的战略空间逐渐被稀释，其身处的体系环境受到前所未有的威胁和挑战。体系层次的客观现状反映给国内单元层次后，单元经过了一系列复杂的"信息处理"之后做出了相应的宏观战略回应。从新古典现实主义的角度去分析卡特政府对华政策的轨迹，可以看出卡特政府时期美国的体系层次较尼克松、福特时期并未发生实质性的变迁，而单元层次的深刻性重组是美国对华政策路径发生积极转向的重要驱动力。本章将分别从卡特政府对华政策生成以前美国身处的国际体系层次（即美国相对实力和战略环境变迁）和国内单元层次（战略文化、体系认知、国内制度以及社会力量）进行系统介绍，力图还原卡特政府完成对华政策变迁前的背景并深刻揭示出卡特政府对华政策得以变迁的深刻性原因。

1.1 国际体系层次

1.1.1 美国相对实力与战略环境的变化

20 世纪 70 年代，美国在国际体系层次的相对实力优势急速下滑，身处的国际战略环境也逐渐被压缩。这主要体现在，第一，世界经济的主导权和统治力被削弱。布雷顿森林国际金融体系几乎瓦解，标志着美元与黄金开始脱钩，美国的经济出现了巨大的问题。与此同时，世界石油危机和经济危机又让这种局面雪上加霜。据统计，1974 年经济危机期间，美国的经济总量同比下降了 5.7%，通货膨胀率则上升到 11%，失业人口和失业率分别达到 825 万和 8.9%。[1] 而德国和日本等新兴发达国家在经济上后来居上，在 20 世纪 60 年代末已然进入世界发达国家行列。这些国家在贸易、科技等领域对美国构成严重挑战。

第二，美国越战的颓势让其国际地位迅速下降。二战后美国在海外发动的影响力最人的越南战争获得惨败，美国的全球军事实力饱受质疑，这使得美国的国际声望迅速下滑。苏联方面在勃列日涅夫上台之后逐渐加快国内的军事建设，在对外战略中显露出强势的姿态，逐步压缩美国的传统地缘政治空间，力图在与美国的军事对峙中获得优势。集中体现在 1975 年苏联对于安哥拉局势的介入（本书将在下面做重点分析），让本已紧张的美苏关系雪上加霜。

第三，中国和其他第三世界国家的崛起也在稀释着美国的国际战略空间。这些国家或是以民族独立国家的旗号组成不结盟运动，或是以团结第三世界国家反对美国霸权而进行的国际政治动员。总之，国际政治体系中出现了更多的"不同声音"，在美苏两大阵营之下的世界格局酝酿着多极化的发展趋向。

第四，美国在国际体系中身处的战略环境逐步向约束性的趋向发展。1970 年 2 月，尼克松总统在"关岛主义"的基础上提出了"尼克松主义三原则"，[2] 其目的是在相对不利的地缘格局中以退为进，维持住

1　苏格：《美国对华政策与台湾问题》，世界知识出版社 1998 年版，第 391 页。

2　具体有：1. 美国从实力地位出发，通过对话和谈判稳住苏联。2. 承认西欧、日本的经济地位，即"伙伴关系"，来获得盟国的支持以其牵制苏联，达到战略收缩的目的。3. 利用中苏决裂的机会制约苏联，使美国在外交上有更大的主动权。

既有的国际战略空间。而面对美国的和缓姿态，苏联则摆出了咄咄逼人的动作：一方面，强势介入安哥拉局势，通过扶持"安人运"夺回对于该国的实际控制权。另一方面，苏联对于北越政府进行大量的军事援助进而影响了越南半岛的战争态势[1]，这使得美国逐渐陷入到了越战的"泥沼"之中。在尼克松和福特政府时期，美苏两国领导人举行了多次会谈，这些会谈多是以美国做出让步为代价的。而在亚太地区内，美国为了进一步拉拢日本，将琉球群岛（冲绳县）的施政权归还日本。与此同时，美国又展开中美破冰之旅，开始与中国领导人展开对话。[2] 接下来，本书将对美国在两极格局中相对实力衰退以及战略环境恶化的典型案例做详细介绍。

1.1.2 典型案例：美国在安哥拉局势的被动

从 20 世纪 70 年代开始，苏联就开始利用"代理人模式"频繁介入许多国家和地区的内部冲突和战争。所谓"代理人模式"指的是两个方面的含义：其一，扶持介入地区的政治势力作为其代理人。应该说，这些地区基本上都曾长期处于殖民主义的烙印之下，渴望独立的呼声强烈。美苏两国就以帮助其实现民族自决为名纷纷培育和扶植当地的政治势力，并且借助各种手段力图使得代表自己的政治派别逐渐成为国家的核心领导力量，最终希望拉拢他们成为自己的势力范围。其二，以其他盟国（即古巴）的名义参战。即由古巴当局出动军队人

1　仅 1968 年，苏联给予北越的援助就高达到 5.42 亿卢布，其中大部分（3.61 亿卢布）为免费提供。这其中包括防空导弹"德维纳"（CA-75），米格 -17 和米格 -21 歼击机、苏 -17 轰炸机、安 -28 运输机、伊尔 -14 和里 -2 运输机、中型和小口径火炮、探测雷达等。与此同时，苏联对北越的军事援助还包括苏联军事专家间接或直接地卷入对美作战行动。

2　韩长青，吴文成：《外交承诺与战略试探：万斯访华与中美关系正常化》，《外交评论》，2014 年第 6 期。

员，苏联提供武器装备和资金支持，以"古巴志愿军"的名义配合当地亲苏势力进行作战。代理人模式在一定程度上避免了苏联与美国在正面战场的直接冲突，同时也使得苏联在当时的国际战略空间得到了有效的拓展。

"代理人模式"一度成为了 20 世纪 70 年代苏联发动对外霸权战争的主要写照。而本书选定的案例是 20 世纪 70 年代中期，也就是卡特执政前夕美国在安哥拉局势全面被动这一虽冷门但很具有代表性历史事件。它很好的折射出苏联利用"代理人模式"疯狂介入安哥拉内战以及美国及其扶持的政治势力对此应对的狼狈。可以说，这是 70 年代中期美国自身相对实力逐步衰退以及战略环境逐渐恶化的最好写照。

安哥拉位于非洲西南部，独立以前受到葡萄牙殖民统治。早在 20 世纪 60 年代，安哥拉就在苏联和古巴等国的支持下开展了对抗葡萄牙殖民统治的战争。与此同时，苏联还暗中扶持"安哥拉人民解放运动"（MPLA，以下简称"安人运"）开展游击战争。而美国也在同一时期扶持了"安哥拉民族解放阵线"（FNLA，以下简称"安民解"）和"安哥拉彻底独立全国联盟"（Unita，以下简称"安盟"）。[1] 安哥拉被视作是美苏在西非重要的战略博弈中心。

成立于 1956 年的"安人运"其指导思想是以马列主义为指导，结束殖民主义，建立公正的现代社会。这个组织的左派倾向获得了苏联的关注，苏联也正希望通过"安人运"作为先锋有效推进国际共产主义运动在非洲的开展。[2] 到了 1973 年，安哥拉的国内形势突然不在苏联的掌控范围之内，由苏联援助的"安人运"经历了一场严重的危机，该组织主席阿戈斯蒂纽·内图由于长期忽视部族的问题，以及一言堂

1　该组织成立于 1961 年，以霍尔顿·罗布托为领袖，总部设在扎伊尔（现称刚果金），与 1966 年成立的"安哥拉彻底独立全国联盟"皆被视作亲美的势力。

2　刘海方：《列国志·安哥拉》，社会科学文献出版社 2006 年版，第 90—91 页

的做法导致部族矛盾和组织内部发生分裂。[1]而内图对于在苏联接受过培训的干部也高度怀疑，认为他们是"苏联思想的传播者"。与此同时，亲西方的组织"安民解"却悄然崛起，这对"安人运"构成了严重的威胁。[2]苏联获悉后立即委托苏联驻安哥拉邻国赞比亚和刚果人民共和国（现称刚果布）大使表达对此事件的严重关切，警告"安民解"不要让事态进一步升级。[3]1974年葡萄牙发生了举世震惊的"425"政变，总理卡埃塔诺流亡国外。葡萄牙新上台的政府开始推行了非殖民化的政策并开始收缩对安哥拉的直接统治。苏联当局更是借着这个期间进一步加大对"安人运"的全方位支援。

　　苏联的举动引起了美国的高度警觉。从1974年7月开始，美国通过中情局对亲美的"安人运"每月秘密提供1万美元的援助，并且开始与该组织高层保持密切的人员往来。[4]同年10月，葡萄牙新政府与"安人运"签订了停火协议，苏联通过刚果人民共和国向后者提供了大量的军火物资，使得"安人运"的势力逐渐超越其他派系逐渐做大。[5]1975年1月，"安人运"、"安人解"和"安盟"三方在葡萄牙的安排下签订《阿沃尔协议》，组建了临时政府。但是三方各自均心怀鬼胎，距离撕毁协议只有一步之遥。

　　美国面对彼时安哥拉微妙的局势非常想更进一步介入。但现实处境是受制于越南战争的泥潭、中东问题以及与苏联的战略武器限制谈判（SALT谈判），美国不可能将其全部精力用在安哥拉局势上。同年

1　沈志华：《苏联历史档案汇编》（第33卷），社会科学文献出版社2002年版，第2页。

2　"安人运"、"安民解"与"安盟"在安哥拉独立前势均力敌。

3　沈志华：《苏联历史档案汇编》（第33卷），社会科学文献出版社2002年版，第4页。

4　田金宗：《冷战与内战——美国对安哥拉内战的介入》，《历史教学问题》，2014年第4期。

5　Odd Arne Westad, The Globla Cold War, New York: Cambridge University Press, 2007, pp.224.

4月，南越首都西贡被越南民主共和国（北越）和越南民族解放阵线联手攻陷，美国在越南的统治基本宣布结束。这也使得美国在东南亚的战略空间受到重挫，美国开始重新反思和评估其全球战略部署并开始将安哥拉作为其非洲战略布局的重要一环。5月16日，美国制定了有关对安哥拉政策的研究备忘录，即224号备忘录。[1]

224号备忘录主要分析了美国在安哥拉近期和独立后应着重关注的要素：第一，安哥拉内乱或内战加剧的可能性及其向独立过渡的影响；第二，安哥拉各势力的政治立场；第三，葡萄牙、南非在内的非洲邻国的作用以及对它们为塑造安哥拉未来可能作出的努力的评估；第四，苏联和中国过去和未来参与安哥拉政治发展的程度；第五，安哥拉经济发展的前景和可能的模式，以及发展援助或难民安置援助的需要；第六，国际组织在促进安哥拉稳定和提供其他援助方面可能发挥的作用。

基于224备忘录，美国在6月拟定了初步的计划部署。核心思想就是通过隐蔽的政治、军事行动介入安哥拉局势，比如对"安民解"、"安盟"的支援力度要高于苏联对"安人运"内图当局的援助，特别是在军事援助方面可考虑提供"秘密"武器、弹药和改进训练的努力，以配合战斗水平的进一步升级；采取秘密的政治行动促成有关各方组成联盟以其对抗苏联以及其支配下的"安人运"。到了6月中旬，美国在对局势进行全面评估的基础上开始讨论是否正式军事介入安哥拉。令人意外的是，几乎没有人支持积极的军事行为。绝大多数倾向于采取外交途径解决安哥拉危机。6月19日，基辛格在国家安全委员会会议上讨论了如何通过有关外交途径处理安哥拉局势，即在隐蔽条件下通过政治与外交途径保留足够军队对安哥拉局势进行干涉。

1　田金宗：《冷战与内战：美国对安哥拉内战的介入》，《历史教学问题》，2014年第4期。

　　1975 年 7 月，安哥拉内战终于爆发。"安盟"和"安民解"分别从南非和扎伊尔出发南北夹击"安人运"。前者由于受到美国充分的援助在战争爆发之初一直在实力上处于强势地位。"安人运"面临着被合围的危险而向苏联和古巴等国求援。11 月古巴的 9000 余名志愿军和大量武器装备运抵安哥拉。与此同时，"安人运"也在其所在辖区进行大规模武装动员，一度将人数扩充到 2 万余人。实力得到充分补充后，"安人运"虽然在此后又经历了一些败仗（诸如在进攻"安盟"控制下的南部铁路枢纽基巴拉遭受了惨败），但很快得以振作。此后双方势力一直僵持不下。同月，"安人运"在罗达安建立了安哥拉人民共和国，苏联等社会主义国家以及原葡萄牙殖民地是最早承认这个政权的政治实体。[1] 紧接着，"安盟"和"安民解"又成立了安哥拉人民共和国，自此安哥拉全面分裂。

　　1976 年 2 月，"安人运"在古巴联军的配合下与"安人解"在安哥拉重镇圣萨尔瓦多展开决战，此役"安人解"损失惨重元气大伤，自此逐渐退出了角逐安哥拉权力的舞台。同月，"安人运"发起了代号"大草原"的新攻势，力图歼灭"安盟"主力。在古巴军队的空中支援下，"安人运"很快的击溃了前来协助"安盟"作战的南非军队。至此，"安人运"的两大政治宿敌得以全部肃清。同年 12 月，"安人运"领导的安哥拉人民共和国正式加入联合国，开始被国际社会所承认。这意味着苏联干涉安哥拉局势获得了重大的突破，也标志着美国在安哥拉政策的全部破产。

　　在成功介入了安哥拉局势后，苏联仍没有终止向东非进行军事渗透。苏联趁着美国在实现与苏联关系和缓的势头上开始大规模向这些地区扩张。1976 年苏联借助古巴军队操控安哥拉内政得手之后又介

1　刘海方：《列国志·安哥拉》，社会科学文献出版社 2006 年版，第 143 页。

入埃塞俄比亚和索马里之间的冲突[1]，两国本来在欧加登问题上存在领土争端，苏联通过资助前者来制衡后者，并派遣了大量军事人员前往"非洲之角"。苏联之所以对于该地区如此重视是因为红海的战略地位（亚丁湾和印度洋有一流的港口，同时也是极其重要的世界海上交通线），西欧进口的原料绝大部分都要经过这些航道。[2] 截至 1978 年 3 月，苏联一共向该地区输送 1000 余名军事顾问，另外还有 10000 多名古巴军参与该地区冲突。[3] 苏联在该地区疯狂的军事投入最终迫使索马里从欧加登撤军。

1.2　战略文化

1.2.1　美国外交文化传统

1.2.1.1 "使命观"思想

美国人在国家认同层面与一般意义上的民族国家有着一定程度的差异。其国家认同构成的基础是基于对特定的政治与文化价值的认同。所谓国家认同是指一个人确认自己属于哪个国家以及这个国家究竟是怎样的国家的心理活动。[4] 国家认同不仅表现在它是公民最重要的集体认同，而且它也是一个国家合法性的来源渠道。[5] 美国的国家认同

1　1977 年埃塞俄比亚与索马里发生了政治转向，原本亲西方的埃塞俄比亚突然倒向了苏联。而原本接受苏联援助的索马里则在 1977 年 11 月宣布废除了索苏友好条约，成为美国的盟国。

2　《红旗杂志》，1978 年第 4 期。

3　陶文钊：《中美关系史（下卷）》，上海人民出版社 2004 年版，第 40 页，

4　王立新：《美国国家认同的形成及其对美国外交的影响》，《历史研究》，2003 年第 4 期。

5　王立新：《意识形态与美国外交政策》，北京大学出版社 2007 年版，第 88 页。

较之于其他民族国家有着明显的不同，它并没有统一的文化纽带和核心族群作为支撑民族国家构建的要素。取而代之的是多元的文化和不同的族群，而共同的信仰是连接这些差异性要素。也就是说，美国并不符合现代民族国家的特征，而更近乎于是一种理念国家（ieda—nation）。美国的国家认同是建立在对自由主义价值信仰认同的基础上，理念的本位价值要高于民族的价值内涵。从这个意义上说，哪怕彼此来源于不同的原生民族，只要接受了美国的信仰价值即认同了美利坚民族，成为了真正意义上的美国人。

美国学者莫雷尔·希尔德（Morrell Held）经过多年的研究，形成了自己的政治见解。他在《文化与外交》这本著作中强调：想要看清美国外交政策的真谛，前提条件是要认识到美国外交政策的真谛，也就是说美国人在与外部世界相联系的关系中实际上享有一种其他国家都没有的特殊使命。[1] 所谓"使命"思想就是指美国人坚信上帝赋予把他们"优越"的观念和制度传播到世界的一种特殊职责，在传播的过程对世界进行重新改造。[2] 似乎在美国人的意识里他们的制度具有普世性的效力。在人类历史上，许多国家都自恃具有天赋的使命，认为这种使命是由神明所赋予。美国的使命思想混合了多重的构成，如启蒙主义、民族国家主义、基督清教思想甚至夹杂了一些现代帝国主义理论。

一般认为，"使命思想"最早起源于北美早期移民的基督新教信仰，但实际上基督新教与犹太教在许多观点上有着契合之处。《旧约》认为，上帝耶和华曾经在西奈山上和摩西订立了契约（摩西十诫），这被认为是"契约观"的雏形。希伯来人正是遵照着它作为此后所有

1　杨卫东：《使命观与美国外交理念：一种宗教视角的分析》，《东北师大学报》，2007年第2期。

2　王立新：《意识形态与美国外交政策》，北京大学出版社2007年版，第127页。

立法和道德的基础。而在许多西方古籍中，犹太人被视作是上帝从万民之中"甄选"的民族，应该向全人类传播上帝的意志。这种"传播意志"本属于犹太教的基本教义，却在日后与早期北美清教徒的经历相结合被赋予了全新含义。

17 世纪初，公理宗分离主义（即清教徒）出于对以长老会为主导的英国国教的厌恶[1]纷纷逃离到北美大陆。这些清教徒希望在北美大陆建立一个理想的基督教王国，以其作为人类世界的榜样。他们相信自己能够成为旧约里面的希伯来人一样成为被上帝垂青的民族，甚至成为其他民族的代表和榜样。约翰·温斯罗普[2]（John Winthrop）被认为是美洲早期清教徒天命意识的代表人物。他在 1630 年 3 月的一次步道中说，上帝使它成为新英格兰，因为我们必须认识到我们将作为山巅之城（City upon a hill）[3]。温斯罗普的思想在一定程度上体现了早期清教徒的哲学和宗教上的思想，并且对美国人的历史观产生了极为深远的影响。它促使了美国人以宗教般的思维认为美国人和以色列人一样，都是上帝所挑选的民族以及上帝的选民，理应具有将"上帝的福祉"传播到世界其他地方的责任和义务。[4]正因如此，美国从独立伊始

1　公理会内部的清教徒主张废除具有强烈罗马天主教残留的英国国教宗教仪式，与此同时主张改革教会行政模式。这招致了英国王室的反对。这也促发了公理会内部分离主义的发展。分离派最终在 1580 年发表了受任何拦阻的宗教改革》（Treatise of Reformation without Tarrying for Anie）发表了这样的言论不再受英国教会管辖与此同时提出了自身的行动纲领。一年后，分离派主教勃朗（Robert Browne）在诺里奇设立独立教会，标志着公理会分离运动的开始。此后英国官方的镇压也导致了大量清教徒向海外叛离。

2　即马萨诸塞海湾殖民地首任总督。

3　"山巅之城"一词出自《马太福音》第五章第 14 节："你们是世上的光，城造在山上是不能隐藏的。"清教徒相信上帝与他们有个契约，并挑选他们领导世界上的其余国家。约翰·温斯罗普将马萨诸塞湾的宗教领地描绘成"山巅之城"。

4　John B·Judis, The Chosen Nation: The Influence of Religion on U.S. Foreign Policy, Policy Brief No.37, March 2005·

就深信这样一个"事实"，即自己是上帝意志的传播者，美国的制度代表着"进步和未来世界发展的方向"。他们的这种"特殊使命思想"不仅深刻影响着美国人的价值观体系而且也给美国的对外政策战略打上了很深的"价值传播使命"烙印。美国外交政策的演进逻辑与这种"使命意识"有着天然契合，这也为美国对外扩张的"合法性"提供了先天性的支持。

1.2.1.2 身居山巅之城与输出美国信条

"山巅之城"和输出"美国信条"分别代表了美国外交中孤立主义思想和干涉主义思想。上文提到，"山巅之城"最早是由温斯罗普所提出。随着北美殖民地的发展以及美国的独立，这种思想逐渐占据了美国政治思想的主流位置，并对美国的外交战略产生了重要的影响。早期受到宗教迫害的清教徒从欧洲大陆逃离到北美大陆是为了寻求宗教和政治上的自由，他们将北美这片未知而富有希望的土地视作是脱离旧世界苦海，寻求全新生活的新起点，即作为人类新大陆的"山巅之城"。在这些清教徒看来，他们远渡重洋来到这篇荒无人烟的土地目的就是为了坚守、传播上帝的福音。

随着美国独立以及美式民主制度的实行，越来越多的美国人希望把本国的制度模式向世界其他地区进行传播，但这也始终受到其国内孤立主义势力的羁绊。例如 1821 年，美国孤立主义的代表人物约翰·亚当斯曾经在谈到希腊独立运动时提出，美国人应该成为人类自由与独立的祝福者[1]。与此同时还应该以激励和同情的姿态去给世界各国做出示范。如若不然，就会与独裁者无异。[2] 言外之意是对于希腊的局势

1　杨卫东：《美国外交理念中的使命感及其影响》，《天津师范大学学报》，2007 年第 5 期。

2　Norman A.Graebner · Ideas and Diplomacy : Readings in the Intellectual Tradition of American Foreign Policy, Oxford University Press, 1964, pp. 88-89.

采取一种观望的态度以处之，尽量少卷入国际纷争。[1] 美国的孤立主义思想最早可见诸于 1793 年的《中立宣言》(Declaration of neutrality) 中，即美国应利用与欧洲的地理隔离，保护自身安全利益，避免与欧洲国家建立永久联盟和卷入欧洲的争端。美国的开国元勋、高层政要如汉密尔顿、杰佛逊等人都曾流露出孤立主义的政治倾向。

　　在 19 世纪以前，美国对于孤立主义的认知半径不仅体现在"通过典范的力量以其影响其他国家"的静止的不作为姿态，还试图通过商业扩张的方式为其他国家树立榜样并借此依照自己的设想改造世界。在美国人看来，贸易区别于战争，参与贸易的双方都会从中获益并实现繁荣。美国通过拓展商业贸易并向世界宣扬自由竞争主义。[2] 而这种一厢情愿所取得的成效则另当别论，世界多数国家并不希望复制接受美国的自由主义思想范式。

　　实际上，美国是想借助孤立主义的外衣来规避与欧洲列强竞争时自身的不足。通过消极参与欧洲的政治和与欧洲国家结盟，逐步将自己与欧亚大陆隔离开来，并最终将西半球纳入到自己的势力范围之内 —— 在 20 世纪以前美国的全球战略利益受到了来自英法等老牌殖民霸主全面遏制的背景下，美国的这种做法无疑被认为是拒绝欧洲政治权力的最佳途径。[3]

　　在美国奉行孤立主义的漫长岁月中，干涉主义的影子一直如影随形并具有明显的自相矛盾特性。虽身居于山巅之城，美国国内朝野却一直有输出美国信条的呼声。干涉主义在美国最早表现为对美洲大陆

1　刘文祥：《六大思潮与美国对外政策》，《湖北大学学报（哲学社会科学版）》，2004 年第 3 期。

2　王立新：《意识形态与美国外交政策》，北京大学出版社 2007 年版，第 136 页。

3　王立新：《意识形态与美国外交政策》，北京大学出版社 2007 年版，第 134 页。

的领土诉求[1]、支援世界其他地区民主和独立运动等。在这个过程中打着"世界基督教中心"的旗号，履行"上帝旨意"、肩负"上帝的使命"进行干涉主义的扩张和渗透。比如在美西战争期间多数美国民众认识到战争实质是民主价值的输出与天主教专制之间的战争，把所谓上帝的福音传播到这些地区。[2]与此同时也被认为是传播自由和共和的理念以及在新大陆削弱专制制度的手段。[3]约翰·奥沙利文（John O'Sullivan）曾在《民主评论》一文中首次提出"天定命运"（Manifest Destiny）就是美国干涉主义的一项重要的思想表达，目的是为了向全球的利益拓展和扩张提供合法性支持。[4]

进入 20 世纪，美国的综合国力逐步代替英国成为世界的顶级列强，以输出美国信条为标志的干涉主义也逐渐占据了美国外交理念的主导。"威尔逊主义"提出用集体安全体系代替欧洲传统的均势体系思维，名义上表明了国际秩序的建立应以民族自决为基础，实际上是为美国体面的介入一战提供理论支撑。进入 20 世纪，伴随着国力逐步崛起美国开始尝试介入世界事务。特别是"珍珠港事件"爆发后使得美国政府彻底摆脱了孤立主义的束缚，干涉主义在美国对外战略的轨迹中逐渐显得清晰。

1.2.2 理想主义与现实主义

关于美国外交政策形成的逻辑，一部分学者认为，正是受到现实主义和理想主义的双重影响才形成了美国现行的对外政策。而现实主

1　例如 1812 年入侵过英国北美殖民地加拿大各省、18 世纪末至 19 世纪中期的美国领土扩张。

2　王立新：《意识形态与美国外交政策》，北京大学出版社 2007 年版，第 140 页。

3　王立新：《意识形态与美国外交政策》，北京大学出版社 2007 年版，第 137 页。

4　Sam Haynes, Manifest Destiny and Empire, University of Texas Press, 1997, pp.8.

义和理想主义从外交文化和维度上区别迥异。现实主义主要强调的是维护世界和平和稳定，它认为国家追求其自身的利益和权益具有正当性。在国际关系实践中，现实主义所提倡的权力政治（Power Politics）是将国际社会设定为无政府的状态，国家只会按照其自身的"国家利益"去追求和确保其权力最大化。现实主义曾一度成为美国建国以来对外政策的重要思想基础。[1] 美国的政治决策者在制定对外政策时首先考虑的是自身的实际情况，即通过理性人的角度精确的衡量自身的利益和实力来做出具体的政策行为。[2] 在历史上，美国的国家实力不断发生变化，其依据现实而采取的外交实践也在"十涉主义"和"孤立主义"之间不断发生摇摆。正如美国现实主义理论家汉斯·摩根索的研究：他曾提出现实主义的三个核心理念即：1. 主宰国际政治的主体是具有强大实力的国家。2. 国际社会是无政府社会，国家之间都在按照自身的国家利益，在自身实力的允许下行事。3. 国家的外部行为与其自身的特性（国家制度、统治者因素以及文化制度）无关，只与利益有关。

在美国历史上有许多现实主义的外交案例。例如美国曾在 19 世纪

1　现实主义发展至今除了新古典现实主义以外，还有三个主要派别。第一个派别是人类本性现实主义（Human Nature Realism），代表人物为汉斯·摩根索。该理论认为国家总是由具有权力欲望的人所领导，正因如此国家天然就有追求无限实力的欲望。第二个学派是防御现实主义（Defensive Realism），代表人物为肯尼思·华尔兹。他认为国家实力的过度扩张会引起其他国家的恐惧，引发恶性军备竞赛，并使对手结成联盟，结果反而对自己不利。第三个学派为进攻现实主义（Offensive Realism），它的代表人物是约翰·米尔歇默。他提出，国家要通过进攻性方式取得实力竞争的胜利，以保障自己的安全。为了保障安全，在战略上要追求绝对优势，除此之外还要对潜在的强权主动进攻，通过削弱其他强权来保障自己的优势地位不变，即有效的进攻就是最佳的防御。

2　戴维·波普诺著；刘云德译：《社会人》，辽宁人民出版社 1987 年版，第 128 页。

末 20 世纪初长期奉行"孤立主义"[1]，这与美国当时的国家实力有着重要的联系。彼时的美国决策者们认为美国在国际社会的地位和实力还没有介入其他国家和地区的资格，而一旦介入到这些国际纠纷则会直接影响其本国的核心利益。这种状态一直持续到太平洋战争爆发，美国开始逐步参与和介入到国际局势的纷争中：通过一系列的对外战争和军事结盟大幅度拓展国家利益，"干涉主义"开始成为美国决策层的主流外交实践。值得注意的是，冷战时期以后，美国并不是"一边倒"的实行"干涉主义"，而是基于两极格局以及美苏关系的现实情况灵活的在"孤立"和"干涉"这两个方向上进行调整。20 世纪 60 年代末，国务卿基辛格正是在深刻洞察国际体系深刻变迁的形势下提出了"均势"、"缓和"等"体系认知"。总之，现实主义者们基于本国实力和地位角度，运用一切手段实现既有的外交目的，灵活的在干涉主义与孤立主义之间进行抉择（或是避免对他国发生正面的冲突以维持国际体系的均势，或是对直接或潜在的政治实体进行遏制），其最终的核心目标即是实现其国家利益的最大化。

影响美国外交决策的另一个重要思想是理想主义，他强调外交的主要目标是维护正义和促进社会进步，维护公义与良善，其更多地是从意识形态的角度去解释国际关系，本质是围绕民主与独裁、人权与道义之争。美国的决策者们素有强烈的"使命观"，坚信美国是世界上"最有道义"的国家，并认为：应该对人类文明的发展和世界秩序的建立肩负起重大的历史责任。同时鼓吹美国的政治体制是世界上"最完善"的，而美国不能独享这种优势，应该把这种资源推广到全世界。

---

1 所谓"孤立主义"是美国在 19 世纪以来基于现实主义出发所奉行的外交实践，即尽量避免与其他国家发生冲突，不对外承担政治和军事义务以维护其自身的国家利益。其对外政策主要以经济和领域，而在政治和军事上则显得保守。在早期美国历史上的孤立主义对于美国的国家利益拓展和自身地位的提升有一定程度的巩固作用，并对日后美国外交政策的制定产生深远影响。

从这个角度出发，美国有责任把全世界"改造"成美式民主模式为内核的世界。美国人不仅将自由、民主以及人权理念视作是其国家利益的重要组成部分，同时也将推广美式意识形态视作为实现和拓展其国家利益的重要途径。

理想主义者们认为，美国的对外政策不单纯是增进其国家的现实利益，更重要的是在"使命观"的引导下"像传教士一样"发挥救世主的作用，在全世界扮演一个美国理念的价值传播者。[1] 开拓更加广阔的自由民主国际环境，让更多的国家与美国价值观趋同，在这个国际体系中美国的国家利益可以得到进一步提升。伍德罗·威尔逊在担任美国总统期间，用自由主义的道义价值在全世界进行传播，成为了当时世界政治最流行的思潮。美国得以"强大"的根源在于坚信道义的价值力量。在美国外交的历史中，国家的物质利益顺位应该让位于道义和价值追求。美国在世界上的最终目的是向世界展示这种道义力量，把其他国家从落后和野蛮中"解放"出来。

为此，威尔逊提出了"十四点计划"作为理想主义的主要原则并逐渐形成了"威尔逊主义"。[2]1917 年 4 月，威尔逊的《关于国会对宣战的演讲》（Wilson's War Message to Congress）中提到，"我们为什么而战？伟大是自己一向最为珍视的东西，为的是民主、为的是人民服从权威，以求在自己的政府中拥有更多的发言权。我们为替弱小国家的权利自由发声，我们为自由的各国人民更加地和谐一致，能够共同享有权利，从而给所有的国家带来和平和安全，最终能够使世界获得真正的自由。"冷战时期，美国的决策层将美苏的战略博弈视作是两

1　迈克尔·亨特著；褚律元译：《意识形态与美国外交》，世界知识出版社 1999 年版，第 207 页。

2　威尔逊主义的基本主张有，在国内治理和国际政治中，民主的价值观是最为重要的，防止国际军事冲突，在国外推行自由、民主以及人权的价值观等等。

种不同意识形态国家的竞争和对抗，而美国的使命就是输出其价值理念并最终让包括苏联等社会主义阵营国家在内的全世界都接受美国所倡导的价值体系。

现实主义与理想主义这两种外交思想看似泾渭分明，实则可谓是相互照应，彼此联系，使得美国对外决策风格有着既矛盾有统一的基因。两种外交思潮都有着其渊源的合理性：美国认为自己是"天选之国"，正因如此有着传播上帝理念的"使命"，而美国也像其他的普通国家一样具有对于国家利益追求的天然本能。现实主义需要政治精英们灵活应对国家身处的国际环境，具有高度的分析和应变能力，精准分析对外政策所获得的利益。而理想主义则是要恪守固定的道义和价值。两种思想的张力也使得美国对外思想具有双重基因，既遵循现实有渴望理想。正如基辛格所言，美国的外交政策自身矛盾最为明显。[1]理想主义和现实主义实质是一个本质的两面，它们之间是可以相互转换的，理想主义与现实主义在美国历史的不同时期甚至在某个政客政治生涯的不同阶段都会交替展现——有时现实主义会占据主流，有时理想主义也会处于支配地位。

一般认为，二战结束之后美国在全世界推行现实主义的代表人物是尼克松和基辛格。1970 年 2 月，尼克松提出了美国 70 年代外交的三项原则，也就是："实力地位"、"谈判时代"以及"伙伴关系"，后人将上述三项原则称为"尼克松主义"。正是在尼克松三原则的指导和影响下，美国正式结束与越南之间的战争，同时也在与中国的关系上打开了僵局。同时，在与苏联的关系上也开始推行缓和型的外交模式，并且重新调整了美国与盟国之间的关系。尼克松所主张的原则实际上是与基辛格的均势理论密不可分的。基辛格始终推崇的外交思想，其核心要义就是要维持欧洲的"均势"，他主张在实力均衡的基础上，

---

[1] 基辛格著；顾淑馨译：《大外交》，海南出版社 1997 年版，第 2 页。

构建一种稳定的、积极的国际秩序，从而达到维护美国世界利益的最终目的。在基辛格的判断之中，他始终坚持的是："我们没有永久的敌人，我们对其他国家 —— 包括共产党国家，特别是像共产党中国这样的国家 —— 的判断，将以它们的行为为依据，而不是以国内的意识形态为依据。"[1]除此之外，基辛格还善于灵活应用传统现实主义理论所推崇的均势外交，也就是要求各国最高决策者开展秘密谈判，以这种外交活动方式，达成一致谈判，最终实现相互协调妥协并最终达成一致以避免冲突战争的局面。正是在这一理论的指导下，基辛格曾经取道巴基斯坦，从而秘密地来到北京，会晤了中国领袖毛泽东和周恩来。

与基辛格温和与变通不同的是，同为美国总统的卡特却是以执行"人权外交"而著称，他的外交政策带有极其浓厚的"理想主义"的色彩。根据当年的新闻报道，卡特还没有参加竞选的时候就曾经发表了这样的言论：一个国家的对外政策一定要遵循国内政治的道德标准。而他也的确把这一思想贯穿到了自己的施政之中，上台后，卡特不但对苏联东欧各国毫不手软、频频发动人权攻势，还将他的思路引入到了处理第三世界事务中。外界曾普遍认为：卡特的最终目的是借"人权外交"来实现和践行理想主义精神，从而扫除国内悲观主义情绪，"恢复和增强"美国在全球中的霸权地位。

1.3 政治精英体系认知

美国政治精英（例如总统、外长以及外交决策顾问）都具有自己主观的体系认知。在现实情况下，国家首脑的体系认知对于国家外交决策的影响微乎其微，历届美国总统在对外事务上很大程度依赖于其

1　该言论最早出自 1969 年 12 月 18 日，基辛格在年终记者招待会上的讲话。

外交顾问的意见。例如卡特就是全权凭借他的外交顾问万斯、布热津斯基等人来规划和实施美国外交政策的典型代表。自冷战爆发到卡特政府上台，美国在两极格局的背景下经历了由遏制到全面遏制再到缓和的认知性变迁，其实质是美国外交决策精英对于体系刺激所做出的一种现实性回应。同时也为美国历届政府外交政策的做出打下了深深的烙印。政治精英的体系认知与战略文化从本质上都是影响政府外交决策的中介变量，区别在于：前者可以理解为是政治精英所持有的战略思想，偏向于个体主观性认知。后者更偏向于一种群体性的政治文化。接下来，我们将深入探讨冷战以后直到卡特政府上台以前，美国政治精英如乔治·凯南（George Kennan）、保罗·尼采（Paul Nitze）以及基辛格（Henry Kissinger）等人对两极格局体系之下的认知，系统分析和梳理他们相关的理论观点。

1.3.1 乔治·凯南的认知

　　二战后，美国的战略分析家们普遍认为受制于意识形态方面的根本性差异，从国家关系发展史上来看，美苏两国原本固若金汤的同盟关系将随着二战的结束而发生变化，两国之间的同盟终将分崩离析。而如何在全球地缘格局重组的形势下，精确研判出苏联等社会阵营国家外部行为的逻辑，以及美国对此如何做出政策回应成为了美国学界的重要研究议题。基于这个背景，美国驻苏代办乔治·凯南的遏制理论最终获得了美国政界以及主流学界的认同和支持，逐渐成为冷战初期美国政治精英对外战略认知的逻辑基点。遏制理论（containment theory）的定义是依据苏联的外部政策和战略变化，尤其是针对苏联善变的政治目标，美国应采取灵活的手段进行反制。[1] 这种观点最早可见

1　George F.Kennan, American Diplomacy, 1900-1950, University of Chicago Press, 1951, pp.95.

诸于凯南向美国国务院发的一份 8000 字长电报（The Long Telegram）
和 1947 年在《外交》杂志发表的《苏联行为的根源》。[1] 两篇文章都对
苏联在战后的战略意图以及美国的应对做了全景式的预设分析。[2] 应该
说"遏制"思想深刻影响了当时美国重大对外政策的制定：自由欧洲
电视台[3]（Radio Free Europe，RFE）和计划处（Directorate of Plans）[4] 的
建立、马歇尔计划都是"遏制"思想的集中体现。

　　上文提到，凯南的"电报 + 文章"是美国遏制理论的最早文字载
体。1946 年 2 月美国驻苏联大使馆收到一封电报，是美国国务院询问
苏联政府对于加入世界银行和国际货币基金组织持保留意见的原因。
时任代办的凯南由于驻苏大使哈里曼因故回国而有了不需要上级批准
就可以向高层直接上书的可能。凯南就利用这个千载难逢的机会向美
国务院撰写了长达 8000 字的电报，这封电报可以分为五个方面的主要
内容：包括战后苏联战略思维基本特征、苏联战略思维形成的背景、
政府方面对于苏联战略思维的评价和看法、民间层面对于苏联战略思
维的反映、以及苏联战略对美国将来的发展可能造成的影响。[5] 与此同
时，他认为苏联的政治精英对外政策的逻辑点除了受到其国内政治制
度的影响之外，还受到一种战略文化的操纵，这种文化的内涵是斯拉
夫民族长期受到外族压迫和欺凌所衍生出的对外部社会的不信任感。

1　也有观点认为英国地理学家麦金德于 1904 年发表的《历史地理的枢纽》的论文就提
　　出了"遏制"理论。

2　罗肇鸿、王怀宁：《资本主义大辞典》，人民出版社 1995 年版，第 483 页。

3　1950 年 7 月成立，隶属"自由欧洲委员会"。主要负责对前苏联和东欧等国广播，
　　行政总部设在纽约，广播中心设在德国慕尼黑。活动经费由美国中情局秘密提供
　　（1971 年由国会直接提供）。

4　1973 年改为行动处，2005 年又更名为国家秘密行动处。其职责是"协调、去除冲突
　　以及评估美国情报界秘密行动"的部门。

5　The Chargé in the Soviet Union (Kennan) to the Secretary of State, February 22,
　　1946, FRUS, 1946, Volume VI, Eastern Europe, The Soviet Union, Document 486–487.

俄罗斯人笃信弱肉强食的丛林法则，其对外扩张的根本目的就是为了攫取更多的资源，并最终削弱甚至消灭资本主义。但这种扩张主义又与法西斯主义有着明显的不同。他还指出要对苏联的共产主义运动"加强了解"，在应对苏联的威胁要依赖于美国自身的社会活力和生活信念，即要加强国家的观念机制建设进而提升美国对外部世界投放本国"优越生活方式"的合理性。[1] 在发表上述电报不久，凯南又向美国务院发表了一封补充性的电报，他认为，二战以后的国际格局发生了根本性的重组，苏联已经取代德国和日本成为美国的主要对手，美国必须极力拓展战略空间。而苏联对外部威胁解读的程度会成为其政权稳定的重要砝码。美国有必要意识到这种政治环境并做出相应的政策调整。[2]

应该说，8000字电报中充斥着凯南对于苏联威胁无限放大的假设，也从侧面表达了凯南对苏联乃至斯拉夫文明的一种根深蒂固的偏见。[3] 但不可否认，他的一系列对苏政策观点无论在美国政界还是理论界都引起了相当规模的关注，并获得了普遍的认可。[4] 约翰·加迪斯认

1　张曙光：《美国遏制战略与冷战起源再探》，上海外语教育出版社 2007 年版，第 329-356 页。

2　The Chargé in the Soviet Union (Kennan) to the Secretary of State, March20, 1946, FRUS, 1946, VolumeVI, Eastern Europe, The Soviet Union, Document 486-487.

3　也有一种观点认为，凯南的对于苏联的政策判断很大程度上是依据 1943 年—1945 年 OSS（战略情报处）对苏联一系列情报汇总所得出的。

4　遏制理论在形成的过程中也遭遇到三种不同学派的质疑和批评，第一种批评来自于沃尔特·李普曼为代表的现实主义学派，认为遏制政策会触发地缘政治的过渡扩张。第二种批评来自于丘吉尔，他认为"相对谈判能力"的下降导致了西方国家在进入冷战之后实力逐渐衰退，正因如此他反对将遏制在谈判的重要性之上。第三种声音是来自亨利·华莱士的观点，他认为苏联在东欧的势力范围合乎"法统"，美国反对这种既成事实会导致美苏关系恶化。具体参见 Henry Kissiner, Diplomacy, Easton Press, 1994.

为，遏制战略将会重新创建一个独立的能够相互制衡并能制衡苏联权势的中心。[1] 8000 字电报将苏联的形象建构成一个专制色彩浓烈且与世界主流文明格格不入的国家，且对美国等西方国家所采取的任何外交行为都可能会产生不安全和不信任感。它实质上反映了美国政治精英对苏政策调整的意愿，同时作为一项纲领性文件也给遏制政策提供了重要理论支持。

此后，凯南又继续发展和完善遏制理论。在 1947 年 6 月底《外交》杂志上发表了题为《苏联行为的根源》(The Source of Soviet Conduct)，即著名的 "X 署名文章"[2]。该文章延续了 8000 字电报的思想轨迹，使得美国战后的遏制战略逐渐的合理化，为冷战以后美国遏制战略的全面推行提供了更深层次的理论索引和背书。在该文章发表以后，不出意外招致了美国社会的广泛的关注。基辛格称这篇文章行文清晰、论说有力、辞藻华丽，把苏联的挑衅提升到历史的层面来探讨分析。[3]

凯南在这篇文章中首先分析了苏联政权在革命过程中的意识形态流变，他认为马克思的理论在俄国共产主义版本中总是在发生着微妙的变化。十月革命爆发之前的革命者们高度坚信马克思列宁主义的正确性，认同经济政治发展的不平衡是资本主义的绝对规律，在革命时期人们只是将注意力放在如何从方式上夺取政权，但对政权建立之后如何合理实施纲领却在很大程度上是模糊、空想甚至不切实际的。外部环境的变迁使得政策在制定上几经流转：从战时共产主义到新经济政策最后到斯大林的集权模式。文章指出，苏联文化走向专制是必

---

1   约翰·加迪斯著，潘亚玲译:《长和平:冷战史考察》，上海世纪出版集团 2011 年版，第 42 页。

2   因在《外交》杂志上署名 X 而得名。

3   基辛格著；顾淑馨译:《大外交》，海南出版社 2012 年版，第 450 页。

然。凯南在文章中继续说正是基于苏联这种错综复杂的历史渊源让他们仍然坚信无产阶级的历史使命是促使资本主义灭亡，将政权掌握在自己手中。强调资本主义与社会主义之间固有的对抗。与此同时，为了政权的稳固，不允许存在除苏共之外的独立组织。这也就决定了美国对苏政策是"长期、耐心"的。

在分析完苏联的行为动机之后，凯南又提出了美国的政策回应，即以"遏制"政策应之。凯南在杜鲁门政府内部担任过要职[1]，遏制战略也与杜鲁门政府对外政策的路径轨迹大体符合。正因如此，凯南很顺利的参与到政府的决策中，对日后著名的"杜鲁门主义"思想有着深远性的影响。此外，凯南的遏制战略对于马歇尔计划的制定也有着建构性的开创作用。1947 年，时任美国务卿的马歇尔对罗斯福政府的对外政策进行了重大修订，马歇尔赏识和亲睐凯南的才华和能力，希望通过凯南牵头组建能够代表马歇尔政治构想的相关机构。

同年 5 月，这一设想即顺利实现 —— 马歇尔授权凯南组建此后扮演着美国政府重要角色的政策智囊机构 PPS[2] 并任命其为该机构的负责人。PPS 的主要职能包括以下几点：（1）制定美国外交政策的长期发展战略；（2）预测美国外交政策实施过程中可能出现的问题和挑战；（3）分析影响美国外交政策的问题及其相应的解决措施；（4）协调国家各机构对官方政策的不同看法；（5）设立谈论国家外交政策的相关学术沙龙并撰写有关的政策建议报告。PPS 由五人组成（分别为两名政策学者、两名外交人员和一名军事人员）。团队为"马歇尔计划"提供了诸多具有建设性的政策建议，并受到了国务卿马歇尔的肯定和赏识。不久之后，凯南将自己团队策划有关欧洲问题的政策建议规划书呈递给马歇尔，内容主要围绕"美国外交援助的侧重点应该向欧洲倾斜，

1　即对外战略规划研究室（Policy Planning Office of foreign strategy）负责人。

2　国务院政策规划室（Policy Planning Staff）。

特别是将德国作为援助的核心援助对象，这样将有利于欧洲的全面复兴"。[1]（即欧洲复兴计划）。凯南对"欧洲复兴计划"的分析和想法受到马歇尔的肯定，并在此基础上成为了 1947 年 6 月 5 日马歇尔在哈佛大学演讲的重要参考蓝本。此次演讲也标志着"马歇尔计划"的正式出台。

　　凯南的遏制战略分为三个阶段性设想，总体上是强调以政治手段为主，军事手段为辅的有限、局部的遏制战略。分阶段采取恢复均势 —— 分化共产主义造成其内部分裂 —— 扭转苏联的外交理念。凯南清楚的意识到美国的力量有限，不可能在全球所有地区与苏联在对抗中保持优势，更不可能完全介入全球各地的所有事务。介于此，凯南强调要对全球地区事务进行"有重点、有限制"的遏制，使与美国国家安全利益息息相关的地区避免落入苏联的势力范围。遏制战略使美国在维持全球均势过程中获得了新的利益，因为它试图首先利用经济而非均势手段来应对苏联的威胁。

1.3.2 保罗·尼采的认知

　　凯南的遏制理论是基于对于苏联行为根源的预判，他认为苏联是不会对美国发动主动的军事攻击。正因如此，苏联对于美国的威胁也是有限度的。凯南提出的遏制战略在一定程度上契合了当时的国际形势，而随着美苏两极格局所支配的国际体系发生了微妙的变化，美国国内政治精英对于体系的变迁也发生了认知的改变，尼采的全面遏制思想逐渐代替了凯南的片面遏制思想成为了当时美国外交决策层的主流外交思想认知。

　　保罗·尼采（Paul Nitze）是 20 世纪 50 年代初期美国著名的战略思想家，美国学界通常将凯南视作遏制战略的开创者，而尼采则被认

1　George F.Kennan, Memoirs 1950-1963, Atlantic Monthly Press, 1972, pp.328-351.

为是将遏制战略加以深化（即"全面遏制"理论）的奠基人。尼采最为代表性的制度设计是 1950 年 4 月他作为国家特别委员会主席起草的《国家安全委员会第 68 号件》。[1] 该文件对于苏联（意图和实力）进行了重点的分析，强调苏联对于全世界扩张的野心——声称苏联为了将自身的强权施加于其他国家并将美国视作主要的竞争对手。苏联会采取武力手段，甚至拥有足够的核力量对美国发动主动攻击。尼采的这些战略思想对杜鲁门时期的外交哲学和冷战思维起到了重要影响。

尼采的战略哲学之所以能够成为美国决策层的主流指导思想，与美国当时身处的国际形势和国内政局有着密切的联系。1949 年，美国国家安全环境的发生了深刻的变迁，除了苏联的核爆试验打破了美国统治世界的核遏制力以外，中国内战的局势也发生了决定性的变化：美国扶持的蒋介石军事集团基本失去了在中国大陆的政权，毛泽东建立了中华人民共和国。国民党败退台湾的事实被彼时美国政界视作是美对华政策的"重大挫败"，美国曾试图在亚洲依靠民国政府实现对苏联的有效制衡，遏制共产势力向亚太地区的扩张。在抗战结束后，美国就开始推行扶蒋反共的对华政策。同时，在经济与军事上给予民国政府大量的援助，以期抑制苏联在中国的渗透，但事实却事与愿违。在大陆的新政府不久就开始全面倒向苏联阵营。美国认为这打破了亚

1　保罗·尼采的著作多以论文文献的形式发表在期刊上，具体有 Paul H.Nitze, Atoms, Strategy and Policy. Foreign Affairs, Jan 1956, Vol.34; John Lewis Gaddis, Paul Nitze, NSC 68 and the Soviet Threat Reconsidered, International Security, 1980, Vol.4; Paul H. Nitze, strategy in the Decade of the 1980s, Foreign Affairs, 1980, Vol.59; Paul Nitze, Mititary Power: A Strategic View, Fletcher Forum, 1981, Vol.5; Paul Nitze, Living with the Soviets, Foreign Affairs, 1984, Vol.63; Paul Nitze, America: A Honest Broker, Foreign Affairs, 1990, Vol.69; Paul Nitze, Training Leaders for a Changing World, SAIS Review, 1993, Vol.13; Paul Nitze, Is It Time to Junk our Nukes, The Washington Quarterly, 1997, Vol.20; Paul.Nitze, Perspective on US Foreign Policy Today, SAIS Review, 1999, Vol.19.

太的战略平衡，缩小了美苏之间的实力差距。美国的亚洲安全政策所面临的战略被动窘境和失利终于激起了美国政界的强烈反弹，华府开始重新审视和评估包括美国对华政策在内既有的外交战略路径。不久之后美国"麦卡锡主义"的全面兴起也促使美国在对外政策上更加强硬[1]——凯南的遏制理论受到了普遍质疑。

1950 年 1 月，保罗·尼采就任美国国务院政策规划室（Department of state policy planning office）主任之后，针对美国的国内外安全形势进行了重新评估并尝试在此基础上制定新的战略加以应对。在保罗的主持下，国务院政策研究室于同年 4 月制定完成并向总统杜鲁门提交了一份题为《美国国家安全的目标和计划》的报告（即《NSC68 号文件》）。该文件系统阐述了尼采的"全面遏制"理论思想。对苏联的战略意图、战略能力进行了详尽的分析和预判，认为美国安全所面临的最直接威胁就是苏联，同时着重强调对于苏联继续进行"遏制战略"的必要性。建议政府竭尽所能试图阻止苏联的势力进一步向世界其他地方进行扩张。此后，美国国家安全委员会又对《NSC68 号文件》做出了重大的修订，突出强调苏联在全球范围内对美国的威胁，将"遏制理论"作为美国今后长期所奉行的全球战略。

《NSC68 号文件》分为遏制战略的基本目标、苏联的定性、美国全球战略的内容以及实施遏制战略的步骤等几个方面。关于苏联威胁的认知，文件从地缘政治的角度出发分析了欧亚大陆对于世界地缘战略的重要性，苏联的战略扩张正是要控制欧亚大陆乃至世界，其已经成为美国的头号敌人。

1　20 世纪 50 年代开始，美国国内以麦卡锡为代表的保守主义分子声称共产主义已经"渗透"到了美国政府，会干预美国国家安全和政策制定，甚至会摧毁美国的民主制度。正因如此在他的鼓吹下美国掀起了揭露和清查美国政府内部共产党的活动的浪潮。此后又遍及文化以及教育等各个层面。成为美国反共运动的标志性事件。

与此同时,《NSC68 号文件》还提出了一套包括政治、经济和军事等在内的政策手段以推进遏制战略。该文件预设在美苏双方都有核遏制力的前提下是一种"极其危险"的局面。而只有美国拥有"压倒性"的核优势才能打破这种平衡状态,进而有效威慑对手。文件还主张应该在增强美国军事力量的同时全面提升美国的三军力量。文件认为苏联的威胁和挑战使得世界秩序混乱不堪,而美国需要担负"引导自由世界的责任",以其构建一种挫败苏联"主宰世界"的阴谋。鉴于此,文件认为美国可以有四种战略路径加以选择,同时分别指出了路径选择的预期(详见下表)。

表 1.1 《NSC68 号文件》提出的有关美国的路径选择和预期结果

路径选择	预期结果
继续执行现行政策	与苏联相比美国仍将处于相对软弱的军事地位
孤立主义政策	苏联将控制欧亚大陆,美国的影响将被压缩
对苏联首先发动核打击	在道义上美国难以向国际社会和国内民众交代,在军事上也不能使苏联屈服于美国
加速增强自由世界的政治、经济、军事力量	迫使苏联不敢主动发动战争,并压制苏联的威胁和扩展

当然,遏制政策在形成的过程中并不是一帆风顺的,它也面临着较大的争议和质疑,除了基辛格的"均势"理论之外(将在下文赘述)主要还来自三种不同的声音。第一是来自李普曼(Walter Lippman)为代表的现实主义学派,他认为遏制理论将导致地缘政治的过度扩张和延伸,最终耗尽国家的资源。[1] 作为现实主义的坚定布道者,李普曼对

---

1 基辛格著;顾淑馨译:《大外交》,海南出版社 2012 年版,第 460 页。

凯南的遏制理论抱有很深质疑，同时又有着极具煽动力的缘由，他认为这套冒进的理论不可能作为美国外交政策的渊源。而且（遏制理论）会把美国带入到苏联广袤的周边地区，这并不会有效巩固国家安全，还会正中苏联下怀让其能选择另美国焦头烂额政策。[1] 在李普曼看来，美国需要建立有效的评估机制以界定在何种情况下能够有效抵御苏联的扩张行动。李普曼的全新阐释获得了美国国内众多鸽派特别是反对与苏联对峙人士的支持。[2]

　　第二种学说来自丘吉尔，他主张的核心要义是通过谈判求和解，而不是消极的坐以待毙更不是漫步目的遏制。他在 1948 年 10 月的兰都诺演讲中提到，"当前是与苏联谈判的最好机会，我们必须正视（苏联崛起）问题寻求最后解决，我们不应毫无远见静候事态的发展，坐以待毙[3]。"丘吉尔的这套谈判哲学主要有三个逻辑层面：其一，国家之间的相对实力早在二战结束后就已经勾画清晰了，必须正视与共产主义势力长期共存这一问题。其二，美国的政策精英们却在逃避这个现实，认为国际格局仍然在建立之中，必须通过扼杀手段获得对共产主义的全面胜利。其三，在实际的运行上双管齐下，即一方面通过发展国家实力增加谈判筹码，另一方面着手外交斡旋以其通过国际政治的手段实现与苏联的社会阵营实现某种程度的和解。

　　值得注意的是，对于遏制理念进行最为深刻批驳的并不是李普曼这类的现实主义者，也不是丘吉尔这样鼓吹势力均衡的政客，而是来源于有深刻平民主义色彩的亨利·华莱士（Herry Wallance）[4]，他从根

1　基辛格著；顾淑馨译：《大外交》，海南出版社 2012 年版，第 461 页。

2　具有讽刺意味的是彼时支持李普曼的鸽派仅限于对其"反遏制"论点的支持，而忽略了其政策建议要采取攻势外交的注意。

3　即 1948 年 10 月 9 日丘吉尔在威尔士兰都诺（Landuduo）的演讲。

4　罗斯福政府时期历任农业部长、副总统。杜鲁门政府时期任商务部长。他倡导的平民哲学执政理念以及二十世纪三十年代的农业政策在美国国内饱受争议。

本上对美国遏制政策及其道德合法性做了实证性的切割。华氏认为苏联在中欧的实力在某种程度上"合乎法统"，美国想要打破这种战略的平衡性只会让局势向紧张的趋向上发展。华莱士的身上更多体现的是美国激进的平民主义，他和多数信奉自由民粹的人们一样坚信"美国已经失去道德上的指南针"、"正在推行马基雅维利式的欺骗"。[1] 华莱士对杜鲁门政府一贯的将美苏冲突视作是民主与独裁的标志——这种非此即彼的二元化观点嗤之以鼻。他认为苏联政策的驱动力是"恐惧成分大于扩张主义"，两国之间"并没有冲突"。[2]

1.3.3 基辛格的认知

20 年代 60 年代末，美国的内政外交陷入了前所未有的困境：一方面，美国进一步陷入到越战的泥潭之中，国内的反战思潮和舆论甚嚣尘上，这在一定程度上动摇着美国决策者在越战中持续进行战略投入的信心。另一方面，苏联在二十年的发展中有效提升了自身经济和军事方面的实力，并在全球军备竞赛中对美国形成了现实性的压力，核战争爆发的可能性一触即发。鉴于此，美国需要对 20 年来的对外遏制战略进行结构性反思，对国家整体安全战略进行体系性的重整和界定，为摆脱战略困境提供新的战略思想。

基辛格是 20 世纪 70 年代美国"均势"战略的鼻祖人物，是美国尼克松和福特时代美国外交政策制定的核心参与者和执行者[3]，无论是在担任政府公职期间，还是在退居幕后从事研究的漫长岁月，其在美国国家安全战略的影响中扮演着重要的地位。他提出的著作颇具有远见性、前瞻性以及战略性。综合他个人研究的成果来看，"均势"是最

1　基辛格著；顾淑馨译：《大外交》，海南出版社 2012 年版，第 464 页。
2　基辛格著；顾淑馨译：《大外交》，海南出版社 2012 年版，第 465 页。
3　基辛格于 1969—1973 年出任国家安全事务助理，1973—1977 年出任国务卿。

具有代表性的思想。

"均势"思想来源于 19 世纪以维也纳会议[1] 为基础的欧洲均势政治结构体系。维也纳会议之后，均势及其正统观之间的关系在两份重要的文件中加以体现，即《四国同盟条约》（Quadruple Alliance）和《神圣同盟条约》（Holy Alliance）。[2] 他正是基于此获得了思想灵感，在他的那篇著名的博士论文《重建的世界：梅特涅、卡斯尔雷与和平问题，1812—1822》（A world restored: Metternich, Castlereagh and the problems of peace: 1812–1822）首次提出了"均势"思想理论。在这篇论文中，基辛格认为，高度稳定的均势体系为欧洲长达百年的和平环境提供了重要的基础。与此同时，维也纳会议与 20 世纪 50 年代的国际地缘环境有着惊人的相似之处。随着对均势战略研究的逐渐深入，基辛格也形成了自己独特的均势外交思想。

第一，从国际体系的角度来说，多极化是实现均势的前提。基辛格所倡导的均势更侧重于围绕多级体系作为基准的均势理论，他认为霸权和均势都可以从某种程度上使得世界获得稳定的格局，但与霸权相比均势更加具有稳定性和持久性，没有均势就没有稳定[3]。国际均势的成败在于各国能否扮演好彼此在整体大局中所担负的角色。[4] 基辛格所追求的是地区之间的权力制衡。在他看来构成世界的秩序是多极的和均势的。

1　即 1814 年 9 月到 1815 年 6 月在奥地利维也纳召开的一次欧洲各国的外交会议。由奥地利政治家梅特涅发起和组织。几乎所有欧洲国家都派了代表。一些对后世影响深远的国际关系原则如均势原则、正统原则、补偿原则正是在该会议所提出。是欧洲近代史规模最大、时间最长的会议。

2　基辛格著；顾淑馨译：《大外交》，海南出版社 2012 年版，第 70 页。

3　徐萍：《基辛格均势外交论析》，《西南师范大学学报（人文社会科学版）》，2003 年第 2 期。

4　基辛格著；顾淑馨译：《大外交》，海南出版社 2012 年版，第 67 页。

第二，从国家层次的角度讲，最大限度的维护国家利益是均势外交的目的。从宏观历史视域来看，政治家们推行均势外交都是为了维护本国的国家利益。以 19 世纪初的奥地利为例，当时它是一个衰落的封建国家，国内制度及其羸弱。时任外交大臣的梅特涅[1] 主要运用均势平衡的战略手腕例如采取组织大国首脑会议等方式，在大国之间采取"分而治之"的制衡策略，使得奥地利帝国获得了中兴的奇迹成为欧洲列强。世界外交史上采取均势战略使得国家利益获得有效拓展的事例不胜枚举。

第三，从个人层次的角度讲，决策者意志的自由是均势战略成功的关键。"诡谲多变"的外交风格在均势主义者身上体现的淋漓尽致。可以从梅特涅身上看出他的"诡诈"和"阴谋"，这种灵巧的外交手段恰如其分的周旋于欧洲大国之间，不完全倒向于其身处国际体系的任何一极。虽然说，梅特涅的这种外交风格有一定争议，但从现实的角度出发，梅的外交思想客观有效的维护了当时奥地利的国家利益，在欧洲国家之间建立了良好的形象，对奥地利国内政局的稳定也有一定的促进作用。总的来说，梅特涅是 19 世纪世界外交史中举足轻重的外交家，他划定了 19 世纪前期欧洲发展的脉络，维持了欧洲各国长达 30 多年的统治秩序。

1969 年 1 月，尼克松继任美国总统不久就任命基辛格作为美国国家安全事务助理。由于尼克松对于他个人能力的肯定和信任，基辛格很快成为了总统处理外交事务的意志执行者。当时世界两极对峙的格局在 60 年代末发生了微妙的变化：美国逐渐失去了此前战略上的优势，苏联在战略核武器方面已经逐渐赶超美国甚至在 70 年代形成

---

1 梅特涅自 1809 年开始历任奥地利帝国的外交大臣、首相。任内成为"神圣同盟"和"四国同盟"的核心人物，其"正统主义"和"大国均势"为核心的梅特涅体系成为世界外交理论的典范。

了对美的微弱优势。美国自二战以来首次在与苏联的战略博弈中显现劣势。

此时的尼克松政府面对严峻和复杂的现实局面：一方面是不利的国内外局势。随着越南战场美国的溃败以及日欧经济的迅速崛起使得美国的世界地位迅速下降。世界经济危机加速了美国的社会危机和贫富分化，冲击着美国国内的政治稳定。另一方面是中苏关系急转直下，矛盾日益激化。这也使得美国开始重新评估对华关系，对中国在世界所扮演的角色有了全新的认知。在这种充满变数的形势下，基辛格以均势主义的外交手腕逐渐扭转了 20 世纪 70 年代美国的战略颓势，为重新获得对苏联的战略优势争取了宝贵时间。[1] 面对二战以来美国的外交环境，基辛格将欧洲古典均势外交理论嵌入到当代美国外交实践，通过以外交手段为主的缓和策略，在美、苏、欧以及中国等世界主要政治实体中通过利益关系的相互制衡来实现美国国家"利益最大化"，满足美国的国际战略需求。这种通过国家实力制衡达到巩固美国世界霸权地位的方式从表面上看是一种战略收缩，实质上这种"退让"是以退为进。就像压缩中的弹簧一样积蓄着能量，等待时机进而全力释放。

从国际体系的角度出发，基辛格认为当时世界格局正在朝着多极化趋向发展，这不仅体现在"美苏军事上的两极"还有"世界主要国家政治上的多极"，而军事上的两极实际上正在促发政治上的多极。鉴于此，基辛格大力鼓吹需要全力维护一个多元世界，把秩序建立在政治的多极层面上。在美苏争霸格局中美国处于相对劣势阶段，政治的多极化为均势外交的有效开展提供了重要的基础。在世界历史进程

1　徐萍：《基辛格均势外交论析》，《西南师范大学学报（人文社会科学版）》，2003 年第 2 期。

中，军事和外交始终作为一对相辅相成的关系而存在。自 20 世纪中期以来，以"军事为主导，外交为辅助"的关系逐渐转变为"外交为主导，军事为辅助"的方向上发展。基辛格将外交手段作为拓展国家战略利益的重要路径有着重要的现实意义且具有可操控的实现空间，在实践中取得了丰硕的外交成果。

基于基辛格的均势思想，尼克松和福特政府促成了美苏关系和解、中美破冰之旅以及从越南撤出军事力量等具有缓和国际体系局势性质的战略行为。但是随着 70 年代以后，苏联利用美国战略缓和的机会加大对外扩张，严重压缩了美国的战略空间，同时也打破了美苏两国初步形成的均势缓和结构。美国国内的决策层开始反思既有的体系认知，与基辛格的传统"缓和"思想相比，布热津斯基则在此基础上进行了一定程度的改良，将"遏制"的逻辑思维与"缓和"进行有机的结合，形成了一种全新的改良型"缓和"或者称之为"硬缓和"。[1]起初，美国考虑到自身现实的国家利益和客观的相对实力，如果与苏联展开全面的对抗会带来巨大的成本，所以卡特政府希望以最小的代价实现美苏关系的缓和。一方面，卡特政府继续推进与苏联的限制战略核武器会谈以缓和紧张的战略环境。另一方面，当局又不遗余力的对苏联展开"人权外交"攻势，企图用意识形态的教化彻底改良苏联的思想根基。当"人权外交"遭到阻碍后，美国又另辟蹊径，顺利与中国关系完成建交，实现在亚太地区对苏联的战略遏制。总的来说，布热津斯基的"缓和"思想是对基辛格、凯南和尼采战略思想的衡平和改良，即在与苏联进行战略和解的既定道路上，以最优的代价实现对苏联的有效遏制，遵循实力又兼顾原则。

1　胡莹：《地理空间与全球霸权：布热津斯基地缘政治思想研究》，南京大学出版社 2009 年版，第 2 页。

1.4 国内制度和社会力量

1.4.1 前任政府的制度惯性

在尼克松和福特政府时期，美国对苏联和中国先后尝试推行了关系和缓的外交战略，这在一定程度上舒缓了美国体系环境下外部压力的承重，也为美国在国际空间的活动提供了前瞻性的外交思维指引。尼克松上台伊始，美国在全球的战略影响力已经逐渐被苏联所赶超。与此同时，苏联却在美国全球战略收缩的窗口期对非洲、亚洲等地区进行了更为激进的扩张和渗透。这也直接导致了在冷战对峙的格局中，美国逐渐由攻势转变为守势。当时，中苏两国关系急速恶化的现实也为美国对外战略的全面转型提供了重要的历史性机遇。尼克松政府执政后，深入反思 20 世纪 40 年代以来杜鲁门政府对华遏制的战略架构和冷战思维，以现实主义和均势战略作为对外关系特别是对华政策的总基调。均势战略的外交思想是对美国冷战以来持续二十余年的遏制理论轨迹的总体性修正和调整。

为此，美国在当时实施了许多举措，例如：在经济文化方面加强与中国的交流与合作，希望通过频繁的投资、交流与合作为国家谋求实实在在的经济利益并试图通过这些方式来有效增强和逐步加深美国对中国的投入和影响。实际上，美国打的如意算盘是想凭借这种交流逐渐使得中国形成对美国的依附心理和崇拜心态。在较为敏感的军事领域，美国同样试图通过与中国之间的交流和协调等行动，建立起来一种战略安全方面的协调，以此来逐步缓解双方之间过度猜忌的情绪，缓和双方的关系，避免两国之间发生大规模的冲突。需要指出的是，当时美国的出发点和意图很难说是想真心实意地与中国平等合作、互利互惠，有相当程度的考量是想通过"温水煮青蛙"式的操作操控中国。这是在对中国封锁打压无效的情况下，美国采取的一种更加隐晦和变通的"外交谋略"。

正是在此思路之下，美国政府正式推出了以尼克松总统关岛讲话为核心的"新亚洲政策"，并在不断完善之中逐渐形成了美国全球新外交战略，这种政策的实际做法是：用实力作为坚强的后盾，用谈判做为灵活的手段，以此来制衡苏联，最终达到维持美国和苏联之间的势力均衡。因此，美国不得不主动缓和与中国之间的双边关系，目的是用这种方式来利用中国形成对苏联的一种牵制，从而逐渐这样一个目的：即在亚非拉更加广大的地区，特别是在亚太地区能够缩小精力，收缩兵力、缩短战线，把主要兵力布置到更为重要的地区，最终确保西欧地区安全的战略设想。这种思路的确起到了缓和美苏之间关系的作用，并推进了中美最高领导人的会晤。不过，尼克松政府对中国的让步实际上是一种"缓兵之计"，其最终的目的是想要借助中国在国际上的影响力体面结束越战，并利用中国与苏联之间的关系对抗，增加自己与苏联讨价还价的筹码，以此逼迫苏联不得不做出实质性的让步。与此同时，这样做还能起到一石二鸟的效果，在中苏两国关系敏感时期增加对华接触的频率，加剧美苏两国之间的猜疑与隔阂。

尼克松政府在对华关系特别是在两岸政策上具有明显的"双轨制"特征。简单可以概括为：一方面，调整两岸政策的平衡度以其缓解两岸的紧张局势。例如减少在台驻军、在对华贸易上降低门槛等方式，以其增加美中两国之间在经济文化、科学技术甚至是在政治外交领域交流和合作的可能性。另一方面，通过反复强调台湾当局的"重要性"，鼓吹要保持美台之间的所谓"外交"关系不变。尼克松政府的对华政策的实质就是：继续推行实质上的"两个中国"、"一中一台"或"一个中国，两个政府"政策。这就是被后人所诟病的所谓对华"双轨制"政策，即一轨针对中国大陆的，而另一轨则针对台湾当局，两者是同一时期、平行推进的。尼克松在事后承认，自己关于中美关系正常化问题主要关注和强调以下重点：首先，美国要坚持反对使用武力方式、使用武力途径来解决台湾的问题；其次，终止美台《共同防御条约》将会对美国海外承诺的可信度，以及美国在其盟国和朋友中的国际形象造成极其严重的影响。尼克松认为，美国需要让中国认识到自己不仅有权批准私下是不是对台军售，而且在反对武力攻打台湾的问题上，美国还打算在足够长的时间内，在极限的限度内和强度之上，保留自己做出反应的权力。当时的尼克松政府在对待中国的态度和政策方面，完全没有准备在台湾的问题上放手。美国对于中国大陆的态度始终是防范、警惕和敌对。[1]美国对于中国外交政策的缓和实际上是为了给自己的国家争取更多的实际利益，是为了要服务和保障自己国家利益的最大化，从本质上来看，这种短暂的蜜月关系并不是为了两国友谊与共同福祉，而是一种短暂的让步，为了取得更多、更为长久的实际利益。因此，中国和美国之间在经济文化、军事科技乃至政治外交领域虽然在尼克松访华之后取得了一定的进展，但是两国仍然在台湾问题上有着原则性的分歧，这也是两国关系没有在尼克松时期获得根本性提升的重要因素。

1.4.2　国会在对华事务上的制衡

美国在对外事务中的政策需要通过国会以立法的形式加以确认和认可[2]，这也就决定了参众两院在外交政策的制定中扮演着极为重要的角色。卡特与历届美国总统一样，为了使得本人签署的行政命令通过并最终生效，需要与国会的成员保持良好的关系。在对华关系问题上不可能不考虑国会的态度。其实在卡特执政之初，他本人与国会能够

1　杨建国：《卡特政府时期美国对华"双轨制"研究》，华中师范大学博士论文，2014 年。

2　郝雨凡：《白宫决策：从杜鲁门到克林顿的对华政策内幕》，东方出版社 2002 年版，第 392 页。

在对华关系的问题上保持定期的意见交流。正因如此，二者的关系曾经相处得非常融洽。

1977 年 6 月，由国务院负责远东事务的助理国务卿霍尔布鲁克（Holbrooke）负责起草的第 24 号《总统参考备忘录》（即 PRM—24 号文件）。这份文件作为是万斯访华的重要指导性文件。在起草该份文件的时候，霍尔布鲁克与国会议员们进行了多次的商谈，国会建议美国应该要求中国公开保证不对台湾使用武力。而在文件起草完成之后，该文件又进行过多次审议，但文件有关中美建交的核心精神依然没有突破"双轨制"的特征，即在与中国实现关系正常化之后依然与向台湾当局出售武器、保持"非官方关系"以及反对武力解决台湾问题。[1] 不过在中美建交秘密谈判期间国会却浑然不知。[2]1978 年 7 月，美国保守派联盟（ACU）就中美建交议题在国会议员中间进行了一次调研。调查问卷主要包括以下问题：1. 是否支持中美建交。2. 是否废除"美台的防务条约"。结果有 48% 的议员反对因与中国建交而放弃与台湾的"关系"。

一部分众议院议员甚至担心卡特政府在与北京关系正常化的进程中忽视台北的利益而采取了行动。他们认为，这么做可以保证在中美建交前后政府可以使得国会及时获得信息的知情权。7 月底，民主共和两党 20 位参议员发起了一项修正案请求[3]，主要内容有：1. 参议院有权对美国新签订的条约享有批准权和建议权。2. 任何影响美台《共同防

1　Harry Harding, A Fragile Relationship, The Brookings Institution, 1992, pp.70.

2　郝雨凡：《白宫决策：从杜鲁门到克林顿的对华政策内幕》，东方出版社 2002 年版，第 393 页。

3　该修正案是由参议员罗伯特·多尔（Robert Dole）和理查德·斯通（Richard Stone）等 18 名来自民主共和两党参议员发起的关于对 1979 财政年度国际安全援助法的修正案提案，史称"多尔·斯通修正案"。

御条约》存续的政策变化需要事前交由国会讨论。在议案讨论阶段又逐渐形成了成形的修正案条文[1]。最终的表决结果为 94 比 0，该项提案获得了参议院的全票通过。该项修正案的通过不仅使得正在进行的中美关系正常化谈判变得更加扑朔迷离，而且也让此时的台湾当局信心获得了"极大提升"，台北方面认为即使卡特内心上无视台湾，但也要正视国会特别是参议院的态度。8 月，参议员戈德华特（Goldwater)与 24 名参议员提出参议院共同法案 109 条，宣称在没有得到国会的认可下，总统不得单方面地采取任何行动或以其他方式来影响抑或废止《美台共同防御条约》，这也使得美国政界对台湾安全的关注进一步被聚焦。

当然卡特政府也采取了相应的措施来应对国会通过台湾问题绑架行政当局的决策。1978 年底，卡特政府主要考虑是担心与国会磋商将导致国会方面强烈的反对，从而阻碍关系正常化的进程。

1.4.3 社会民意的基础

冷战以来美国推行的对华政策难以与其自身的意识形态相剥离。一部分美国人片面的认为，共产主义国家的治理模式与美国的自由主义价值观格格不入，会给美国的国家安全和社会稳定造成难以预估的影响。与此同时，美国的主流大众传媒长期对以中国为代表的社会主义国家进行歪曲性、失实性甚至妖魔化的报道。这在相当程度上左右了大多数美国人对中国的看法和印象，并且最终形成了美国社会重要

1　条文内容为：鉴于东亚持续安全稳定关系到美国的重大战略利益，鉴于美国与中华民国在 1954 年签订的《美台安全防御条约》下已有保持了 24 年的联盟关系，鉴于台湾在这 24 年中忠实履行该条约的职责和义务，鉴于国会有责任在美国签署条约时给予劝告和同意。国会认为，在任何拟议的政策改变将危及 1954 年《美台共同防御条约》效力的持续时，国会和行政当局之间应进行事先的磋商。"

的民意基础。除了上述原因之外，美国社会长期存在着为数可观的亲台势力。主要成员包括国会议员、社会团体以及商业组织。这些成员和组织被在美的台湾机构[1]长期资助和培养下已经成为影响美国普通民众、大众传媒甚至是政府精英对华政策的重要推手。

在中美建交前夕，无论是美国政府内部还是普通民众都对共产主义、中国以及共产党抱有"反感抵触"的情绪和心理。这对于建交谈判进程中的卡特当局具有不可忽视的影响，造成了无形的压力和阻力。这就使得卡特政府在调整对华政策的时候会显得畏首畏尾。

在美国社会中绝大部分的人包括政治精英从小深受西方自由主义的价值观熏陶，坚信美国价值的普世性，反共产主义的思想显得尤为明显。而国会议员的教育背景、宗教信仰甚至思维结构会影响他们个体的意识形态，最终反映到对华关系的决策认知。而部分对华强硬的鹰派议员为了能够在议会选举获得连任，会在某种程度上取悦民间反华的舆论基础，甚至为了获得更多的民意支持去炒作发酵中国问题，在选举前发表歪曲事实的言论进而操纵民意追求选票。民意在对华态度上发生的变化直接反映议会席位的分布。政府制定公共政策也不得不充分考虑国会参众两院的实际情形。美国政治学者维欧·基（V.O.Key）曾经对公众民意与政府政策的关联性做了相关的研究（具体见下表）[2]

1　这其中最具代表性的是在美的台湾当局院外游说集团。早在冷战初期，台湾院外游说集团就在美国国会内部的"亲中派"结盟进而"引导"美国的对华政策锁定在"联蒋反共"的层面上进而迫使美国政府放弃承认新中国打算，继续对台湾当局进行援助，并将大批中国问题专家罗织罪名进而清除出美国的决策机关。

2　参阅 V.O.Key, Public Opinion and American Democracy, New York: Alfred.A.Knopf, 1961.

表 1.2 公众民意与政府政策的关联性

公共政策与公众民意契合度	政策施行效果
吻合或较为吻合	易被民众支持、接受
背离	需对民意进行引导和整合
完全背离	突破民意的承受框架则会难以实施

　　基于上述的理论，20 世纪 70 年代尼克松访华之后，中美破冰的趋势已经成为美国政府和民间普遍的认知基调。但即便如此，美国国内仍然有相当多数的民众对于与台湾保持所谓"外交关系"持有积极的态度。而在美国参众两院多数的意见是在两岸之间的关系上维持平衡的姿态，即在实现与中国建立外交关系的同时又保持与台湾当局的"外交关系"。最为明显的佐证是 1977 年至 1979 年美国盖洛普民意调查的结果（具体见下表）。

表 1.3 1977 年至 1979 年美国盖洛普民意调查的结果

时间	民意结果
1975 年	87.5% 的民众希望与台湾保持所谓"外交关系"
1977 年	63% 的民众对继续与台湾保持"外交关系"持正面态度
1978 年 11 月	55% 的美国官员与 53% 的美国民众发表了这样的言论应该重视"美台关系"
1979 年 1 月	48% 的美国民众认为反对台湾当局的"断交"

第 二 章

卡特政府对华的政治外交政策

2.1 卡特政府初期在对华政治外交政策的徘徊

2.1.1 决策层在对华关系处理上存在分歧

卡特上台以后，承接了前任政府对苏缓和的外交思维并做出了相应的具体政策。就连他本人也对与苏联的缓和深信不疑，并认为"同苏联发生冲突的危险已经不那么尖锐"。[1] 由于他本人长期处理国内事务[2]，在外交事务的经验方面并不深厚，所以他委任具有充分外交实务经验的万斯和布热津斯基分别担任国务卿和国家安全事务助理作为其左膀右臂。他们在某些问题上如"人权外交"、中东问题等持相似立场。在对于美苏关系缓和以及中美关系的态度上有着明显的分歧。[3] 万斯并不反对与中国实现关系正常化，但应该置于美苏关系这个整体的框架中去综合考量，即发展中美关系不能以损害与苏联的关系为前提。万斯主张，考虑到经济和战略实力，中国还不是一个主要的战略强国，而美苏缓和影响到美国外交全局。正因如此中美关系的重要性应该让位于美苏关系，美国应该重点着眼于将美苏缓和作为出发点。当时美国外交的突出问题是要继续推进陷入僵局的限制战略武器谈

1　闫晓萍：《中美关系正常化与台湾问题》，社会科学文献出版社 2017 年版，第 134 页。

2　卡特曾长期担任佐治亚州州长，对于外交事务并不十分擅长。

3　吉米·卡特：《我不会对你们说谎》，广西师范大学出版社 2013 年版，第 12 页。

判，争取尽快与苏联达成相关妥善协议。美方认为抓住这个难得的外交契机既可以稳定美苏关系实现更广泛的双边合作，也可以有效释放美国的国际空间战略压力。

与此相对，布热津斯基则认为要改善美国的战略环境，对苏关系无疑很重要，但也不能过犹不及。[1] 不能把与苏联的"缓和"当作是战争之外的"唯一选择"以免对美苏伙伴关系的过于热切的期望导致国际社会对美苏主宰世界的担心。[2] 缓和关系本身就是一种极其复杂的关系，因为缓和不可避免的既要成为国家之间实现和解的手段，也要尽可能的避免战争和冲突。而苏联政府已经将缓和当作其"推进世界革命进程"的工具，中苏分裂已然让共产主义阵营形成了"多中心"的现实，美国也应顺势采取"多中心"的政策将注意力更多的向中国集聚。在卡特政府成员中，国防部长布朗也有类似看法，他倾向于从中苏竞争的角度去审视中美两国的关系。[3]

实际上，卡特执政之初也并不像外界所认为的那样对中美关系毫不在意，相反他一直有着自己的考量和打算。早在 1976 年底即卡特刚刚在总统大选中获胜，他就邀请基辛格前往其在佐治亚州的家中向基辛格询问了许多有关中国的事务。他还命令即将出任国务卿的万斯成立一个处理对华关系的小组，研究和处理与中美关系正常化的相关问题。[4] 这个小组也被授权可以调取尼克松时代与中国有关的绝密档案。

次年 2 月，他又在白宫会见了中美联络处主任黄镇，黄镇发表了这样的言论，苏联在缓和的伪装下加紧了军事扩张的准备，他不仅在常规军力上赶超美国，还在寻求总体的军事优势。尽管中美两国有着

1　在对苏谈判上布热津斯基也主张保持强硬立场，坚决不与苏联达成退让协议。

2　陶文钊 :《中美关系史（下卷）》，上海人民出版社 2004 年版，第 31 页。

3　陶文钊 :《中美关系史（下卷）》，上海人民出版社 2004 年版，第 32 页。

4　该小组成员有即将出任助理国务卿的霍尔布鲁克、助理国务卿帮办雷斯廷、国务院政策规划司司长莱克。

不同的社会制度，但在国际形势条件运作下中美必须共同对付苏联的扩张和侵略。[1]而美国主要"兑现尼克松和福特政府时期在中美关系上所做的承诺，中方愿意尽快实现关系正常化。[2]卡特也回应说，美国政府高层已经来华访问多次，希望中国的政府高层赴美访问。在解决中东、非洲以及削减核武器等问题上中美应该"分享信息、分享想法"。[3]在中美关系的立场上卡特发表了这样的言论：

我们理解中方的立场，这一立场我们已经在很多场合表达过了。我们认为台湾问题掌握在中华人民共和国手中，掌握在台湾人手中，没有什么比和平解决这个问题更是我们高兴的了。我们理解这（两岸问题）是一个内部问题，但我们长期希望和期望它能够以和平方式解决，我希望我们能看到朝着正常化的方向发展。上海公报显然是我们所承诺的原则。[4]

同年4月15日，万斯呈给卡特有关中美关系正常化的评估报告中指出：与中华人民共和国保持良好关系的主要条件是让中国人相信卡特政府对世界形势和战略平衡有成熟的观点和看法，我们需要展示我们保持强大的与苏联对抗的决心。与此同时，还必须让中国清楚美国的外交思维并不是一维的（即相对于苏联），美国也会在关键的双边和国际问题背景下看待中美关系。中国也应该意识到美国打算在这些问题上与其进行接触，将其作为关系正常化的一部分。[5]至于正常化的

1　Cater Library, National Security Affairs, Staff Material, Far East, Oksenberg Subject File, Box 55, Policy Process: 10/76-4/77.

2　陶文钊：《中美关系史（下卷）》，上海人民出版社2004年版，第32页。

3　Memorandum of Conversation, February 8, 1977, FRUS, 1977-1980, Volume XIII, China, Document5.

4　Ibid.

5　Memorandum From Secretary of State Vance to President Carter, April 15, 1977, FRUS, 1977-1980, Volume XIII, China, Document 26.

问题，我（万斯）不认为我们急需与北京建立外交关系而"伤害"到台湾人民的福利和安全。另外，我也不认为应该就正常化一事设定时限。[1]

与此相对的是，布热津斯基则认为尽快实现中美关系正常化符合美国的国家利益，主张尽快与中国建立外交关系。因为在遏制苏联的军事扩张方面中美有着共同的战略利益。中美双方可以借助这一契机推进关系正常化的进程。他还提出，"中国在维持全球均势方面处于主要地位，一个强大的中国符合美国的利益。"[2] 布热津斯基的建议性报告在不久之后就起到了明显的影响。

5月22日，卡特在圣母大学首次发表了政府外交政策施政演讲，阐述了美国外交的几个基本问题，如人权问题、与盟国关系、美苏关系、中美关系、核武器问题等。其中他用相当多的时间系统表达了这届政府在对华关系的基本立场，这足见卡特对两国关系的重视程度。他在日记中这样写道：

我在圣母大学发表了重要的外交政策讲话，强调朝着正常化继续推进取得进展的重要性。我任命伦纳德·伍德科克为我们在北京的联络处主任，他最近刚退休是全美汽车工人联合会主席。我个人很钦佩伦纳德，我知道他很安静但很有说服力，他的年龄、经验和风度在与中国领导人打交道时都是一个优势……我选择他是向中国人发出一个明确信号即我们希望建立更密切的关系。[3] 日记中不仅表达了卡特对中美关系重视的程度，还提到他任命伍德科克作为美驻华联络处主任。伍德科克与卡特私交甚笃，在卡特竞选总统时伍德科克利用他在汽车工会的影响力为卡特助选，这保证了卡特在日后的胜选。大选之后，

1　闫晓萍：《中美关系正常化与台湾问题》，社会科学文献出版社2017年版，第142页。

2　闫晓萍：《中美关系正常化与台湾问题》，社会科学文献出版社2017年版，第143页。

3　Jimmy Cater, Keeping Faith: Memoirs of A President, Bantam books, 1982, pp.190.

伍德科克毫无疑问的被委以重任，出任对华联络处主任，全权负责与中国的外交事务。同年 7 月，伍德科克走马上任。通过日后的发展证明了他将在中美关系正常化中起到了重要的推动作用。[1]

美国著名政治学者迈克尔·奥克森伯格（Michel Oksenberg）[2] 也被卡特政府召入到国家安全委员会具体负责亚太事务。他在上任之初就对前几届政府有关中美关系的文件和档案进行了详细和深入的研究，对中国事务已经有了相当深入的了解。在详细翻阅了尼克松、福特时期有关对华问题的相关资料后，奥克森伯格对前任政府在对中国所做出具体和确认的承诺进行了总结。具体有：1. 美国承认只有一个中国，台湾是中国的一部分。2. 美国不支持台湾"独立"。3. 美国将寻求两国关系正常化。4. 美国支持任何和平解决台湾问题的方法。5. 在美国撤离台湾时不会将其让与其他国家比如日本。同年 6 月 14 日奥克森伯格在基于前两任美国在中美关系上所作处的论调呈给布热津斯基的一份备忘录中主要表达了两方面内容即 1. 建议作为与中国进行认真谈判的一种方式，美方应该提交一份公报来阐明承认的条件。2. 鼓励北京方面看待香港那样看待台湾（中国的一部分）。[3]

在有关台湾问题的立场上，无论布热津斯基还是万斯立场都是接近的。同年 6 月 29 日，万斯在呈给卡特总统的备忘录中提到了台湾"独立"的后果。即中华人民共和国和"中华民国"的基本原则是，台湾是中国的一个省。在北京和台北看来，"台独"将意味着改变台湾的

1　陶文钊：《中美关系史（下卷）》，上海人民出版社 2004 年版，第 32 页，

2　美国著名政治学者，曾执教于密歇根大学。在 1977 年到 1980 年期间，就职于美国国家安全委员会，负责亚洲事务。他和卡特总统、国家安全顾问布热津斯基，以及美驻华代表伍德科克成为推动美中关系全面正常化的重要人物。

3　Memorandum From Michel Oksenberg of the National Security Council Staff to the president's Assistant for National Security Affairs(Brzezinki), July14, 1977, FRUS, 1977-1980, Volume XIII, China, Document 36.

司法地位，使其成为一个不再承认与中国有联系的"主权实体"。与此同时，台湾"独立"将会使我们在中国的政策遭受严重打击，让国际社会接受台湾是中国的一部分是中华人民共和国建国以来的主要外交目标。我们的《上海公报》承认这一原则是实现两国关系正常化的一个重要因素。[1] 在 6 月底，卡特曾经邀请了布热津斯基、万斯以及奥克森伯格等人物召开了一场专门讨论中国政策的专题会议。在讨论中，布热津斯基也表明了明确的态度，"我们不会承认一个独立的台湾。"[2]

　　但是，卡特在执政之初的对华政策是具有明显"双轨制"特征的，即在实现对华关系正常化的议题上举棋不定。首先，这是因为万斯与布热津斯基两个人在对华关系态度上的重大分歧给卡特造成的影响。其次，冷战后历届美国总统在考虑对华关系上都会考虑台湾这个制衡因素，即在"不侵害"台湾利益的前提下发展与中国大陆的关系。万斯也曾经在一份备忘录中向卡特主张，不应该同北京建立外交关系，从而"危及"台湾人民的"福祉和安全"。[3] 最后，卡特政府在很长的一段时间将对华关系视作是美苏关系的一部分，即与中国关系亲近的程度要服从于美苏的两极格局。

　　不过布热津斯基仍然表达着不同的想法，希望找寻机会向卡特表明实现中美关系正常化的重要性和必要性。他与萨缪尔·亨廷顿一起合作完成了日后影响深远的题为《四年目标：初步声明》（Four year goal: preliminary statement）的备忘录，并在 4 月 30 日呈交给卡特。这份报告一共 43 页，主要是制定卡特任期内（未来四年）有关美国外

1　Memorandum From Secretary of State Vance to President Carter, July 24, 1977, FRUS, 1977-1980, Volume XIII, China, Document37.

2　Memorandum of Conversation, July 30, 1977, FRUS, 1977-1980, Volume XIII, China, Document41.

3　Memorandum From Secretary of State Vance to President Carter, April15, 1977, FRUS, 1977-1980, Volume XIII, China, Document26.

交政策的战略重点和目标，具体罗列了美国外交战略的十大政策目标（具体见下文）。

十项中心目标以这一基本概念为出发点，并根据这一概念，建议贵国的外交政策在今后四年中争取实现以下十项主要目标（在本文件第三部分中有更具体的阐述）：1. 通过加强协商关系的制度化，使西欧，日本和其他先进民主国家参与更密切的政治合作，并促进更广泛的宏观经济协调，以实现稳定和开放的货币市场，我们必须寻求加强和扩大我们的咨询联系。2. 与新出现的区域"影响者"建立起双边，政治和经济合作的全球网络，从而扩大合作范围，为了保持新的历史环境，我们更早地依赖大西洋主义，或更晚些时候就依赖于种族主义。这些区域影响力包括委内瑞拉，巴西，尼日利亚，沙特阿拉伯，伊朗，印度，印度尼西亚，以及我们更传统的朋友。3. 通过全球发展预算、CIEC 的制度化、塑造经合组织和欧佩克之间的联系等手段，在政治和经济上利用上述因素发展更加包容的南北关系。4. 为了推动美国和苏联战略武器防治谈判进入削减战略武器谈判，以此作为跳板来争取更稳定的美苏关系。此外，我们应该通过支持我们的朋友和改善被苏联利用的冲突根源来寻求遏制苏联的入侵。我们应该在全球人权问题上采取更积极的姿态，以应对苏联的意识形态扩张。与此同时不断寻求更全面、更对等的缓和。5. 使美中关系正常化，以保持美中关系作为全球力量平衡的一个主要稳定因素，抵消苏联的传统优势，并防止苏联将其资源集中于向西（欧洲）或向南（中东、非洲）的扩张上。6. 获得全面的中东解决方案，否则，阿拉伯世界将进一步激进，苏联重新进入中东无法长期避免，反过来给西欧，日本和美国带来严重后果。7. 启动南非向着混血民主的渐进和平转型，并在这一进程中建立温和的非洲黑人领导人联盟以遏制非洲大陆的激进化，在非洲大陆消灭苏联—古巴的势力。8. 通过国际协议来限制全球军备水平，限制过度的军备流入到第三世界（尽管有些考虑到目标 2），防止核扩

散的国际合作限制以及全面禁止核试验。9. 通过旨在突出美国人权的
行动，提高全球对人权的敏感性。10. 保持一种能够在战略和常规两方
面遏制苏联不受敌对行为和政治压力的防御姿态。这将要求美国现代
化、合理化，并重新概念化其防御姿态以保持与广泛的变化。[1]

　　通过上述的报告我们可以看出第五条是涉及中美关系正常化的相
关议题。在布热津斯基的回忆录中也提到了这份备忘录，他在该份文
件中建议卡特"在 1977 年结束美国在华资产谈判问题，1979 年建立大
使级外交关系，我们要在 1978 年帮助中国获得非防御性的西方技术，
到 1979 年接待一位中华人民共和国的政治领导人来访，签订贸易和文
化协定，并建立长期合作关系的基础。"[2] 这份文件勾勒出未来四年美
国对华政策的时间点。从日后的历史上看，卡特基本上就是按照这份
备忘录上的政策建议去发展对华关系。[3]

2.1.2　万斯访华中美相互试探底线

　　万斯访华之前，美国政府做了大量的前期准备，而卡特在中美关
系的态度上也一波三折。6 月由助理国务卿霍尔布鲁克主持，美国务院
负责远东事务部门成员制定了名为《第 24 号总统参考备忘录》（又称
PRM-24）。该备忘录向卡特总统阐明了中美关系正常化的背景、问题
的复杂性以及这些问题的解决路径。[4] 这被认为是万斯 8 月访华的前期

1　Memorandum From the President's Assistant for National Security
　　Affairs(Brzezinski) to President Carter, April 29, 1977, FRUS, 1977-1980 Volume I,
　　Foundations of foreign policy, Document36.

2　兹比格涅夫·布热津斯基著；邱应觉译：《实力与原则》，世界知识出版社 1985 年版，
　　第 65-66 页。

3　但是这份文件仍然没有完全逃离彼时美国对华政策"双轨制"的特征，如提到"与
　　此同时，我们决心与台湾保持适当的防务、经济与文化关系"等等。

4　闫晓萍：《中美关系正常化与台湾问题》，社会科学文献出版社 2017 年版，第 143 页。

指导性文件。

PRM-24 对中美实现正常化中的分析引用了自 20 世纪 70 年代中期以来在美国激烈的对华政策辩论，认为实现中美关系具有一定的迫切性。实际上，这场争论主要涉及三个主要问题。第一个问题即是关于与北京建立全面外交关系的迫切性。[1] 一些美国分析人士观察到 1974 年后中美关系的停滞，他将这种僵局归因于华盛顿未能完成正常化进程。而 PRM-24 的报告重新审视了总统在整体上的中美关系、美国对台政策以及与北京的战略关系方面的选择。报告也警告说，如果美国不履行上海公报所暗示的正式承认中国的承诺，北京将继续严格限制两国之间的经济和文化联系，甚至可能寻求与苏联的接触。然而另一些分析者认为与继续和华盛顿合作以反对苏联的扩张主义相比，北京方面更重视与美国建立外交关系。

PRM-24 的第二个问题涉及华盛顿与北京正常化的条件，特别是美国是否应该接受北京在 1975 年制定的三个正常化条件（即结束与台湾的关系，废除美台防御条约、从台湾撤军）。[2] 一些美国观察家们认为，美国应当满足中国提出的三个条件，但美国也可以就每一项条件提出交换条件。但实际上，只要仔细研究尼克松和福特执政期间的中美谈判记录可以看出，美国已经默许了北京的所有三项条件。PRM-24 得出结论，美国有必要在三个正常化条件下开展工作。中国领导人不太可能会在国内拥有政治上的灵活性以放弃他们先前在此问题上的任何立场，特别是考虑到表达他们的力量。《上海公报》承诺美国从台湾撤出其军事力量和设施；福特曾同意，在中美正式建交后，美国将只与台北保持非官方关系；基辛格的结论是：在没有与台湾建立正式外交关系的情况下，《共同防御条约》无法得以维持和保障。PRM-24 认

1　陶文钊：《中美关系史（下卷）》，上海人民出版社 2004 年版，第 34 页。

2　Harry Harding, A fragile Relationship, the Brookings Institution 1992, pp.71.

为，在不违背上届政府对北京所作承诺的情况下，美国不可能采取不同的方式实现中美关系正常化。[1]

PRM-24 的第三个问题涉及向中国出售和转让技术。一些美国分析家和官员早在 20 世纪 70 年代中期就开始主张与中国建立更广泛的安全关系，以防止中美关系在没有正常化的情况下受到侵蚀。与此同时，也可以加强两国相对于苏联的战略地位。在当时的美国国内对于是否向中国出售武器存在两种观点，一些人主张应该加强情报交流，互派军事代表团并向中国提供先进的军事技术。甚至有人提议向北京方面"直接提供美国武器"。[2]另一些人则认为在发展良好的双边关系之前与北京建立广泛的军事联系是不合适的。而万斯和布热津斯基对于该项议题也持有迥异的看法，布热津斯基认为考虑到苏联的因素，向中国转让相关的技术一方面可以有效发展与中国的战略关系，另一方面会使得苏联在处理与美国有关的关系上不至于过于冒进。万斯则主张认为应慎重考虑发展与中国的战略关系，因为这会让苏联人认为是"具有敌对意义"的举动。向中国转让技术的信息一旦走漏将会让美苏关系陷入僵局。[3]

PRM-24 文件虽然从形式上表露了美国希望实现与中国实现关系正常化的迫切心情，但卡特在文件之后又附上了在与中国实现关系正常化的同时需要对方注意的三个"谈判条件"：第一，正常化不能阻止美国继续向台湾出售武器。第二，美国人民可以继续与台湾保持非官方的文化和经济关系。第三，在实现正常化时中国将不会对美国的单方面声明提出质疑。卡特的上述条件仍然期望以某种形式做出对台湾的"安全担保"，没有脱离"双轨制"的桎梏。

1　Harry Harding, A fragile Relationship, the Brookings Institution 1992, pp.72.

2　Harry Harding, A fragile Relationship, the Brookings Institution 1992, pp.72-73.

3　陶文钊：《中美关系史（下卷）》，上海人民出版社 2004 年版，第 34 页。

在万斯访华之前，布热津斯基向卡特总统又提交了一份有关中美关系的备忘录。文件除了仍然具有"双轨制"的特性之外，还对国际体系环境以及美国的政策回应做出了相应的分析，并建议采取"多渠道"外交途径，即在万斯访华难以取得外交突破的情况下可以派遣其他外交使节、部长访华，以保障中美两国之间仍然可以进行外交对话。除此之外，布热津斯基还建议设立以总统科学技术顾问弗兰克·普雷斯[1]（Frank Press）为领导的临时委员会来审议对华出口许可证的问题。卡特对此持赞同的态度，他给布热津斯基的备忘录中写道："在实现两国关系正常化的方面要持有谨慎态度，这样可以避免与国内支持我们的力量对立起来。"[2]

而这两个月卡特在对华的态度上也是一波三折。7 月 30 日，卡特与万斯、布热津斯基、布朗、霍尔布鲁克、奥克森伯格在白宫召开了一次会议。会议的现实意义主要体现在两点，其一，主要讨论了中美关系正常化的战略意义与对国内政治环境的影响。其二，为万斯的访华做前期的准备。万斯在会上依然抛出"中美关系依附于美苏关系"的传统论调，即对华关系正常化要等到与苏联的谈判走上轨道后再去进行。而副总统蒙代尔则忍无可忍的提醒万斯，即防止让中国变成另一个苏联，并对 40 年代民主党人因为对华战略的一系列失误导致国民党败退台湾进行了指责。卡特在会上罕见的在对华关系上表露出积极的立场，即发表了愿意实现正常化的言论，并准备面对国内那些指责他放弃台湾的批评。但是他认为在台湾问题上也需要做出更加回旋的策略，即在美台"断交"之后，仍然向台湾出售武器并对和平解决台

1　美国著名地球物理学家，他在卡特政府时期任美国总统科学技术顾问兼科学技术政策局局长。

2　闫晓萍：《中美关系正常化与台湾问题》，社会科学文献出版社 2017 年版，第 143 页。

湾问题的某种承诺。[1] 正当卡特对华态度开始表现明显积极信号且万斯正要访问中国之际，有两个突发事件又在一定程度上影响了卡特对华态度。第一，卡特的巴拿马运河谈判代表埃尔斯沃斯·邦克（Ellsworth Bunker）和索尔·莱诺维茨（Sol linowitz）在给卡特的报告中称他们已经签署了一项条约，规定运河地区恢复地方控制和主权。[2] 卡特希望参议院能够批准这项条约的生效。为了获得更多的支持票，卡特不得不"取悦"一些在对华关系上持有保守立场的议员。第二，极右议员戈德华特（Goldwater）发表了一篇公开声明，公开造谣诽谤说在有八亿中国人没有"基本人权"的情况下，与台湾"断交"将是"美国的耻辱"。[3] 这些看似波澜不惊的突发事件给本来就对实现中美关系正常化怀有有限热情的卡特浇了一盆冷水——卡特对中国的热情又削减了。这也就直接导致了八月的万斯访华之行实质上就变成了美方试探中方立场的外交行动，而并不会带来两国关系会有什么实质性突破，甚至在美国决策层内部也鲜有人士对这次访问抱有太多的期望。

　　8 月 22 日，万斯正式开启了访问中国的行程。此时中共十一大刚刚选举华国锋为党主席。在大会上华国锋明确提出了中美实现关系正常化的框架性条件，即美国从台湾撤军、"断交"和废约。从 22 日开始，万斯与黄华进行了为期两天的四次外交会谈。[4] 前两次会谈主要是

1　陶文钊：《中美关系史（下卷）》，上海人民出版社 2004 年版，第 35 页。

2　Patrick Tyler, Six Presidents And China: A Great Wall, A Century Foundation Book, pp.242.

3　Patrick Tyler, Six Presidents And China: A Great Wall, A Century Foundation Book, pp.243.

4　四次会谈时间分别为 8 月 22 日 14:00–18:40、8 月 23 日 9:30–11:50、8 月 24 日 9:30–12:20、8 月 24 日 15:00–17:40。主要与会人士中方人员有外交部长黄华、外交部副部长王海容、驻美联络处长黄镇。美方主要人员有国务卿万斯、驻华联络处主任伍德科克、国家安全委员会中国事务高级官员奥克森伯格、助理国务卿霍尔布鲁克。

由万斯主讲，对国际形势以及中美关系发表了他的看法，概括起来主要有以下几点：1. 使美国陷于分裂的一场战争（即越战）已经结束。孤立主义不再适用美国，美国开始承担"全球责任"。2. 美国现在的政策更强调全球利益、正义、平等和人权。美国意识到使中美双方走到一起的因素。现在双方都采取必要的步骤，实现两国关系完全正常化的时机已经到来。3. 一方面只要美方维持中国人自己和平解决台湾问题的前景，而又允许美国继续保持同与台湾非正式关系的基础，美国就准备同中国建立外交关系并承认中华人民共和国是唯一合法政府。美国同台湾的外交关系和共同防御条约将会消失的同时，美方会从台湾撤出所有美军和军事设施。[1] 4. 美国需要在立法方面作出相应的调整。美国政府人员继续留在台湾以处理与台方的贸易以及其他非正式关系，并在台湾设立名称不限、没有外交性质以及不履行外交职责的代表机构以便有助于在中美关系正常化后便利同台湾的上述关系。5. 美国政府在适当的时候以声明的形式重申美国对中国和平解决台湾问题的关心并希望中方不发表武力解决台湾问题的声明。[2]

从万斯的话语中我们能够得出以下论点，即从总体上看美国在处理双边关系上仍然受到台湾问题的制约。具体来说，第一，中国在台湾问题上必须做出某种（明示或默示）不使用武力方式解决台湾问题的承诺；第二，美台在"断交"后，美国仍保持对台的武器供应。第三，在实现与中国关系正常化以后，美台仍然保持一定程度的关系（即美台的"官方外交联系渠道"由联络处代替此前的大使馆，即"倒联络处方案"）。显然万斯的主张与中方始终主张的建交原则大相径庭。中方代表黄华则发表了这样的言论不能接受的回应。

1　Memorandum of Conversation, August 23, 1977, FRUS, 1977–1980, VolumeXIII, China, Document48.

2　黄华：《亲历与见闻：黄华回忆录》，世界知识出版社 2007 年版，第 247 页。

在第三次会谈中，主要由中方主讲，重点说明两极格局体系使得世界局势逐渐动荡和不安。会谈上黄华部长实事求是的对美苏平衡论进行了客观的揭示，并且指出万斯在会谈中所说的维持美苏的战略平衡是不符合现实的，世界仍然处于动荡和不安之中。[1] 在万斯和黄华最后一次会议之前，邓小平副总理和万斯也进行了一次会谈。会谈上邓小平就中美建交谈判中的一些问题和共同关心的全球性战略问题阐明中国政府的原则和立场。[2] 邓就"倒联络处方案"表达了坚决反对，中国政府对于解决两岸问题是有耐心的。中国政府会考虑并顾及到台湾的实际情况，采取适当的方式去解决台湾问题实现两岸的统一。[3] 最后一次会议黄华就邓小平副总理在此前会议上的表态进一步说明了有关中美关系正常化的立场。因为此前的会议上有关各方的分歧较为明显，就连会谈公报也没有发布。

实际上，这次会议邓小平和黄华都明确表明了各自有关中美实现关系正常化以及两岸问题的分歧性立场。但是美国舆论却对 8 月万斯的中国行做了不符合事实的报道。《先驱美国人报》(Herald American)[4] 登载的一篇文章说，中国领导人对万斯访华涉及两国关系正常化的条件方面显得较为妥协，具有一定的灵活性，这暗示台湾问题并不是中美两国在实现正常化道路上的重要制衡点，中国可能默示美国与台湾保持一定程度的外交关系。这显然是误解了中方有关意图。

8 月 26 日，卡特总统在记者招待会上为万斯访华的成果背书，称万斯发回来的与中国领导人会谈成果的报告"令人鼓舞"。并在第二

---

1 黄华：《亲历与见闻：黄华回忆录》，世界知识出版社 2007 年版，第 248 页。

2 中共中央文献研究室：《邓小平年谱》，中共中央文献出版社 2004 年版，第 188 页。

3 中共中央文献研究室：《邓小平年谱》，中共中央文献出版社 2004 年版，第 189 页。

4 美国历史悠久的报刊，内容主要为新闻评论、商业、体育、娱乐等内容，创刊于 1846 年。1982 年更名为《波士顿先驱报》(The Boston Herald)。

日亲自去机场迎接访问归来的万斯，肯定了他八月访华所取得的"重要成果"。但邓小平则明确否认了万斯访华取得的积极意义，称万斯访华是中美关系中的一个退步，万斯从他前任的立场后退了。9 月 27 日。邓小平在北京会见美国前任驻华联络处主任布什，他在谈话中说可以加快中美关系正常化的进程。不要搞外交手段，中美两国有许多共同点，所以我们要加强来往。台湾问题的重点还是政治。我理所当然地希望台湾问题早一点解决。对解决台湾问题的条件，我们没有任何松易的余地，在这样的问题上不能有别的考虑。

邓小平的谈话表明了两个意思，其一，表达了对加速中美正式建立外交关系的期望；其二，在涉及台湾问题上没有谈判和妥协的余地。这是向美方发出的一个明确的信号。这次会议表明邓小平 9 月份的表态已经开始对美国决策产生了实质性影响，美国政府开始重新考虑对华政策，尝试改变对中国立场的误解。而中国的态度是始终如一的，它始终把自己对台湾的态度问题视作是自己的内政和主权问题。基于此，让中国在不对台湾使用武力上做出保证是很难达成的。但为了保证台湾的"安全"，美国可以采取如向台湾出售武器等防止台湾免遭"入侵"的事情。

1977 年下半年，中国政府也开始采取一些实际的措施来促进中美关系提升。最为明显的信号是接受美国能源部的邀请，自 1949 年以后第一次派出政府代表团访问美国。除此之外，中国政府还以中国外交学会的名义邀请肯尼迪、克兰斯顿以及杰克逊等人访华，在中国领导人与他们的谈话之中突出了和平解决台湾问题的主题。而前驻华联络处主任乔治·沃克·布什也应邀访华，受到了邓小平的礼遇和优待。他在从驻华联络处主任职位离任后 [1] 又担任了一年中央情报局局

1　乔治·沃克·布什在 1974 年 10 月 21 日—1975 年 12 月 7 日曾担任美国驻华联络处主任。

长。10月，副总理李先念接受《华尔街日报》采访时发表了这样的言论：我们要发表声明，是用和平方式还是用武力解决台湾问题，外国无权干涉。[1]

布热津斯基对卡特政府在对华关系上踯躅不前表达了不理解的态度。他要求奥克森伯格向黄镇传话希望能够访问中国。积极的回应很快传来，11月，在黄镇离任驻美联络处主任的欢送宴会上，中方郑重宣布，中国政府正式邀请布热津斯基访华。由于消息来的突然使得在场的万斯等人惊愕不已，他们认为布热津斯基的这种举动是想从美国国务院手中抢夺中国事务的主导权。在随后的一段时间内，布热津斯基逐渐以自己的想法影响卡特总统，逐步使中美关系回到了正常化的道路上来。

2.2 卡特政府对华政治外交政策变迁的逻辑分析

进入 1978 年，美国的现行对华政策已经难以继续维持。在冷战铁幕之下美国对外政策的根本立足点和出发点都是围绕着苏联进行的。美苏关系恶化是卡特政府最终下定彻底抛弃对苏和缓战略，启动中美关系正常化进程，实行一系列对华合作和交流政策的体系性原因。新古典现实主义认为，体系层次不可能作为国家对外政策生成的唯一逻辑，国内单元对于体系层次的回应是政策回应与体系层次重要的"传输带"，单元层次会影响国家对外政策的生成速率。生成方式。基于这种逻辑预设，卡特政府对华政策总体路径最终如何形成，还要取决于美国国内的单元层次，体系层次只有通过单元层次才能深刻影响国家对外政策的生成和运行。

1　官力：《跨越鸿沟：1969—1979 年中美关系的演变》，河南人民出版社 1994 年版，第 298 页。

在单元层次方面，首先美国外交决策层发生了异动。即以布热津斯基为代表的对华"建交派"取代了以国务卿万斯为首的"亲苏派"，而前者在掌握对华关系的话语权之后将自身对于"体系的认知"嵌入到美国对外政策的制定层面。布热津斯基等人认为，美国长期实行的对苏和缓政策，过于强调对苏关系的重要性，带来的结果就是苏联在对外战略上进一步扩张，压缩侵蚀着美国既有的政治地缘空间。事实上，进入 20 世纪 70 年代以来，美国在体系中的相对实力现状和战略环境已经不容乐观，而国务卿万斯并没有对当时的国际体系现状进行客观和真实的认知，在美苏关系上采取一味迁就的缓和策略使得美国在 SALT Ⅱ 阶段谈判中处于被动局面，与此同时，苏联利用美国的战略退让在多个地区展开军事干预，让美国的国际地位和国际威信受到极大的挑战。正因如此，布热津斯基等人认为，当务之急是要实现与中国关系的正常化，争取联合中国实现对苏联的遏制以缓解美国不利的国际体系环境。

其次，国会重要议案的通过为卡特启动中美正常化进程解除了后顾之忧。美国重要议案的通过需要经过国会参议院和众议院多数通过，总统才可以签署相关法案并且颁布实施。卡特上台后一直希望在其任内彻底解决巴拿马运河问题这个长达数十年的外交纠纷。经过漫长的谈判，在 1977 年 9 月终于与有关各方签署了巴拿马运河条约，但是要想成为正式法案必须得到国会通过。如果在这个时间点与中国建立外交关系则极有可能会在一定程度上破坏与国会，特别与共和党议员本就脆弱的关系，最终导致议案不能顺利通过。需要等到 1978 年 1 月，即巴拿马运河条约议案在国会通过以后，卡特就可以在相当长的时间不再考虑国会，特别是共和党的意见，全力开启中美建交事宜。

最后，中国广大的市场前景对于美国商业团体来说无疑具有巨大的诱惑力。当时中国已与日本和西欧建立了相对稳定的贸易关系并使得双方获得了可观的经济利益，而由于中美两国并没有建立正式外交关系，美国的企业随时可能被排除在中国市场之外。因此，美商界希望中美政治互信的持续发展能够有效促进两国经贸合作得以展开，越来越多的美国商品能够顺利进入中国市场。

表 2.1　卡特政府对华政治外交政策变迁的逻辑

体系性因素	美苏关系出现恶化
单元因素	体系认知："建交派"掌握对外决策话语权
	国内制度：巴拿马运河条约获得国会批准
	社会力量：美国商业团体的推动
政策反应	卡特政府对华政策发生变迁

2.2.1　美苏关系恶化

美苏关系恶化原因之一：美苏 SALT Ⅱ 阶段谈判陷入僵局。早在卡特上台之前，美国两届政府与苏联当局已经就有关事项签署了限制战略武器第一阶段协议（SALT Ⅰ），由于美苏在一些细节问题上并没有达成共识[1]，使得谈判陷入到僵局。[2]卡特上台以后，美苏双方又展开了第二阶段谈判。然而，美苏在部分谈判分歧上彼此所做的让步并未能推动谈判取得新的突破。与此同时，美国行政部门内部就谈判发生了分歧，加上参议院、美国国内的公众舆论对于卡特谈判政策产生的质疑使得谈判踯躅不前陷入僵局。

1　比如美国的巡航导弹以及苏联的"逆火式"轰炸机是否应该进入到战略武器运载工具的最高限额之内。

2　资中筠：《战后美国外交史：从杜鲁门到里根》，世界知识出版社 1994 年版，第782 页。

起初卡特希望在 1977 年初提出是以大幅度削减方案为基础开展谈判。此后卡特决定调整谈判重心，转而采取以对苏联 MIRV（多弹头分导）的限制上来。但万斯和布热津斯基又对 MIRV 的计算规则上发生争论。国务院指责该项建议是将苏联逼上发动反制措施的道路。而美国行政部门内部对于任命谈判代表的人选产生的激烈争论（万斯为代表的国务院提出美国军备控制与裁军署长沃恩克遭到了参议院和国防部的激烈反对）又让政府行政部门内部的矛盾雪上加霜。

除此之外，MIRV 的限制也遭到了参议院的强烈反对。以杰克逊为代表的鹰派参议员要求卡特解释美国放弃限制苏联 HICBM 转而限制MIRV 的原因，而卡特政府显然并没有做出令他们充分信服的解释，因此双方的矛盾逐步加深，争取国会支持的愿望逐渐破灭，卡特政府逐渐失去了国内公众舆论的支持。

万斯与布热津斯基的意见分歧实际上代表了美政府国务院与国安系统的矛盾，这也使卡特的相关政策很难得到有效的推进。而国会参议院鹰派势力的强势态度也给卡特施加了巨大的压力，压缩了卡特在谈判中的回旋余地。卡特政府在谈判中处处受制于国会，此时的SALT Ⅱ 阶段谈判实际上已经陷入僵局，而谈判进程难以获得实质上的成果也成为万斯淡出外交事务主导权的重要诱因。

美苏关系恶化原因之二：苏联的战略扩张。苏联利用美国采取美苏缓和战略的空档期大规模向世界许多地区特别是第三世界国家进行战略扩张，使得美国的国际利益受到严重侵蚀和压缩。同时也使得由国务卿万斯提出的对苏缓和战略受到了很大的质疑。在 SALT Ⅱ谈判中两国分歧巨大，苏联的强势姿态使得双方难以达成初步协议。卡特发动的"人权外交"所提出的苏联和东欧国家人权状况堪忧的担忧，虽然在美国国内获得了较广的民众支持。但苏联的回应却是默示和不屑。一方面讥讽美国评价苏联人权问题是"找错了地方"，另一方面又对苏联的异议人士亚历山大·金斯伯格（Alexander

Ginsberg）[1] 等人加以公审重判。这让美国的国际声誉受到了极大的挑战。

　　美国在"人权外交"上的战略重挫还只是美苏关系恶化的"小插曲"，真正让卡特政府开始重新评估美苏关系以及所面临的国际体系现实还是苏联在全球肆无忌惮的军事扩张动作。苏联在欧洲加紧战略性核武器部署，并在第三世界大肆进行军事干涉。1977—1978 年，苏联研发的 SS18 和 SS19 型导弹在精确度方面有了重大改进，并在欧洲部署了 18 枚足以对西欧造成毁灭性打击的 SS20 导弹，其对美国洲际弹道导弹和陆基战略武器"构成重大威胁"。苏联还在埃塞俄比亚建立了军事阵地，并在南也门、阿富汗、利比亚和伊拉克扩展影响。基于此形势，卡特政府想要扭转不利的相对实力和体系环境就必须在对外战略特别是对苏和对华政策方面做出相应调整。面对苏联咄咄逼人的攻势，美苏关系已经不可能出现缓和的发展趋向。正因如此，美国放弃对苏缓和的一厢情愿，通过加强中美关系来对抗甚至遏制苏联成为美国决策层的共识。除此之外，美国还看到中国这个朋友，与中国的进一步接触会在一定程度上改变美国对第三世界国家固有的看法并为加深与这些国家的关系提供了便捷途径。[2] 依照新古典现实主义的观点，体系层次不可能孤立的影响国家的对外政策，而是要与单元性的因素进行复合性的作用才能对国家的政策变迁起到根本性的影响。也就是说，卡特政府逐步修正既有的对华政策开始尝试走向中美建交还与国内单元因素有着密切的联系。本书认为，"建交派"掌握对华关系决策话语权、巴拿马条约获得国会批准以及美国商业利益团体的推动等可以被视作是卡特对华政策发生变迁的单元层次。

1　苏联著名记者，诗人，人权活动家。曾创办地下刊物《凤凰城》。1967 年 1 月因持不同政见被捕。1979 年被驱逐到美国。

2　资中筠：《美国战后外交史：从杜鲁门到里根》，世界知识出版社 1994 年版，第820 页。

2.2.2 "建交派"掌握对华关系决策话语权

体系层次和单元层次的复合影响使得卡特政府开始重视中美关系并最终决定开启两国关系正常化的进程。以布热津斯基为代表的对华"建交派"掌握对华关系决策话语权是推动卡特下定决心实现中美关系正常化的重要单元因素之一。布热津斯基的"建交派"与万斯的"亲苏派"素来在对华事务上间隙颇深，而前者最终在对华事务上逐渐获得主导话语权与 1978 年初 SALT Ⅱ谈判难以获得突破有着直接的关系。美苏关系的恶化使得布热津斯基有了难得的机会，即以外部环境变迁作为依据向卡特总统充分阐明苏联的威胁和实现中美关系正常化的必要性。在 SALT Ⅱ谈判陷入僵局之后，布热津斯基和万斯对于谈判难以推进的原因各执一词，双方争执的根本点是对 SALT Ⅱ阶段谈判与苏联向第三世界的扩张有无联系。前者认为苏联是擅自利用地区冲突而为更广泛的国际战略目标而服务，即苏联是通过对外的军事扩张以占据美苏限制战略武器第二阶段谈判中的主动地位。后者认为非洲之角的问题可以定义为地区冲突，如果认为二者有联系就会动摇美苏互信的基础。万斯还声称，如果美苏不能在限制战略武器第二阶段会谈上达成有实质性条约将会是卡特第一个任期遗憾。[1]

1978 年 3 月，布热津斯基呈交给卡特总统多篇有关对美苏关系看法的备忘录。其中一份题为《战略上的恶化》的报告，文中说美苏关系存在着严重的风险，并且又对苏联在非洲之角的军事行动感到忧虑。感到忧虑有两点原因：首先是因为苏联强行表明其"有意志、有能力"在第三世界国家表现其实力。其次是鼓励阿尔及利亚、古巴在军事行动上表现更具有侵略性。美国没有在政治上利用中美苏三角关系中对我们（美方）有利的地位，这可能会加重局势的进一步恶化。

1　陶文钊：《中美关系史（下卷）》，上海人民出版社 2004 年版，第 40 页。

在这样的背景下，限制战略武器的谈判不可能获得成功。[1]此后，布热津斯基又撰写了一份备忘录对卡特总统执政一年以来苏联的对外行为进行了总结（依照苏联表现出的态度划分为良好、一般、较差，具体见下表）：

表 2.2 《战略的恶化》报告中对苏联的评价

苏联表态良好的层面	具体表现
限制战略武器谈判	积极进行中
全面禁止核试验	谋求和解的迹象明显
印度洋地区	追求片面的建议
化学战	双方积极探索
核扩散	双方积极合作
苏联表态一般的层面	
中东局势	没有帮助但也不破坏
武器转让	克制、不积极合作以谋求苏联行动自由
裁军谈判	关键问题上难以突破
苏联表态较差的层面	
中子弹	对美国进行激烈的宣传战
人权问题	在苏联国内镇压
欧洲安全合作协议	不合作、破坏
南非局势	不合作、宣扬极端主义
非洲之角	入侵

---

1 兹比格涅夫·布热津斯基著；邱应觉译：《实力与原则》，世界知识出版社 1985 年版，第 218 页。

从图表中可以看出，苏联在那些可能加强与美国平等关系的实际领域中表达出合作的意愿．但是，对于政治与思想领域中却表达出极为不配合的抵触态度。实际上苏联希望利用第三世界的局势来给美国施压。布热津斯基在文中提到苏联正在寻求一种有选择的调和。而对于美国的相应对策他又指出，不要破坏在苏联表态良好的层面内可能出现的美苏合作关系，但也要让苏联对他们表态恶劣层面付出相当大的代价。布热津斯基最后建议卡特要继续坚持把"人权外交"作为意识形态竞争的重要组成部分，进而反对干涉主义运动。在苏联的敏感地区（比如中国）采取更加积极的外交行动。[1]

卡特对于布热津斯基的这两篇报告表现出了极大的兴趣。在 3 月 17 日的威克林大学他发表了一篇美国外交政策的讲话。他强调美国决心保卫"民族利益"和"美国的价值观"。与此同时，他还说美国的战略力量必须和苏联的能力"相匹配"。谈到限制战略武器谈判卡特认为只有美国的军事水平和苏联"想匹配"时，军备控制协议才真正能够减少战争的风险，发挥它应有的作用。他同时指出苏联继续增强他的军事实力已经超越了其实际的防御标准，并且没有限度的"投放其力量和代理人力量"。基于此，美国必须保持相应的实力让苏联无法用他们的核力量来威胁美国及其盟友。这篇演讲被视作是卡特政府对苏联转为强硬的一个信号。

5 月份卡特总统在安那波利斯海军学院又专门作了关于对苏关系的演讲，这被视为是开始调整对华政策的开端。这次讲话是卡特入主白宫以来发表的最为具备爆炸性的讲话。同时这些保障性讲话的稿件是由国家安全委员会的官员起草的。美苏缓和政策的受挫，为美国改

1　兹比格涅夫·布热津斯基著；邱应觉译：《实力与原则》，世界知识出版社 1985 年版，第 219 页。

善对华关系提供了好的趋势。[1]他说：对苏联来说，缓和似乎意味着继续进行政治利益的侵略斗争，并在各方面增加影响力。苏联清楚地看到，军事力量和军事援助是扩大其对外影响的最佳途径，无论是对抗还是合作，苏联都可以自由选择。美国已经为这两种可能性做好了充分准备。

2.2.3 巴拿马条约获得国会批准[2]

巴拿马运河对于美国有着重要的战略价值。1903 年 11 月 8 日，美国迫使刚独立的巴拿马签署准予美国租让巴拿马运河的条约，并一次性付给巴拿马 1000 万美元和九年后每年支付款 25 万美元租金的低廉租金取得运河的单独开凿权和永久租让权。在冷战期间美国在巴拿马运河区驻有 14 个军事基地，而美国的南方司令部也设在运河区。这些军事基地还为拉美各国培训了大量的军事人员。美国将巴拿马运河视作是其在加勒比乃至南美军事地位的象征。而在经济领域，美国依靠运河这一横贯太平洋与大西洋的重要枢纽获得大量的经济利益。据统计 20 世纪 70 年代约有 1 万多艘商船往来运河，这其中有七成涉及与美国的贸易往来。[3]但受制于美巴不平等的条约规制，美国在 1914 年至 1977 年之间经过多次运河年租金调整后才是 230 万美元（巴拿马运河公司每年的年租金达到 1.1 亿美元）。

1　陶文钊：《中美关系史（下卷）》，上海人民出版社 2004 年版，第 41 页。

2　汉密尔顿派，代表工商业利益集团，看重保护和发展民族工商业，追求经济利益的最大化；2. 杰斐逊派，代表律师利益集团，看重维护和拓展美国的民主制度与生活方式，推广美国的核心价值观；3. 杰克逊派，代表军界利益集团，强调人民主义价值观的贯彻落实和军事实力优势上的保持；4. 威尔逊派，代表传教士利益集团，强调道义上的不懈追求和心理上的真正满足。

3　杨建国：《卡特政府在巴拿马运河新条约上的双重政治博弈（1977—1979）》，《世界历史》，2020 年第 2 期。

自从 1903 年运河条约签订以来，巴拿马民众就没有停止过反抗。而 1956 年苏伊士运河斗争的胜利在很大程度上激励和鼓舞着巴拿马收回运河的决心。三年后，巴拿马国内举行了大规模的反美游行以及两次进入运河区的"争取主权的进军"，并与运河区的美国驻军发生了流血冲突事件。争取运河权益的斗争使得美国意识到巴拿马民众在维护国家主权和领土完整问题上是坚定不移的。经过艰难谈判，两国在 1967 年拟定了关于运河问题的三项重要意向性协议，即 1. 美国将最终归还运河区主权；2. 美国保持防守运河的权利；3. 美国将筹划扩建现运河或修筑海平面运河。但是由于双方各自的国内政治原因，此协议并没有得到官方的正式承认。

随后，为了打破运河问题谈判的僵局，巴拿马军政府首脑托里霍斯将军积极调整战略采取了运河问题"国际化"的策略很快取得了成效。1973 年 3 月，在巴拿马政府的呼吁和推动下，联合国安全理事会在巴拿马城召开关于运河问题的特别会议，尼克松政府受到许多国家的集体谴责。1974 年，基辛格和巴拿马外交部长塔克公开发表"八项原则声明"（又称"基辛格—塔克原则"），明确规定将以该条约取代 1903 年条约，将运河区分阶段归还巴拿马，在过渡期增加租金额。但新条约因为国内反对声音太大而迟迟没有执行。截至 1977 年，巴拿马政府派出的外交特使访问了几乎所有拉美国家以取得它们对巴拿马维护国家主权和领土完整的支持立场，不仅在国际舆论和道义上占据制高点，同时也增加了与美国谈判的筹码。

卡特上台之后与其内阁班子成员经过反复讨论形成了对巴拿马局势的基本共识，认为必须尽快结束陷入僵局的运河谈判。[1] 他在回忆录中也写道：想要把运河的安全和经营维持好需要与巴拿马进行合作，

1　褚大军：《卡特传》，当代世界出版社 2008 年版，第 197 页。

而不是依靠处于敌对环境中的美国驻军。[1]与此同时，当时巴拿马政府和民间共拖欠美国各大银行将近 28 亿美元，而巴拿马的经济增长率几乎变为负值。正因如此，美国银行业普遍要求卡特政府能够妥善处理好运河问题以便能够使巴拿马经济能够依靠可观的运河收益偿还巨额的债务。

巴拿马政府的谈判目标则是最大限度的维护国家主权独立和领土完整。因为其全国三分之一的外汇以及四分之一的经济总量都与运河有着直接关系，并且运河将巴拿马分为东西两区使得该国政府难以实施有效的治理。而当时美国所面临的国内外形势也使得卡特希望尽快解决运河问题，而巴拿马政府也正是利用美国这种迫切的心理不紧不慢的提出自身的主张要求，并积极利用国际社会尤其是拉美国家的舆论基础，在谈判上留下充分的回旋的空间。

在 1977 年 2 月中旬的首轮谈判中，美方代表提出：1. 美国必须拥有优先通行巴拿马运河的权利；2. 无论何时美国都拥有动员其本国军事力量以保护运河安全；3. 运河对于美国的国家利益至关重要；4. 美巴新条约和中立性条约达成后的防卫安排问题是关键性问题；5. 只有让美国相信自身利益得到切实保护才会将条约送交国会审议。美国在谈判中仍然自恃其具有强大的优势而显得过于傲慢和强势，但意想不到的是巴拿马代表并没有像美方事前预想的那样做出让步和退让。在3 月 13 日美巴第二论会谈中就运河的中立以及新条约达成后的运河防卫议题进行谈判。美方提议：1. 运河归还巴拿马（以 2000 年作为分界点，此前美巴共管，此后由巴拿马完全管理）；2. 中立性条约美国保留派遣武装力量重返运河区的永久性权利。针对美方的提议，巴方的回应是 1. 在确保运河主权收回的前提之下同意设立 2000 年过渡期；2. 美国对运河中立的保障和干预权仅限于应对外来的威胁和挑战。巴方在

1　Jimmy Carter, Keeping Faith: Memoirs of A President, Bantam Books 1982, pp.155 ·

不久之后又提出美国一次性支付巴方 10 亿美元并且在 2000 年以前每年还要支付巴拿马 3 亿美元的要求。

最后，美巴双方相互妥协采取相对折中的方案即美方同意适度增加巴拿马在运河上的实际收益。巴方在如运河防务、运河的营运和防卫安排等方面重大让步。9 月 17 日，美巴两国签订了巴拿马运河新条约内容为：1. 美国将把运河区领土的大部分归还给巴拿马由美巴来共同经营和养护；2. 在 2000 年前两国将以伙伴关系的方式共同对运河进行营运控制，美国有权在其现有的运河区驻军保卫运河；3. 美国在运河区的全部军队 2000 年撤出。运河中立条约的核心内容为：1. 美国保留武装力量有重返运河的永久性权利，目的仅在于使运河免受外来威胁和挑战；2. 在紧急时期，美国军舰拥有在运河快速通行的权力。[1]

虽然从表面上看，美巴条约距离生效只差国会表决通过这最后一步流程。但就在运河新约问题上白宫与国会有着巨大的分歧。而国会对于中美建交以及对华关系普遍保持相对保守的态度。如果卡特在这个时候提升中美关系甚至朝着中美建交的路径上迈进则极有可能会在一定程度上破坏与国会，特别与共和党议员本就脆弱的关系。正因如此，卡特最好尽早使得巴拿马运河条约和中立条约表决通过以便在此后不用顾及国会的态度，全力投入中美建交事宜。

国会则对条约的签订之所以持反对态度是因为他们认为巴拿马没有能力管好运河，而美国在运河上的既有军事安全价值和既得高额经济收益不应受到损失损失[2]。为了让更多的美国民众认可和支持其观

1　褚大军:《卡特传》，当代世界出版社 2008 年版，第 199 页。

2　根据 1787 年美国的联邦宪法，凡是政府与外国缔结的条约，必须经国会参议院三分之二票数的通过才能正式生效。另外，在把运河归还给巴拿马的特定问题上，除了移交主权，还要移交运河区的土地、建设物以及相关设备，这就牵涉到了美国国家财产的转移问题，而联邦宪法明确规定这是由众议院来管理的。因此卡特政府必须先向众议院提交相关执行法案，经众议院批准后，运河新约才能开始付诸实施。

点，他们不仅利用广播、电视，在报纸上刊登广告等多种方式和手段，进行铺天盖地性的饱和式舆论轰炸，还号召给国会议员写信以施加压力。

为了给国会尤其是参议员们正面引导卡特政府积极进行舆论造势并针对共和党议员积极做细致耐心的工作，美国主动邀请除古巴以外的拉美国家领导人参加运河新约的签字仪式，试图以此向运河新约反对势力证实，如果运河新约未被国会批准定会严重影响美拉关系的整体走势。1978 年 1 月 30 日，美国参议院对外关系委员会以 14∶1 票通过运河新约。3 月 16 日，美国参议院于以 68∶32 票勉强通过永久条约。不久，卡特就开始就正式确定了布热津斯基访华的时间为即 5 月 20 日—23 日。这样，七十余年的巴拿马运河问题在卡特政府期间获得了根本性的解决，。与此同时，卡特也卸下了国会这个重要的包袱，进一步强化了推进中美关系正常化进程的决心。

2.2.4　美国商业团体的推动

中国对于美国来说是一个巨大和富有潜力的市场。当时中国已与日本和西欧建立了相对稳定的贸易关系，并且双方获得了可观的经济利益。而中美两国因为没有建立外交关系而使得美国的企业被排除在中国市场之外。这让美国的商业团体非常期待其本国政府能够从行动上切实改善两国关系，为美国产品进入中国市场奠定良好的政治环境。

1977 年 9 月 6 日，邓小平会见美联社社长兼总经理基恩·富勒（Gene Fuller），在讨论到中美贸易的议题时指出，我们历来的态度是不附带任何条件的贸易还是可以发展的，但中美关系正常化不解决，总有限度。[1] 邓小平的言外之意是中美的经济交流和合作是建立在两国

1　中共中央文献研究室：《邓小平年谱（1975—1997）》，中央文献研究室出版社 2004 年版，第 197 页。

政治外交关系得以根本改善的前提下进行的。1978 年 2 月 16 日，邓小平在会见美国民主党参议院亨利·杰克逊（Henry Jackson）时指出，我们愿意引进世界上先进的技术和经验。我们不只派人到美国去考察，也派人到其他发达国家考察。这方面，愿意同我们合作的国家不少。中美关系如果早一点正常化，中美贸易发展的速度可能快得多。[1]应该说，邓小平的讲话再次强调了中美政治外交关系对于推进两国经贸往来的重要性。同年 5 月 21 日，邓小平在会见布热津斯基时指出，在贸易问题上，对同中国关系正常化和没有正常化的国家，我们的政策还是有区别的。在经济、科技、商业交往方面，同样条件，我们要优先考虑同我们建交的国家。没有实现关系正常化，你们政府也受约束，而且相互取得优惠地位来解决问题的条件就差一些。过去我们打算从美国引进一千万次电子计算机，美国商人、公司都同意卖，而且很热心，但美国政府不批准。后来，我们向日本引进一百万次电子计算机，其中有美国的技术，美国政府不同意，也没有达成交易。我们从欧洲引进某种技术的时候也遇到这些问题。现在这个问题不存在了，我们自己很快就要搞出来了。总之，没有实现关系正常化，我们受限制，你们也常受限制。[2]从邓小平上述接见外宾的话语系统中可以得出以下几点：1. 两国的政治外交关系是重中之重，是实现中美经贸关系进一步发展的前提。2. 美国政府与美国商界在处理中美关系特别是经贸关系的立场上是有所不同的。3. 中美两国经贸关系不仅有利于中国的现代化进程，也有利于美国企业的商业利益。

　　从一组数据中可以看出中美关系正常化前夕，两国经济往来的程

1　中共中央文献研究室：《邓小平年谱（1975—1997）》，中央文献研究室出版社 2004年版，第 268 页。

2　中共中央文献研究室：《邓小平年谱（1975—1997）》，中央文献研究室出版社 2004年版，第 314 页。

度要远远滞后于中国与其他发达国家的经济互动。如 1974—1976 年期间，美国提供的工业物资仅占中国进口的 3%—5%，而日本的这项指标则远远高于美国。特别是 1975 年美国对华的贸易总量仅占中国全部外贸总额的 3%（1976 年这个数值甚至还有所下降）。中国与其他贸易伙伴的关系的经验表明，两国政治外交关系的改善对于双边经贸关系的持续发展有着至关重要的作用。但是中国更倾向于直接与有外交关系的国家进行贸易往来。但是现实情况是，由于中美关系停滞不前造成两国之间的贸易在 1974—1976 年连续下降，这也在一定程度上促使美国政府加快了实现两国关系正常化的步伐。卡特总统在一次全国性的电视讲话中说：“中国作为一个占全球 1/4 人口的富有才能的人民组成的国家，在世界事务中发挥了重要作用——这种作用在今后的年代中只会变得越来越重要⋯中美关系实现正常化，我们从中所能得到的最大好处之一是⋯⋯能同中华人民共和国的几乎十亿人民发展新的繁荣的贸易关系。”[1]

2.3 卡特政府对华政治外交政策变迁的途径

2.3.1 布热津斯基访华建立互信

　　1977 年 11 月，驻美联络处主任黄镇就利用出席副总统蒙代尔为他举行的送行午宴向布热津斯基发出了访华邀请。但是国务卿万斯对此表达了强烈反对，卡特对此难以下定决心。实际上，卡特与万斯所考虑的侧重点并不相同。卡特考虑道，运河条约刚在九月份与巴拿马签订完毕并即将送交美国国会进行讨论表决，这个时候委派布热津斯基访华会使得本身对中美关系正常化表现相当谨慎和保留的国会两院出

1　陶文钊：《邓小平、卡特与中美关系正常化》，《百年潮》，2003 年第 8 期。

现反弹的情绪，这将会严重影响运河议案获得通过。

　　万斯认为，布热津斯基的访华虽然会使得中美两国关系得到改善但也会对正在进行的美苏 SALT Ⅱ 会谈（即第二阶段限制战略武器会谈）产生难以预计的负面效应，最终使得美苏关系进一步恶化。[1] 与此同时，从行政部门关系的角度，万斯担心布热津斯基的访华会使得国务院逐渐在对华政策的参与上逐渐边缘化。一直以来，美国对外关系的对外代言人只有总统和国务院，而如果布热津斯基通过访华逐渐掌握对华事务的话语权会让国务卿万斯颜面扫地。不过布热津斯基并没有放弃访华的决心。1978 年 2 月，他开始正式向卡特提出访华的事宜。但是，卡特并没有对此做出正面回应。2 月底，布热津斯基呈给卡特一份备忘录写道：

　　1. 根据您的决定，我将会和万斯商量此事然后去找中国人，告诉他们我正在准备接受从去年秋天发出的不止一次的邀请。2. 我建议对北京两天抑或三天的访问应该标明为协商性质。在这种情况下我将向中国简要介绍当前的 SALT Ⅱ 谈判以及美国总体的战略形势。除此之外我将准备与中国讨论其他共同关心的问题。3. 根据中国的反应，访问中国的时间最好在巴拿马条约获得通过以后。4. 为了抵消外界的猜测，与中国的会谈对外宣称为"协商"。为了向苏联发出适当的信号，访华时间会在不久的某个时间（如 4 月下旬）。事前与中国商定访问结束后不发表任何公报，我回国后也不会就此事发表任何评论，以免给苏联人留下口实。[2]

　　布热津斯基的备忘录表达了对于中国之行的意愿，而卡特对于这

1　陶文钊：《中美关系史（下卷）》，上海人民出版社 2004 年版，第 41–42 页。

2　Memorandum From the President's Assistant for National Security Affairs (Brzezinski) to President Carter, February 27, 1977, FRUS, 1977–1980, Volume XIII, China, Document79.

份备忘录并没有答复。反倒是国务卿万斯对于访问中国的倡议表达了非常强烈的否定态度，他认为像布热津斯基这样敏感的人物在此时去北京会让外界有太多的揣测。

此后，布热津斯基开始在政府内部寻求支持者以其能够使得对华访问顺利成行。副总统沃特尔·蒙代尔[1]（Walter Mondale）和国防部长哈罗德·布朗[2]（Harold Brown）对布热津斯基的访华意愿发表了支持的言论。前者认为希望卡特政府能够依靠布热津斯基的访华取得外交上的突破，而后者则是从战略上的角度支持中美尽早建立外交关系。他们在卡特面前尽可能的站在布热津斯基的立场上说话，试图让总统重视派遣大使访华的必要性。其实正如上文所述，卡特这时候的注意力正在集中在巴拿马条约在国会的表决。3月16日，美国参议院最终通过巴拿马中立条约，这标志着巴拿马运河谈判的最终解决。而卡特马上就做出了派遣布热津斯基访华的最后决定。

美国驻华联络处主任伍德科克也是主张遣使访华并积极推进中美关系的美方官员。他曾在华盛顿的全美汽车工会代表大会上发表了这样的演讲：

美国的对华政策建立在"明显的荒谬的基础上"。自二战结束以来，美国一直将在台湾的国民党政府代表整个中国。继续这么做三十年以后，美国仍然介入中国的"内战"，尼克松已经"打开了通往中国的大门"包括我们几乎所有的盟友。我相信这个国家能够找到必要的勇气来迈进这明显的一步。我坚信，为了世界的和平，美国和中国之间的正常关系是有必要的。[3]

---

1   美国民主党籍政治家，在卡特任期内担任美国第42任副总统，在1993—1996年期间担任美驻日大使。

2   在1965—1969年期间担任美国空军部长，在卡特任内担任美国国防部长。

3   Patrick Tyler, Six President and China-A Great Wall, A Century Foundation Book 1999, pp.249-250.

伍德科克的演讲受到了媒体热议，但是国务卿万斯对这件事非常不满，并在伍德科克发表完演讲的次日召回他去国务院对此事进行说明。万斯对伍德科克说演讲的时机并不合适。因为美巴条约正处于送交国会审议通过的关键时刻，这时候卡特总统任命的官员做出有关中美关系正常化的讲话可能会给国会的反对派以口实。此后，万斯为领导的国务院对外宣称伍德科克的演讲仅代表他个人意见，并没有得到相关部门的授权。2月7日，卡特总统在白宫召见了伍德科克。令人以外的是，卡特并没有因为伍德科克的这种"擅自行为"而对他进行指责，而是对他有关中美关系正常化的发言发表了这样的言论了肯定。并对他说："我已经看了报纸上有关你对中国问题谈话的全部内容，我对你的想法发表了这样的言论赞同和肯定。"[1]

国防部长布朗也赞成加强与中国的关系。他说："这不仅因为中国是对付苏联的战略筹码，而且这样的关系将能增强中华人民共和国对地区安全的兴趣。"从国会也传来要求加速中美关系正常化的呼声。1月29日，访华归来的参议员爱德华·肯尼迪在电视讲话中敦促实现正常化。他认为中国是这个"独特的历史时期"亚洲和平的关键。另一位访华归来的参议员克兰斯顿也认为，"承认共产党中国的时间已经到了"。

1978年5月初，卡特给即将访华的布热津斯基发出指示发表了这样的言论美国已经准备与中国积极磋商，消除正常化的各种障碍。布热津斯基告诉卡特说如果想要和北京建立外交关系则必须关闭与台湾的"代表机构"，结束与台湾所谓的共同防御条约以及撤出在台的军事人员（即中方所主张的"建交三原则"）[2]。并且他还向卡特建议由美方发表单方面声明，指出由两岸应以和平方式解决台湾问题模式，然

1　陶文钊：《中美关系史（下卷）》，上海人民出版社2004年版，第43页。

2　闫晓萍：《中美关系正常化与台湾问题》，社会科学文献出版社2017年版，第150页。

后中美发表联合公报承认中华人民共和国是中国唯一合法政府并实现建交。5 月 10 日，经过多次会议，决定布热津斯基访华将把两国关系朝着正常化推进。[1]

　　5 月 12 日，卡特在与布热津斯基的会话谈话中发表了这样的言论，美方希望加快实现关系正常化的步伐，并给与布热津斯基重要的授权即"除了同中国人就全球形势进行广泛的政治研讨以外还可以洽谈关系正常化问题。"[2] 但中方必须与美国达成两个基本共识，即 1. 当美方公开声明相信台湾问题将得到和平解决时，中方不要批驳；2. 在两国关系正常化后美国可继续向台湾出售武器。于是在奥克森伯格的协助下，布热津斯基草拟了总统的指示并经过卡特的修改，并于 5 月 17 日批准。史称"5.17 指示"。该文本一共五页，内容包括与中国的战略关系和关系正常化两个问题。具体来说：

　　第一，与中国的关系，指示要向中国说明：

　　我们把中美关系看作是美国全球政策的一个中心层面。中美两国有着某些共同的核心利益，双方有着并行不悖的长期战略利害关系。其中最重要的是双方都反对任何国家谋求全球或地区霸权。所以你（指布热津斯基，下同）此行不是战术性的，而是要表明我们对与中国建立合作关系具有战略方面的兴趣，而且这种兴趣具有根本和持久性质。指示还要你着重向中国方面发表了这样的言论，我们决心要对苏联的扩军以及苏联通过代理人在世界各地的扩张做出强烈反应，要你向中国方面详细通报我们努力加强自己的国防力量和北大西洋公约组织的情况，要我鼓励他们在能够做出积极贡献的地区冲突方面给与协助。[3]

第二，对华关系正常化过程。指示要求布热津斯基告知中方：

你应该说明美国已经下定决心，准备向前迈进积极谈判，搬开正常化道路上的障碍，可以向中国非正式的发表了这样的言论：美国打算今年进一步减少我们在台湾的军事存在；在商业上放宽对中国的技术转让；增加直接往来，使之经常化和定期化，这对于双方都有利；邀请中国派贸易和军事代表团来美国访问⋯⋯⋯⋯最重要美国接受中国提出的关于关系正常化的三个基本条件（同台湾断交、从台湾撤军以及废除美台安全条约），与此同时重申尼克松和福特时期已经向中方许诺的五个条件[1]。在 1977 年初的时候曾指示万斯重申五点，但是万斯认为时机不成熟，不肯这样做。但我（指卡特）以及顾问们都认为接受这五点与我们坚持台湾问题和平解决没有矛盾，也不妨碍美国向台湾出售武器。[2]

就在万斯一行人即将访问北京之际，万斯又向卡特提议即应该邀请苏联外长葛罗米柯访问白宫。布热津斯基当即发表了这样的言论异议并指出这样做会造成中国的强烈反弹，甚至在美国国内也会民众误解为政府内部发生了分歧和对立。最后，卡特采用了后者的意见，将葛罗米柯的访问推迟。[3]

布热津斯基等一行十人于 5 月 20 日抵达北京。在同行人中有专门向中方通报美苏力量对比的战略问题的国家安全委员会委员萨缪尔·亨廷顿，有向中方介绍军事情报并建议双方互派军事代表团互访建议

1　五点内容分别为：1.美国承认一个中国，台湾是中国领土的一部分。2.美国不支持台独。3.在美国撤离台湾时不会将其交予日本。4.美国支持任何和平解决台湾形势的办法。5.美国将寻求正常化并力求实现。

2　兹比格涅夫·布热津斯基著；邱应觉译：《实力与原则》，世界知识出版社 1985 年版，第 241 页。

3　兹比格涅夫·布热津斯基著；邱应觉译：《实力与原则》，世界知识出版社 1985 年版，第 242 页。

的国防部长助理阿布拉莫维茨，有专门和中方讨论扩大中美经济和文化合作的助理国务卿霍尔布鲁克，有专门和中方讨论扩大科学方面合作问题的美国科学院院长弗兰克·普雷斯的助理本·休博曼。

布热津斯基首先与时任中方外交部长的黄华进行会谈。布热津斯基首先向中方表明中美之间具有某些根本的战略利益以及相似的战略目标和对全球以及地区霸权主义的态度，正因如此与中国发展关系是居于某些长期战略目标的。在谈到苏联的问题，布热津斯基指出苏联企图占有战略优势在西欧获得政治上的统治地位以及在中东和南亚制造不稳定来包围中国。

关于两国建交的议题，布热津斯基说，《上海公报》是双方关系的出发点，美国现届政府明确承认在做出上述定性的结论后布热津斯基对中美关系层面又提出了若干具体建议：1. 鉴于中国经常批评美国对"苏联霸权主义"斗争不力，美方建议中国采取几项主动行动。2. 美方建议中美两国实现部长级互访并交换贸易和军事代表团。3. 促请中方降调国内外的反美宣传并支持美国在中东所做的和平努力。4. 适度放宽巴黎统筹会的限制以便于向中国转让先进技术。5. 在援助东南亚相关国家遏制越南扩张等国际问题上展开合作。布热津斯基的言论得到黄华的积极回应。[1]

获得更大突破的会谈是 5 月 21 日与邓小平副总理的会谈。中方参会者还有黄华和驻美联络处主任柴泽民。美方参会者则还包括美驻华联络处主任伍德科克和美国家安全委员会亚洲事务主管奥克森伯格。[2] 在会上，邓小平向布热津斯基询问如何才能实现中美关系正常化。后者说：

1　Memorandum of Conversation, May21, 1978, FRUS, 1977—1980, VolumeXIII, China, Document109.

2　Memorandum of Conversation, May21, 1978, FRUS, 1977—1980, VolumeXIII, China, Document110.

正因如此我们必须设法找到某种方式使得我们可以发表了这样的言论我们希望和期待的台湾问题得以和平解决，当然我们承认这是你们的内政，我们是遵守《上海公报》精神的。

布热津斯基还表明卡特总统已经下定决心实现两国关系正常化，并建议双方从6月开始进行高度机密的谈判。邓小平立即接受了这一建议。在美苏关系上，邓小平副总理发表了这样的言论希望美国不再像苏联表现出绥靖主义的信号。他说中国希望获得更多的美国技术，担心美国未必给与通融，认为这会得罪苏联。布热津斯基则保证这并不会使得美苏关系造成影响。与此同时，布热津斯基进行了个人表态即在建交之后，在台湾不会有美国的领事馆。

邓小平回应说：我很高兴听到卡特总统的这一信息。在这个问题上，双方的观点是明确的。问题是下定决心。如果卡特总统做了这个决定，事情就容易了。我们可以随时签署正常化文件。我们过去也说过，我们怎么能不关心国家的统一，不急于解决呢？我们希望尽快解决这个问题。在这个问题上，我们一贯明确三个条件，即断交、撤军和废除条约。这三个条件都涉及台湾问题。我们不能有别的想法，因为这涉及到主权。关系正常化是两国的根本问题。当然，我们一直说，我们的关系还有其他方面，主要是国际问题，在这些方面我们有很大的合作空间。有许多问题我们可以一起讨论，我们在许多问题上有相同的看法。在两国关系正常化的问题上，你应该表达你的希望，这是可以的；但是我们也应该表达我们的立场，即中国人民什么时候、怎样解放台湾，是中国人民自己的事情。

除了上述布热津斯基与中国主要领导人的会晤，同行的四位核心人员也与中国的相关人员举行了会谈：国家安全委员会委员萨缪尔·亨廷顿向中方官员介绍了《总统参考备忘录》第十号的内容和美苏关系的状况；助理国务卿霍尔布鲁克就扩大文化和经济合作与中方官员进行了磋商；国防部长助理阿布拉莫茨向中方负责官员介绍了苏军部署等军事情报的状况；国家安全委员会科技事务主任和休伯曼与中国同行探讨了互相交换情报，包括搜集苏联情报的问题。5 月 23 日，布热津斯基圆满结束对中国为期 3 天的访问，接着对日本进行访问。布热津斯基的访问在中美关系正常化进程中具有重要意义，这次访问的另一意义是，由于双方领导人就全球和地区问题广泛交换意见并取得诸多共识并初步建立起了一种互相信任的关系。布热津斯基访华引起了非常强烈的反响。

2.3.2 中美就台湾问题的磋商

布热津斯基访华获得圆满成功后，中美建交的趋势在大体上已经形成定局，但萦绕两国关系近三十年的台湾问题仍然是建交道路上最大的障碍。此时美国国务院系统与国安系统有关对华政策主导权的摩擦更加公开化，但万斯也无可奈何因为卡特已经下定决心与中国建交，所以只能无奈响应总统的意愿。在 6 月中旬万斯呈交给卡特的备忘录中建议中美建交的最佳时间是 12 月中旬，正因如此，对华关系正常化与限制战略武器的条约两者的重要关系也做出了最后的决断。

6 月 20 日，卡特召集秘密会谈，初步拟定了伍德科克访华的主要任务。由于那次会谈涉密性程度极高，甚至没有见诸于日后的政府备忘录中，只是由布热津斯基将会议的主要内容记录在纸上：

中美：

1. 必须非常保密

2. 中方渴望改善关系，在布热津斯基访华前中方已经做了我们想做的一切

3. 暂定美中建交日期是 12 月 15 日。但只能让少数人知道。我们的公开立场是，我们确实希望改善关系并使之正常化

4. 在国会所谈论的事项中，将讨论美中建交的问题放在批准削减战略武器条约之前

5. 与台湾的残余关系，主要是除保留在台的私人机构以外是否能有更弹性的空间（如向台湾派遣贸易使团、军事销售使团）。

6. 伍德科克主导谈判，奥克森伯格和霍尔布鲁克进行具体准备工作

7. 伍德科克进行谈判时，建议每十天与中方谈一次。议程为：A. 立场声明；B. 和平解决（台湾问题）；C. 美台贸易；D. 公报和方式

8. 下星期初，将草拟出一份草案以阐明自身立场

9. 让伍德科克试探中方是否同意在通知台湾当局有给其留有 1 年准备时间[1]

应该说，这次秘密会议记录实际上美国是在接受中国的三项条件（即建交"三原则"的同时又抛出了三项附加条件，并拿到此后伍德科克与黄华的会谈中。这三项条件即，1. 美台《共同防御条约》在正常化后还将继续保持一年的有效期；2. 在美台《共同防御条约》终止后，美国和台湾将继续保持适度军事往来；3. 美国在中美关系正常化时如发表希望台湾问题和平解决的单方面声明，中国方面不予驳斥。

在布热津斯基访华后，卡特又指示中情局和国家情报委员会与政府有关部门配合合作并撰写了两份报告：1. 中美关系正常化对美台关系的影响报告。2. 关于美国售台武器问题。这两份报告成为后来美国政府在与中国谈判正常化过程中的依据之一。从 1978 年 7 月至 12 月，中方外长黄华与美驻华联络处主任伍德科克就两国关系正常化问题进行了六次正式的会晤。[2]

1　兹比格涅夫·布热津斯基著；邱应觉译：《实力与原则》，世界知识出版社 1985 年版，第 258-259 页。

2　参考 Power and Principle, Memoirs of the National Security Adviser 1977-1981,Farrar Straus & Giroux1983.

表 2.3　1978 年 7 月—12 月中美关系正常化谈判的概况

时间	中方提出的内容	美方提出的内容
第一次： 7 月 5 日	1. 建交后美台可以保持民间的商务经济关系，但是军事关系如对台军售应该予以禁止； 2. 不承诺以和平方式解决两岸问题； 3. 重申建交三原则："断交、撤军、废约"。	1. 建交时美国的声明； 2. 建交后美台的商事关系； 3. 建交后台湾的性质； 4. 建交公报的内容。
第二次： 7 月 14 日	1. 重申中方在建交问题上的原则立场 2. 美方应给出如何实施建交三原则的具体方案和措施	1. 美方接受中方 7 月 5 日提出的三个条件， 2. 中国应对等接受美方三个条件：（1）中方不公开驳斥"建交时美方单方面发表台湾问题和平解决"的声明。（2）建交后美台继续保持经济、文化关系。（3）建交后美国将继续向台湾出售防御性武器
第三次： 8 月 11 日	1. 与台湾当局何时"断交" 2. 美驻台"使馆"何时撤回 3. 什么时候可以撤军，并做出与台湾当局断绝军事联系的决定 4. 什么时候才能真正废止美台"共同防御条约"以及其他所有的双边条约。	建交后美国会制订替代性的法案以替代美台之间以前达成的双边协议或条约
第四次： 9 月 15 日	没有提出新的内容	美台和平利用原子协议、美台民间航空机构的协议还将继续有效发挥作用。

（续上表）

时间	中方提出的内容	美方提出的内容
第五次：11月2日	没有提出新的内容	1. 提出了"联合公报"草案并将建交日期确定为1979年1月1日 2. 承认中华人民共和国政府为中国的唯一合法政府 3. 美台仍保持非官方或私人民间性质的关系，并将这种新关系向国会提出特别立法。 4. 中方应发表这样的言论：统一问题最终可以将通过和平途径实现。 5. 美方同意中方坚持世界上"只有一个中国，台湾是中国一部分"的立场
第六次：12月4日	1. 坚决反对建交后美对台军售 2. 不承诺和平解放台湾，	1. 中美正式建交之后，美国将终止"共同防御条约"，撤销对台湾的承认，同时，还将关闭美驻台"使馆"召回"大使"，并于1年之内撤出所有军事力量和设施 2. 美台还将继续保持原有的经济、文化以及其他非官方关系[1] 3. 美国可以在台湾设立部分非官方代表机构[2] 4. 国会立法来调整和台湾原有的官方性质关系，但是绝对不会构成对台湾（当局）的"外交"承认。 5. 美国"有限地"出售精心选择过的防御性武器，但不会危及台海地区和平前景和中国周边态势

1　包括美国海外私人投资公司继续为美国在台企业提供资金支持、信用和信用担保。为了确保其非军事性质，美国和台湾将继续在原子能领域进行合作。现行的关税安排将继续有效。

2　参考"日本模式"，由不在政府中的人主持，但该机构的部分活动由国会资助。

　　从上述建交正式谈判的过程和内容来看，伍德考克始终坚持和遵守卡特政府关于中美建交的指示。即建交底线不越权、不动摇、不退让。但是为了顾及台湾当局的情绪又极其隐晦的提出了几乎架空中方要求的主张作为安抚。可以说美国的在处理对华事务上的"双轨制"痕迹暴露无遗。

　　即使这样，黄华与伍德科克为期五个月的谈判也带来了积极的效果。双方就台湾问题所涉及的分歧点以先易后难的顺序进行讨论。美方先抛出问题，而中方则是陈述自身的坚定立场。在这个过程中双方对彼此的底线有了较为明晰的认知，为日后两国最高层就有关问题的谈判奠定了重要的基础。

　　除此之外，助理国务卿霍尔布鲁克与中国驻美联络处副主任韩叙就处理美国对台军售问题展开会谈。应该说台湾始终是中美建交议程中最为敏感和争议的问题，这其中以美对台军售最为核心。霍尔布鲁克的任务是使得中美建交正式谈判尽量在稳定和有利的大环境之中进行，这就需要尽可能把和台湾问题排除在黄华与伍德科克与柴泽民会谈的之外。在 9 月 7 日双方的会谈中，美方辩称同台湾保持"商业与贸易关系"对美国很重要，但这不是以"外交关系"的情况下进行的。对台出售有限防御性武器也是遵循这种原则。这遭到了中方韩叙的强烈反对，认为这样做有违《上海公报》精神，同时又是对"一中原则"、"建交三原则"的背离。美国的行径与建交的初衷是大相径庭的。时隔两个月，美国国务院宣布向台湾出售的战机并不具有"攻击性"，意在表明美国只是向台湾出售"防御性"的武器。但也阐明了美国对台军售也是美国的"底线"。

　　到了 11 月底，中美在建交公报的签署上仍然存在三个议题需要逾越即：1. 中方不同意中美建交后美台"共同防御条约"仍要存续一年；2. 中方也不同意在"共同防御条约"终止后继续对台军售；3. 希望中方能对美方提出以和平方式解决台湾问题"不加反对"。布热津斯基还就建交的细节与韩叙、柴泽民经常展开深入会谈和交流。主要目的不仅是想深入了解中方对于重大国际问题的态度，还想让中方感受到卡特对于实现两国建交并希望尽早建立长期战略合作的诚意。双方对建交的细节以及美苏 SALT Ⅱ 阶段会谈情况，美国近期对苏政策，苏联在非洲的战略扩张情况进行了广泛的交流。10 月的最后一天，布热津斯基向柴泽民表达了卡特总统的意愿，即国会的议事安排决定了现在建交是"绝佳的良机"，希望不要错过。

2.3.3　有关争议暂时搁置

在伍德科克与黄华的会谈期间之后，卡特决心进一步加快中美关系正常化进程。1978 年 9 月 19 日，卡特会见了新任的中国驻美联络处主任柴泽民。在会上卡特全面阐述了美国的对华政策并发表了愿意尊重中方所提出的建交"三原则"的言论。但又话锋一转强调美方有权在中美关系正常化后仍向台湾出售武器，并呼吁中方不要反驳美方关于希望台湾问题得以和平解决的声明。[1] 卡特说："我们愿意尊重贵国政府向我们阐明的三点（即建交三原则）。在我们改变与台湾的关系和改变与中华人民共和国的关系时，贵国政府必须准备好尊重美国的需要，以证明其可靠性、可信度、完整性和决心。

我们准备在一个相对短暂的过渡期后结束在台湾的所有官方代表。如你所知，在我们的政府体制下，我们的国会必须授权与台湾建立非正式关系。我们将继续与台湾进行贸易，包括紧张地出售一些精心挑选的防御性武器，让我不要只以谨慎不危及该地区和平前景和中国周边局势的方式误导台湾……和平解决台湾问题，实现中国和平统一，是我们的利益所在。我们打算在与你方达成协议时表明我们对通

1　兹比格涅夫·布热津斯基著;邱应觉译:《实力与原则》,世界知识出版社 1985 年版,第 263 页。

过和平手段解决台湾问题的期望……我们希望中国政府不会反驳我们。我们认识到这是一个非常敏感的问题。我们与台湾长期交往所造成的政治现实，特别是美国国内的政治形势，要求我们和你单独处理困难问题。如果这两个问题能够令人满意地解决，我认为没有其他障碍可以完全解决长期以来使我们两国人民分离的其他问题。"[1]

综上可知，美国在台湾问题上留有空间，在向中国示好的与此同时加紧筹划和部署利用台湾问题来对大陆形成制衡的战略布局。距离1978年结束只剩三个多月的时间，中美两国建交谈判在台湾问题上很难做出重大妥协和让步，但彼此又不愿意终止这来之不易的机会。

10月25日，邓小平副总理访日期间与日本首相福田赳夫展开会谈。邓小平说，我们将在充分尊重台湾现实的基础上来解决台湾问题。采用日本模式也是尊重台湾现实的一种表现。[2]其言外之意是，在中美正式建立外交关系之后，美国和台湾当局之间仍然可以维持适度的经济以及文化的来往。从10月下旬到11月底，邓小平一次一次地利用各种第三方外交渠道向美方喊话，将中方对于实现中美关系正常化的底线告知美方，既坚持中国的原则立场又表现了极大的灵活性。其主要目的有三：其一，通过第三方向美国表明了自身的立场可以在很大程度上地推动了谈判的进程。其二，为中美关系正常化做了充实的国际舆论铺垫。其三，让国际社会更加充分、客观的了解中国有关台湾问题的根本立场以及对中美最终建立外交关系后有关中方的立场，下表是1978年10月—11月期间邓小平的出访记录及其所表达的主要信息：

1　Memorandum of Conversation, September19, 1978. FRUS, 1977-1980, Volume XIII, China, Document 135.

2　中共中央文献研究室：《邓小平年谱（1975—1997）》，中央文献研究室出版社2004年版，第197页。

表 2.4　1978 年 10 月—11 月期间邓小平的出访记录概况

时间	渠道方式	表达信息
10 月下旬	出席《中日和平友好条约》批准书互换仪式的记者招待会	1. 中美关系正常化是大势所趋。 2. 再次表明实现正常化的三个条件
11 月 5 日至 14 日	同缅甸总统吴奈温会谈	在解决台湾问题时我们会尊重台湾现实
11 月 18 日	会见日本议员代表团	1. 期待着恢复与美国的关系 2. 当时机成熟时，这只要"两秒钟"就够
11 月 26 日	会见日本公明党访华代表团	1. 中美关系正常化是他毕生心愿 2. 中美关系正常化取决于卡特总统的政治决断 3. 站在更高的角度来观察世界形势，处理问题，作为政治问题来对待，就容易达成协议
11 月 27 日	会见美国作家诺瓦克	1. 两国关系尽早实现正常化 2. 对全球的和平、安全和稳定意义重大
11 月 28 日	会见美国友好人士斯蒂尔	1. 中国不放弃武力解放台湾 2. 可采取日本方式实现中美关系正常化，如美国可在台湾继续投资 3. 在保证祖国统一的前提下尊重台湾的现实来解决台湾问题

可以说，推动中美关系正常化对于中国开启全新历史篇章具有至关重要的战略意义。中国领导人邓小平此后通过各种渠道发出信息表明中国政府的原则立场以此推动正常化谈判的进程，

中方释放的积极信号很快得到了美方的回应。12月2日，伍德科克把布热津斯基草拟的建交公报交给中方。另外，卡特向中方保证了两件事：第一，在今后的建交谈判中不再提及对台军售议题；第二，在建交前后美国避免与越南的过度接触。两天以后，美方又做出了"在发表建交公报时通知台湾当局终止美台《共同防御条约》"的言论。美方的表态又使得中方进一步释放积极的信号。在12月上旬的谈判中外交部代理部长韩念龙提出中方拟定的公报稿，同时拟定12月中旬邓小平与驻华联络处主任伍德科克会面的议程。

1978年12月13日，邓小平在北京会见了美驻华联络处主任伍德科克一行人。双方就建交的核心问题进行了充分讨论并达成基本协议，同时也保留了一些分歧。双方重申《上海公报》中表达的国际行为原则，并再次强调：

1. 双方都希望减少国际军事冲突的危险；

2. 任何一方都不应在亚太地区或世界其他地区谋求霸权，彼此都反对任何其他国家或国家集团建立这种霸权的努力；

3. 双方均不准备代表任何第三方谈判或与另一方就第三国达成协议或谅解；以及双方都认为，中美关系正常化不仅符合中美两国人民的利益，而且有助于亚洲和世界的和平事业。[1]

1　Backchannel Message From the Chief of the Liaison Office in China (Woodcock) to Secretary of State Vance and the President's Assistant forNational Security Affairs (Brzezinski), December 13, 1978.FRUS, 1977-1980, VolumeXIII, China, Document167.

此时中美之间的主要分歧基本局限在对台军售层面。伍德科克发表了这样的言论：

关于军售问题本身，我认为……假设我们在 1 月 1 日的最后期限前进行，对台军售已经进入后期阶段，那么在我们断绝与台湾的关系并开始将我们与台湾的关系置于非官方基础上的进程之前，这些武器是否能够被排除在外是值得怀疑的。作为这一进程的一部分，我们将修改结束武器销售的程序，以减少政府的公开辩论。在这期间，我们可以着手拟定未来对台军售的条件，但把销售推迟到新的非政府程序生效之后，这很可能要到年底。简言之，由于在这一时期转向非政府关系的现实，我们可能被迫暂停一年。[1]

伍德科克担心中方对美方就对台军售上发表这样的言论产生误解，向中方解释美台共同防御条约的终止日期是在中美建交之后 1 年内自动终止（即 1979 年 12 月 31 日），在这个期间内美对台军售中止，而不是永久性的终止。即从 1980 年 1 月 1 日起恢复向台湾出售武器。邓小平对于美方在对台军售上的执迷不悟表达了不解和反对，并对伍德科克说，希望美国慎重处理与台湾的关系，如果美方执意要对台军售将会对中国以和平方式解决两岸问题起到反作用。[2] 最终，邓小平以战略家的胸襟决定暂时搁置对台军售的议题，同意按照实现的议定与美国建交。但又向伍德科克等人补充道，中方保留日后讨论美国对台军售的权利。

卡特最终在 12 月 15 日晚亲自宣布中美两国将于 1979 年 1 月 1 日正式建交。布热津斯基在谈到军售问题时说，1979 年结束以后，

1　Backchannel Message From the Chief of the Liaison Office in China (Woodcock) to Secretary of State Vance and the President's Assistant forNational Security Affairs (Brzezinski), December 13, 1978.FRUS, 1977-1980, VolumeXIII, China, Document167.

2　韩念龙：《当代中国外交》，中国社会科学出版社 1988 年版，第 230 页。

台湾可以从美国那里有限度的购买防御性武器，要有利于促进和平而
不是威胁西太平洋的和平。而对美方向台军售上的立场，国务院总
理华国锋在 12 月 17 日中美建交的记者招待会上向外界发表了这样的
言论：

在谈判中，中国多次地明确表明了我们的态度。我们认为，在两
国关系正常化后，美方继续向台湾出售武器，这不符合两国关系正常
化的原则，不利于和平解决台湾问题，对亚太地区的安全和稳定也将
产生不利的影响。[1]

这表明建交谈判期间，在对台军售这个议题上中美之间并没有达
成完全的一致，即美国没有得到中方准许其在两国建交后继续对台军
售的保证，中国也没有得到美方放弃对台军售的承诺。中方实际上在
这个问题上是坚决反对并且保留了今后重新对台军售进行反驳和抗议
的权利。

2.4 卡特政府对华政治外交政策的确立

北京时间 1978 年 12 月 16 日，中美双方领导人即中国国务院总理
华国锋和美国总统卡特在各自国家宣读了建交公报。公报上说两国于
次年的第一天相互建立外交关系，并于 3 月的首日相互派遣大使建立
大使馆。美国承认中华人民共和国是中国的唯一合法政府，并且在此
基础上与台湾保持"文化、商务以及其他的非官方关系"。[2]

在公报发布之后，两国政府又分别发表的建交的外交声明。美方
的声明对中方提出的"建交三原则"做了相应的回复，即首先，在建

---

1 《人民日报》1978 年 12 月 17 日，《华主席就中美建交举行记者招待宣读中美建交公
  报和我国政府声明》。
2 陶文钊：《中美关系史》，上海人民出版社 2004 年版，第 59 页。

交之后美国就会与台湾"断绝外交关系"，并且与其保持的所谓共同防御条约也将自动失效。至于撤军，美方表示将会在中美关系正常化之后的四个月内从台湾撤走所有的军事人员。[1] 而对于之后美国和台湾的"关系"定位，美国在声明中又指出美国和台湾会寻求在对涉及美台相关的法律进行调整，进而在此后保持商务、文化等民间关系。中美《建交公报》是 1972 年《上海公报》以来两国又一具有深刻影响的外交文件，它正式确立了中美两国的外交关系，开启了两国关系的新篇章。

第一，一中原则得到了再次的确认并进一步深化。《建交公报》重申了《上海公报》有关台湾问题的阐述，即"美国认识到台湾海峡两岸的所有中国人都认为只有一个中国，美国政府对这一立场没有异议"的基础上又做出了进一步的声明，即美利坚合众国承认中华人民共和国政府是中国的唯一合法政府，美国承认"只有一个中国，台湾是中国的一部分"。可以看出美国政府就台湾做出更为积极和明确的表态。

第二，中美两国的建交推动了中美关系的全面发展，增强了两国各个领域的交流合作。贸易方面，从 1978 年开始中美的双边贸易获得了大幅度提升，从 1978 年的 10 亿美元提升到 1980 年的 49 亿美元。科技合作方面，自 1979 年 1 月中美签署《中华人民共和国与美利坚合众国政府科技合作协定》以后，中美科技合作空前加强，截至 1990 年，两国的科技合作项目达到了 500 余项。教育交流方面，从 1979 年至 1983 年中国赴美从事教育交流的人数从 1300 名增长到 1.9 万人。

第三，中美关系的正常化对于台湾问题起到了深远的影响。从此之后美台关系发生了根本性的变化，美台关系的改变为日后妥善处理台湾问题奠定了基础。正如黄华在第五届全国人大常委会中所做的报告中所说，随着中美关系正常化，中国神圣领土台湾回到祖国怀抱，

1　陶文钊：《中美关系史》，上海人民出版社 2004 年版，第 59-60 页。

实现统一大业的前景已经进一步展现在我们眼前。邓小平也在全国政协座谈会上的重要讲话中说，1979 年的元旦是一个不平凡的日子，第一，全国工作重点转移到经济建设上来，第二，中美关系实现了正常化，第三，把台湾归回祖国，完成祖国统一大业提到了具体日程上来了。

第四，中美关系正常化有助于维护亚太地区乃至世界的稳定和发展。占全球四分之一人口的国家在世界事务中发挥着越来越重要的作用。中美关系正常化在亚洲构建了更加健全和稳定的相互依存国际关系体系，同时对于世界形势的发展产生了积极和深远的影响。

第 三 章

卡特政府对华的经济文化政策

在美国卡特政府执政的四年时间，两国之间各领域的交流和合作基本上是围绕推进两国之间的关系正常化而逐步展开的。在两国正式建立外交关系之后，中美两国的外交关系进入了一个全新的发展纪元。应该说，这是两国关系史上具有里程碑意义的阶段，代表了两国友好互助、共同发展的方向。正是在两国的政治关系得以缓解、两国的敌对态势能够得以缓和的前提下，中美之间有关经济文化以及军事科技领域的合作才有可能逐步推进、持续展开。而在这一时期，有关美国对中国经济文化领域具体采取了哪些相关政策？制约卡特对华经济文化政策的因素都有哪些？卡特对华经济文化政策的实质应该如何解读？这些都将是本章所涉及的内容。

3.1 制约卡特政府对华经济文化政策的因素

3.1.1 中美资产索赔问题

3.1.1.1 中美资产索赔问题的背景

中美资产索赔问题是一场拉锯战，这场旷日持久的资产索赔也成为了制约卡特政府对华经济文化交流与合作的主要障碍。中美资产索赔问题大致分为两个阶段，在这两个阶段中分别有不同的侧重点。第一个阶段主要是中华人民共和国政府向美国政府提出关于冻结中国资

产的索赔请求；第二个阶段主要是美利坚合众国的公民对中华人民共
和国政府提出的关于对自己在华私人资产损失的索赔请求。从根本上
来看：这两项资产索赔问题的根源都是由于自冷战政策以来，美国实
施的对中国经济管制以及货物禁运等政策所引发的。在冷战期间，美
国政府在"遏制战略"的策动下，对不同国家之间实施了对外贸易区
分原则。也就是把当时世界上的国家分为几个类别，分别实施不同的
贸易政策和制度。例如：将 R 类定义为苏联及东西国家，O 类定义为
除此之外的其他国家。当时的美国对 R 类国家的出口实行了非常严格
的出口许可证制度，一定程度上限制了这类国家的经济发展。而美国
对华贸易的管制政策则源于 1949 年 NSC41 号文件的出台[1]，在这一政策
的影响之下，朝鲜战争爆发之前中美两国的贸易额就已经出现了大幅
度的下降。根据美国商务部发布的数据统计，1948 年美国对华出口达
到了 2.73 亿美元，但是，到了 1949 年就已经下降到了 0.82 亿美元，
出口额呈现出断崖式下跌态势。而在美国对中国出口的商品中，降幅
最大的产品是石油以及相关制成品，这是当时中国加强经济建设所紧
缺的资源。从详细数据来看：仅 1949 年这一年，美国向中国出口的汽
油、柴油以及工业用油已经比上年下降了将近 90%。[2]这将对中国经济
建设进程产生无法忽视的制约与影响。在战争爆发不久，即 1950 年 6
月美国通过了对朝鲜和中国进行禁运的相关决议，并要求其他"巴

---

[1] 该文件尽管认为，考虑到中国是高度自己自足的国家的现实以及西方在对华贸易管
制上难以获得一致性等因素故不应该对华实行完全的禁运，但应该对华实行严格的
贸易管制，并将其识别为 R 类国家。

[2] 时殷弘：《敌对和冲突的由来——美国对新中国的政策与中美关系，1949—1950》，
南京大学出版社 1995 年版，第 121 页。

统"[1]国家采取类似的措施。6月30日，美驻"巴统"代表在"巴统"会议上说美国已经对朝鲜实行了严格的禁运措施，建议其他"巴统"成员国也应该采取类似的措施。10月，中国人民志愿军进入朝鲜参加抗美援朝战争。

美国政府为了阻碍中国的物资供应，于12月2日授权商务部对中国实行全面的许可证制度。[2]这也表明今后甚至包括纺织品等非战略物资都不可以运往中国，对中国实行了真正意义上完全彻底的贸易禁运。美国在对中国实行如此激进的贸易制裁之后仍然没有停手，美国政府又宣布冻结了中国在美资产（主要包含金融机构、社会团体资产、私人资产以及追卸物资）[3]。这个举动代表了中国在美国的资产已经被美国政府强行冻结，同时，这样的一个并不友好的举动也彻底掐断了中美两国的正常贸易往来。美国之所以采取如此极端的措施是因为美方不希望中国将美国的物资应用到战场上。此外，美国还提出了该项禁令是"暂时性"的。如果中国领导人具有从朝鲜半岛撤军的意愿和行动，那么美国就会考虑停止对中国进行经济封锁的政策并恢复两国正常的贸易关系。

由于美国杜鲁门政府公开宣布将冻结中国的在美资产，中国政府因此对美国在华资产启动了没收程序，两国之间的制裁政策引发了

1　即输出管制统筹委员会，又称"巴黎统筹委员会"（Coordinating Committee for Export to Communist Countries），成立于第二次世界大战后，它是对社会主义国家实行军事禁运和贸易限制的国际组织。该组织实质是西方国家在国际贸易领域中成立起来的一个非官方国际机构，目的是为了限制成员国向社会主义国家出口战略物资和高技术、列入禁运清单的有军事武器装备、尖端技术产品和稀有物资等三大类上万种产品。被巴统列为禁运对象有华约国家和不少二战独立以后的民族主义国家。

2　此前虽然对华实行严格的许可证制度，但只涉及对战略物资层面。

3　邓峥云：《20世纪70年代中美关于私人求偿和冻结资产问题的谈判》，《中共党史研究》，2016年第7期。

此后旷日持久的资产索赔纷争。同时也导致了美国在中国投资的私人资产所有者的强烈不满，他们集体向美国政府提起了对中国政府的资产索赔诉讼请求。由于中国在美国的资产被冻结，中国政府也对美国政府提出了资产索赔问题。当时的世界局势正值抗美援朝战争之际，造成了中美两国关系的剑拔弩张，因此无法推动两国资产索赔问题得以启动，更不可能得到妥善解决，最终逐渐形成了胶着的态势。直到尼克松访华，开启了中美两国关系的破冰进程，才使得两国开始平心静气地坐下来洽谈，努力尝试彻底解决两国资产索赔的问题。

当时对于美国而言，中美两国的资产索赔问题，特别是美国在中国私人资产索赔问题还主要处于初始阶段即事件调查和政府裁决时期。同一时期，针对中国政府而言，资产索赔问题的进程也只是停留在统计美国在中国的资产以及中国在美国的资产的阶段。但是，两国政府在这一时期都希望通过努力，来进一步推动中美关系的正常化进程。因此，在这个时候加速发展与中国的经贸关系，就成了推动中美关系正常化的标志性事件。但是这种积极的事态确实受到了中美互相没收对方资产事件的影响，这充分说明了资产索赔问题已经成为中美关系进一步发展的重要障碍。在 1972 年，美国国务院曾在美国总统尼克松正式访华之前，在给尼克松提供的备忘录中专门提到了中美资产索赔问题将对两国贸易关系带来怎样的阻碍。因为从本质上来说，中美之间的私人资产索赔问题得不到妥善的解决，不仅将会刺激到美国国内舆论的进一步发酵，还将形成许多潜在性的衍生问题。[1]基辛格在1972 年 2 月 14 日提供给尼克松的关于访华事项的备忘录中专门提到了对解决中美资产索赔问题的相关建议。应该说从这个时期开始，中美

1　例如美国私人索赔者提出的法律诉讼风暴、中美最惠国谈判陷入僵局等等。

两国政府之间对于最终彻底解决资产索赔问题已经初步达成共识，两国开启资产索赔问题的谈判已近在咫尺。

3.1.1.2 中美资产索赔问题谈判进程

中国政府从 1972 年开始对中美资产进行了相关调查工作，调查的依据是此前全国各地报送的外商资产的清理估价资料以及美方在当年 8 月 14 日提交给中方的有关美国在华私人资产清单表。与此同时，中方还对美国冻结的中国资产进行调查。美方在 8 月提交的清单表中说明美国在中国的私人资产共计 383 项，涉及企业和住宅等不动产、厂房设备、证券和债券、担保物权、土地所有权、金融机构存款等等。产权所有人分为个人资产、宗教团体和其他公益性组织、企业和商业团体三个类别，总值约 1.96 亿美元（具体详见下表）。[1]

表 3.1　中国冻结美国私人财产统计表

资产性质	资产数额	资产类型	涉及主体
个人财产	1410 万美元	土地、不动产、证券投资、存款现金、货物物资以及债权抵押等。	358 名美国公民
宗教团体和其他公益组织	5826 万美元	建筑物设备、扩建增资、个人财产和土地	34 个相关团体
企业和商业团体	1.2 亿美元	建筑物、扩建增资财产、货物、银行存款及个人财产	44 家企业[2]

1　上海市档案馆、财政部财政科学研究所：《上海市外商挡案史料汇编（二）对外清理估价工作文件》，1987 年版，第 345 页。

2　这些美国商业团体中索赔额在 1000 万美元的企业有 3 家，100 万至 1000 万美元的有 7 家，10 万至 100 万美元的有 17 家，1 万至 10 万美元的有 16 家，1 万美元以下 1 家。

至于美国冻结中国财产的统计一直到 1979 年 1 月美国财政部长迈克尔·布卢口撒尔（Michael Blumenthal）与中国会谈时，首次向中国外长黄华提供了美国政府统计的冻结中国资产的调查表（详见下表）[1]

表 3.2   美国冻结中国资产统计表

冻结资产的性质	资产数额
美国政府政府所直接掌握的中国资产	4017 万美元
1. 中国政府机构（各个部门）的资产	90 万美元
2. 中国银行的存款余额	1817 万美元
3. 中国公民个人的存款	1070 万美元
4. 中国企业的在美资产	1040 万美元
美国政府尚未完全掌握的中国资产	4030 万美元
1. 中国公司在其他国家银行中的存款	140 万美元
2. 其他的中国资产	300 万美元
3. 其他国家银行的存款	2390 万美元
4. 中国公民的个人资产	600 万美元

中国在 1971 年就已开始为解决中美之间的冻结资产问题进行前期准备，具体体现在两个方面：第一，9 月 20 日，外贸部指示六个省市的对外贸易局递交有关中美未决债务的报告。第二，1972 年尼克松访华期间，中国政府外长姬鹏飞首次向美国政府发表了中美应该就两国

---

1   资料来源：Summary of a meeting between Secretary of the Treasury W. Michael Blumenthal, Chinese Foreign Minister Huang Hua, and Chinese Vice Minister Zhang Wenjin regarding frozen property og U.S.citizens in China totaling, January 30, 1979, DDRS, Document Number: CK3100162149.

资产冻结和私人求偿问题展开谈判的言论。同年 6 月在国会议员伯格斯等人访华期间，中国政府再次发表了类似的言论，希望美国政府能够解冻中国在美冻结的资产。[1]

1972 年 7 月 28 日，美国驻法大使亚瑟·沃森（Arthur K·Watson）通过中美"巴黎渠道"递交给中国驻法大使黄镇一份备忘录，建议从当年 9 月 15 日双方开始讨论"私人求偿和冻结资产问题"[2]。8 月 30 日，尼克松政府发布了"第 188 号国家安全决定备忘录"（NSDM-188），抛出了关于解决美国公民私人求偿及中国被冻结资产问题的两种解决方案：方案一是"一次性原则"即中方一次性支付所冻结的美国私人财产，美国则将冻结的中国资产进行解冻。方案二是"补偿原则"即美国政府用被冻结的中国资产以补偿被中国政府没收的美国公民财产。[3]经过讨论并考虑到现实情况，美国倾向于第一种解决方案。

9 月 12 日，中国政府黄镇针对 7 月 28 日沃森的备忘录对有关启动中美资产问题的谈判进行了回复，提出基于问题的"复杂性"以及中国政府"需要进一步的准备"，正因如此不能在美国政府所提出的预期讨论这些问题，但是中国政府会充分考虑美国政府的提议，如果准备充分条件允许将会启动会谈。美国政府获此消息表达了欢迎态度并为此开始准备谈判，财政部马上草拟了私人求偿名单交给了中国政府。[4]而中国政府认为"递交的私人求偿信息不完整"并要求美国政府出具一份详细的美国私人请求赔偿者的名单以及相关的信息（主

1　邓峥云：《20 世纪 70 年代中美关于私人求偿和冻结资产问题的谈判》，《中共党史研究》，2016 年第 7 期。

2　National Security Decision Memorandum 188, August 30, 1972, FRUS, 1969–1972, Volume 17, China, Document 249.

3　National Security Decision Memorandum 188, August30, 1972, FRUS, 1969–1972, Volume 17, China, Document 249.

4　Ibid.

要包括：私人请求赔偿者在中国境内使用的真实名称及经营或居住地址、每位私人请求赔偿者要求赔偿的具体金额及请求赔偿的物品价值等内容）。

而美国政府针对中国政府提出的要求，给出了两点承诺，第一，将会给中国政府递交一份详细的"私人求偿书面信息"；第二，排除副国务卿级别的官员与中国政府就有关问题进行会谈。第二年的1月18日，美国国家安全委员会官员霍尔德里奇在提交给基辛格的备忘录中提出了两点个人见解，第一，他和部分官员认为两国之间的资产冻结和私人求偿问题已经成为制约中美经济贸易发展的重要原因；第二，中国政府对于美国政府在去年7月28日提出的讨论中美"资产问题"的讨论并没有给出明确的回复。[1] 在此基础上，他又提出了三点建设性意见：第一，向中国提供一份美财政部近期统计的关于被美国政府冻结的中国资产的报告；第二，向中国提供一份美国有关机构统计的美国私人求偿的统计清单；第三，美国政府在适当时间向中国政府提出有关进行私人求偿问题的会谈。[2] 而美国的这种一厢情愿的主张并没有获得中国政府的积极回应。在当时中国正处于文革时期，既有的思维使得中国政府认为没收"美帝国主义"在华的资产属于正常之举。正因如此，对于美国的资产诉求中国政府自然不可能做出积极回应。从这个角度而言，只要宏观国际体系没有发生根本性的转变，中美之间很难达成共识，在资产赔偿的问题上是难以获得突破性的进展。

1973年2月，在周恩来与基辛格的前期会谈中，基辛格主动提出了关于处理中美资产和私人求偿的问题。在基辛格看来，完全可以尝

1　Memorandum From John H. Holdridge of the National Security Council Staff to the President's Assistant for National Security Affairs (Kissinger), January 18, 1973, FRUS, 1969-1976, Volume 18, China, Document4.

2　Ibid.

试用"政治的视角"来取代过去"商业的视角"从而推动问题彻底得以解决。当时，这个大胆的建议得到了周恩来的大力支持，周恩来表示，双方正式着手解决两个国家资产赔偿问题的关键点已经到来。在这次会谈中，双方都同意以下意见：1. 可以通过 1971 年设立的巴黎渠道，加速推进问题的处理和解决。[1] 2. 采用"一揽子交易的方式"来解决这一难题。当时，基辛格还曾向周恩来做出承诺，假如中国政府在解决问题的过程中，遇到了任何技术性的难题都可以凭借中国信赖的渠道，成功取得美国政府的帮助。[2] 此时，两国在双边经贸会谈之中已经就私人求偿和冻结资产等问题达成了初步的协议 [3]，也就是把美国政府冻结的中国资产用来当做赔偿给美国公民的私人求偿，这代表了中国政府采纳了美国政府的"一揽子解决的方式"使整个局面逐渐盘活，从而为科学解决美国公民的私人求偿以及中国在美被冻结资产的赔偿等问题奠定了基础。正是因为这样的协议，3 月 12 日美国国务卿罗杰斯通过巴黎渠道与中国外长姬鹏飞对 2 月份两国达成的协议进行了再次确认。

1973 年 11 月，美国政府拟定处理有关中美债务问题的备忘录主要内容有：

1. 建议中国能考虑根据 3 月份美国通过巴黎渠道传递的方案，利用基辛格访华的机会加以解决两国之间的私人求偿和资产冻结等问题；

2. 要用具体条款来确定，并且应该避免用对没收的中国船只、飞机和其他在美资产来解决这一问题；

1　自 1971 年 7 月基辛格秘密访华成功之后，中美之间的信息传递转入双方外交官直接接洽的巴黎渠道。

2　Memorandum of Conersation, February17, 1973, FRUS, 1969–1976, Volume 18, China, Document 10.

3　美国代表为国务院东亚与太平洋事务局亚洲共产主义事务办公室主任埃尔费雷德·詹金斯，中国政府代表为外贸部部长李强。

3. 两国之间的私人求偿问题一直悬而未决，影响了中美贸易的正常化发展，同时，解决私人求偿问题，将有助于帮助中国解决与美国形成的逆差；

4. 希望中国能够理解：美国非常真诚地希望采用所有能运用的措施来发展中美贸易，形成更加平衡的贸易交流渠道，但假如私人求偿问题长期得不到解决，两国之间很难形成平衡贸易交流；

5. 假如私人求偿问能够得到有效解决，美国还将在下步工作中与中国积极讨论最惠国关税待遇方面的问题。[1]

通过备忘录的整理，我们可以从中看出几个方面的重要内容：1. 20世纪70年代初中美外交领域的沟通还主要以"渠道外交"为主（如"巴黎渠道"）；2. 当时美方希望用资产赔偿问题谈判来绑架最惠国待遇的谈判进程；3. 资产赔偿问题是最惠国待遇谈判的重要制衡。由于中国政府对于美国提出的"旧中国政府债务问题"持有反对立场，基辛格在备忘录中也向中国政府表明了美国政府持有以下几个方面的立场：

1. 美国此时可以向中国列举部分其他地区和国家的情况来表明立场；

2. 美国政府"积极阻止"债务持有者扣押中国的财产；

3. 美国不支持旧政府未偿还债券持有人的赔偿请求；

4. 双方目前着手要解决的是1949年以后的资产问题；

5. 美国不愿在资产求偿协议中解决旧中国政府债券持有人的赔偿问题。[2]

1　U.S.Private Claims and PRC Frozen Assets, Briefing Paper, October 1973, Collection: China and the United States: From Hostility to Engagement, 1960–1998, Item number: CH00271, DNSA·

2　Ibid.

　　1973 年 11 月，基辛格与周恩来就美国私人求偿和中国冻结资产问题举行了为期四天（从 10 日至 14 日）的会谈，本次会谈主要围绕了三个争议较为集中的问题展开，这三个问题主要包括：1. 转让范围内是否包括目前第三国银行已归还的中国被美冻结资产[1]；2. 针对旧中国政府发行的债务，新中国还是否有义务承担偿付义务；3. 协议签订时，协议中是否应使用"指定的或特别指定的中华人民共和国国民"这一专业术语。[2]

　　基辛格认为，事实上当前有关资产问题的谈判已经只剩下"第三国银行冻结的中国资产是否应该包含在转让范围之内"这一尖锐问题，美国政府自然希望中国能够将此部分的资产转移给美国政府。周恩来则认为，那些国家已与中国建立了外交关系，理应退回属于中国的资产，正因如此中国无法将第三国已归还中国被美冻结的 1700 万美元的存款退回或转让给美国。但是这遭到了基辛格的反对，并认为这会导致美国索偿公民的权益遭受很大的损失。[3]

　　在 13 日的会见中，双方主要谈及了三项内容：1. 冻结资产的术语问题；2.1949 年以前中国政府的债务问题；3. 第三国银行冻结资产问题。在第一个问题上，双方对被冻结中国资产主体的术语问题发生了激烈的争议。中国政府坚持认为应该使用"中华人民共和国国民"而

1　新中国刚成立时，中国用美元作为国际结算货币并习惯将美元存入外国银行，与此同时也将美元存入在中国的外国银行。根据惯例，这些外国银行必须把存在纽约分行的钱款在美国政府进行登记。朝鲜战争爆发后，杜鲁门总统宣布冻结了这部分资产。自 1954 年以来，中国政府颁发了一项特别命令，要求比利时、瑞士、联邦德国、加拿大等国的 15 家有关银行将美国冻结的中国资产返还中国。

2　邓峥云：《20 世纪 70 年代中美关于私人求偿和冻结资产问题的谈判》，《中共党史研究》，2016 年第 7 期。

3　Memorandum of Conversation, November 13, 1973, FRUS, 1969—1976, Volume 18, China, Document 59.

不是"指定国民",并认为后者带有明显的敌对和歧视意味。对美国政府所谓的辩解,即术语问题仅仅是"法律层面"的小问题也进行了驳斥,认为这是涉及到两国关系重大的政治问题。之后美国政府向中国政府保证会在回国后和有关专业人士对这个问题进行商议和处理。第二个问题即旧中国政府债务的归属。中国政府提出目前双方会谈所涉及的资产赔偿起算点是中华人民共和国成立以后,而旧中国所涉及的债务问题另当别论。如果美国政府执意鼓励其本国公民对 1949 年以前的中国政府所发行的债券展开求偿诉讼,则显得站不住脚 —— 因为所涉及的债券并不是中国政府所发行的。美国政府仍然认为,要回到国内找有关人员协商并尽快给出答复。最后一个问题即第三国银行冻结资产问题。中国政府的态度有所缓和,甚至表示愿意把部分资产还给美国或第三方银行。并提出希望基辛格能够在回国之后推动这一事项的具体落实并深入研究与这一问题实际相关的法律。对于这个问题基辛格表示,中国政府完全可以直接把这笔钱交给美国政府。假如这笔钱可以用来抵消私人的索赔款项,那么中国政府就不再需要通过第三方的私人银行来支付,美国也完全没有必要再把这个问题向国会提交讨论。[1]

　　事件进展到此时,中美两国有关资产赔偿问题进行的一系列谈判工作已经取得部分进展。然而这其中依然存在障碍并影响着问题的最终解决。例如,在如何合法界定中国公民财产方面、如何处理建国之前形成的债务,以及存在第三国银行的资金等问题方面 —— 双方仍然存在着较大的分歧。中美两国都意识到要在未来的几周内加速洽谈,通过进一步交换双方的想法以力争能够在一个月内实现较大的突破,以彻底解决两国之间关于资产赔偿的胶着问题。但是从实际情况来看

1　Memorandum of Conversation, November 13, 1973, FRUS, 1969–1976, Volume 18, China, Document 59.

却没有预期的那么顺利：由于在基辛格访华时并没有完全解决资产索赔的问题，这就导致美国的商界开始抱怨与中国开展经贸合作变得非常困难。他们达成的共识是：1.两国资产问题的解决将从根本上促进中美之间经贸领域各项事业的健康发展。2.为了迅速取得实质性的进展，美国需要通过给中国最惠国关税的待遇以释放出积极解决问题的信号。

也就是在这个关键的时间点，两国之间的政治局势突变——这不仅为两国资产问题进一步得到解决带来了不可控因素，同时也给妥善解决资产问题蒙上了极大的阴影。当时，中国正处在文革的末期，国内充斥着极左思想以及十年政治运动留下的阴影，而江青集团正在利用"批林批孔"运动，对周恩来总理进行伺机攻击，这也导致周总理在党内的政治地位出现下降，甚至影响到了毛泽东对其在近一阶段外交工作表现的看法。正在此时，美国的政局也在发生变化，尼克松由于水门事件而被迫辞职，由副总统福特接任美国总统。作为一个过渡政府，福特在任期内听到了太多反对中美关系正常化的建议，由于福特本人并不精通外交事务。在福特任期内，两国关系很难进一步改善，更无法在正中美资产问题上实现质的突破。这造成了中美关系冷暖交替，资产问题谈判自然停滞不前。

3.1.1.3 中美资产索赔问题的解决

卡特上台后不久就开始着手准备资产谈判问题。1977年2月8日，他在会见中国驻美联络处主任黄镇时表达了任内要彻底解决困扰两国多年的资产索赔问题的意愿。黄镇回应道："听了您（卡特）的话，我很高兴，希望在您的任内实现两国关系的最终正常化。"[1]除此之外，黄镇还对中国当时的政治现状向卡特进行了介绍，全国各族人民在以华国锋同志为党中央的领导下开始向社会主义现代化迈进，如果此时

1　朱洪：《黄镇传》，人民日报出版社 2000 年版，第 351 页。

中美两国启动中断多年的资产问题谈判对于实现中美两国关系正常化有着重要的意义。[1]

　　由于 1976 年末美国对华出口出现了大规模下降，这也使得美对华贸易出现了罕见的入超现象。这种不利的贸易局面得到了美国政府高层的高度重视，具体体现是 1977 年 3 月，卡特总统国家安全事务助理布热津斯基紧急召见商务部和财政部相关人员，就相关问题即使做出相应评估。[2] 不久之后，美国商务部长克雷普斯（Kreps）向卡特政府提交了有关两国贸易赤字备忘录，其中提出了制约美国向中国出口的主要问题是"两国之间缺乏正常的外交及贸易行为"。[3] 他又进一步强调，两国之间的资产问题若能妥善解决，将有助于两国贸易交流和经济关系的进一步深入开展。最后他总结道：美国应优先考虑主动解决资产问题，两国资产冻结的问题只要得到妥善解决，一定会有效改变美国目前在对华贸易中的不利局面。[4] 财政部部长迈克尔·布卢门撒尔（Michael Blumenthal）递交的备忘录也与克雷普斯的口径相仿。他指出，除非我们能够扫清阻碍两国关系正常化的全部障碍，如若不然，美国政府想要扩大中美贸易将会成为非常困难的问题。[5] 综上所述，美国涉及对外贸易的主要行政部口在处理对华经济事务的评估层面基本

1　Memorandum of Conversation, February 8, 1977, FRUS, 1977–1980, Vol.13, China, Document5．

2　Memorandum for the President's Assistant for National Security Affairs (Brzezinski) to Secretary of the Treasury Blumenthal and Secretary of Commerce Kreps, March 7, 1977, FRUS, 1977–1980, Volume 13, China, Document 15.

3　邓峥云：《20 世纪 70 年代中美关于私人求偿和冻结资产问题的谈判》，《中共党史研究》，2016 年第 7 期。

4　Memorandum from Secretary of Commerce Kreps to the President's Assistant for National Security Affairs (Brzezinski), March 11, 1977, FRUS, 1977–1980, Volume 13, China, Document 17.

5　Ibid.

上已达成一定程度的共识，即先解决两国资产问题并在此基础上推进两国贸易的深入发展，最终实现关系正常化。

3 月中旬，美国国务院主管亚洲事务的副国务卿霍尔布鲁克开始与驻美联络处副主任韩叙展开会谈，前者向中方正式提出重开中美资产问题的谈判。霍尔布鲁克希望两国以 1973 年 2 月达成的协议为原则。[1]23 日，国务卿万斯在与中国官员黄镇的会谈中，再次表明了美方对彻底解决资产问题的鲜明态度，即所有冻结的中国资产都可以用来直接偿还美国公民索赔，所有留在中国的美国资产也同样都可以用来赔偿中国公民的债务。[2] 黄镇则回应，中国在这一问题上的立场已经明确，并在 2 月份与卡特总统会见时表述得非常之清楚，究竟这一问题能否解决、如何解决将完全取决于美国政府。[3]4 月 29 日，韩叙在与霍尔布鲁克开展的会谈中，系统而详细地阐述了中国政府的立场：

1. 中华人民共和国成立之后，美国单方面封锁中国财产在国际法法理层面是难以站得住脚的，中国政府是绝对不会承认的。至于所谓的美国公民在中国的财产，也决不能与长期以来美国资本对中国人民的剥削和对中国资源的掠夺相提并论。

2. 早在 1973 年 2 月基辛格访华后，中国政府同意通过一揽子解决中美问题，即美国公民在华财产与中国公民在美被封锁财产相互抵消。在此后的整个谈判过程中，中国政府始终奉行一揽子解决的精神，努力推动问题的合理解决。

3. 中国政府坚持的原则是：（1）美国法律在中国并不适用。在双方的文件和协议中，不得使用"中华人民共和国指定国民和特别指定

1　Memorandum of Conversation, March 23, 1977, FRUS, 1977-1980, Volume 13, China, Document 21.

2　Ibid.

3　邓峥云：《20 世纪 70 年代中美关于私人求偿和冻结资产问题的谈判》，《中共党史研究》，2016 年第 7 期。

国民"等单方面去考虑美国法律的措辞。（2）再次强调旧中国废政
府所发行的债券和债券全部无效，中国政府完全没有任何义务偿还。
（3）被美冻结的资产中，已由第三国银行返回给中国的部分将不包含
在赔偿美国的资产范围之内。中方认为：这三个原则都是非常合理的，
完全符合两国利益、符合关于一揽子解决的精神。

4. 美国政府应该认识到债务问题的初始债务人和主要责任人是美
国。造成资产问题复杂化的责任在美国．但只要美国政府拿出解决问
题的诚信，资产问题很快就能得到解决。[1]

韩叙的立场虽然符合客观的事实，但是美国政府对中方的观点并
不买账。霍尔布鲁克在听完韩叙的发言后，只是形式上发表了应付的
说辞，表示会向卡特总统转达中方的立场并对相关意见进行"认真考
虑"。实际上，当时以万斯为代表的亲苏派势力仍然在相当程度上影
响着卡特在对华关系上的立场。万斯曾经在他的回忆录《艰难的抉择》
（Hard Choices）一书中提到当时之所以建议卡特总统在对外关系的总
体思路上以苏联为重是基于"美苏关系将会影响到美国外交的全局，
因为稳定的美苏关系将会有助于美国实现其他外交战略，为美国发展
提供更加理想的国际体系环境。而美中之间关系的正常化还必须以不
损害美苏关系的缓和为前提。"[2] 正是万斯的这种外交逻辑导致了卡特
执政之初在中美关系正常化问题上始终犹豫不决，并影响了两国资产
问题的顺利解决。

时至 1978 年，由于一系列的因素（上文已经详尽介绍）使得美苏
关系逐渐恶化，导致万斯已经丧失了说服卡特在对苏关系上保持侧重

---

1   Memorandum of Conversation, April 29, 1977, FRUS, 1977–1980, Volume 13, China,
     Document 27.

2   Cyrus Vance: Hard Choices, Critical Views in American Foreign Policy, Simon and
     Schuster1983, pp.44, 76.

的现实基础。也就是在这个时间段，亲华派代表国家安全事务助理布热津斯基顺势而为，坚定了卡特调整既往外交思维的决心，并让他意识到中国在美国对外政策中具有不可忽视的战略地位。

从 1 月开始，中美两国的贸易关系迅速转暖，这也成为了双方彻底解决资产问题的主要驱动力。具体来说：1. 卡特政府计划在一年之内降低对华出口的门槛。2. 中美领导人定期对话机制恢复，两国高层可以经常性就有关经贸议题展开交流和磋商。3. 中方大规模向西方国家引进先进技术和设备，同时派遣大量人员出国进行考察。美国的分析家们已经意识到，种种迹象表明中国要进行深刻性的经济变革，而其巨大的市场前景是其他任何国家都难以比拟的。美国商界人士纷纷倡议政府调整与中国的经贸关系。

但是，由于当时中美两国的主要议题是就双方关系正常化展开谈判，而对于资产问题等经贸关系上的次要议题则并没有进行重点的磋商和讨论。等到中美正式建立外交关系后不久，即 1979 年 1 月 28 日，应卡特总统邀请，邓小平对美进行正式友好访问，为实现两国贸易关系正常化特别是资产问题提供了难得机会。

其实在邓小平访美之前，中美双方早已经公开或私下就资产问题表明了鲜明的态度。美国国务院以及十余个相关行政部口举行了讨论对华政策的联席会议。美国财政部长布卢门撒尔又拿出了 1977 年 3 月呈交给卡特有关美国对华贸易相关备忘录的口吻，表示资产问题是贸易问题的核心，除非中美能解决资产问题，否则美国无法从政府层面推动中美贸易的发展。他的发言几乎上照搬前年评估备忘录的原文。不过他还补充了一些新的内容：例如，如果邓小平在访美期间在资产问题上表现积极，则可以直接就细节问题与中国政府达成协议。[1] 中方

1　Minutes of a Policy Review Committee Meeting, January8, 1979, FRUS, 1977-1980, Volume13, China, Document189.

的态度则是 1 月初邓小平在回答美国记者提问时表明：（资产问题）我
觉得并不是什么大问题。解决资产问题基本已经实现，目前只剩下时
间和程序了。

在 1 月 30 日邓小平和卡特的会谈中卡特指出："对两国来说，实
现最直接的利益途径之一就是要建立正常的贸易关系，我们需要解决
的第一个障碍正是资产问题——这个问题与整个贸易协定密切相关。
如果我们想尽快解决，那么双方都需要采取灵活和建设性的做法。"[1]
邓小平表示，目前来说，解决中美资产问题没有多少困难。由于中国
具备与其他国家建立经济委员会共同讨论双边经济问题的工作经验。
据此他提议：在两国之间也建立类似的经济委员会。美国政府的相关
负责人可由布卢门撒尔担任，中国政府则由财政部长张劲夫担任，双
方代表可以就具体细节问题展开磋商谈判。除此之外，邓小平还建议
两国签署长期贸易协定，用以促进两国贸易关系的发展。

2 月 24 日，美国财长布卢门撒尔访华并与张劲夫就资产问题展
开谈判。双方达成了初步性的协议框架。具体来说：1. 美国解冻全部
8050 万中国在美国的资产，用以抵消中国没收的相应 8050 万美元资
产。2. 本年度（1979 年）10 月 1 日，中国政府需要支付第一笔 3000
万美元，剩余的 5050 万美元将分五期需要五年支付完毕（即 1984 年
10 月 1 日为止）。3. 在中方支付第一笔赔偿金后，美方将于 1979 年 10
月 1 日解冻中国冻结的资产。[2]4. 中华人民共和国政府对旧中国政府的
债务不需负责任。5. 协议使用"中国公民"、"自然人"和"法人"，
并对"美国国民"和"中国国民"予以特别表示。

1　Memorandum of Conversation, January 30, 1979, FRUS, 1977–1980, Volume 13,
China, Document 208.

2　Telegram from the Embassy in China to the Department of State, March 1979,
FRUS, 1977–1980, Volume 13, China, Document 222.

对于谈判结果，双方均表示"可以接受"。但与此同时，台湾当局对卡特政府与中国展开的资产谈判表示"震惊"，并在 3 月怂恿美国国会炮制出所谓《与台湾关系法》。尽管中国抗议美国干涉中国内政，但卡特还是在 4 月签署了这项法案。《与台湾关系法》的公布，不仅让刚刚实现关系正常化的两国关系蒙上阴影，同时也暴露出卡特对华政策具有明显的"双轨制"特征。该法列明了要向台湾出售"防御性武器"，美国有"抵御危及台湾人民安全、社会以及经济等任何诉诸武力行为的责任"。中方外长黄华紧急召见美国新任驻华大使伍德科克对美方的相关做法表示强烈谴责，并且严重不利于刚刚建立的两国外交关系。

1979 年 5 月，美国商务部长克雷普斯访问中国，与中国财政部长张劲夫签署最终的协议，这标志着时隔三十余年的中美资产问题最终画上了句号。双方于 11 日分别代表本国签署了《中华人民共和国政府和美利坚合众国政府关于解决资产要求的协议》。协议规定："自本协议生效之日起，任何一国不得提出范围内的任何财产根据协议，中国于当年 10 月 1 日支付了 3000 万美元的索赔。美国财政部于 1980 年 1 月 31 日宣布解冻中国资产，中国国务院授权中国银行代表中国政府债权人向美国政府债务人办理有关被美国冻结资产的收回或提取事项。"至此，中美资产谈判虽然历经曲折，结果也因为《与台湾关系法》这一突发状况显得没有十分尽人意。但从谈判本身而言，中方的国家利益并没有遭受实际的损失，同时资产问题的顺利解决也为今后两国经贸关系的进一步发展奠定了良好的基础。[1]

1　冬梅：《中美关系资料选编 (1971—1981)》，时事出版社 1982 年版，第 180 页。

3.1.2 中美最惠国贸易谈判

3.1.2.1 中美最惠国贸易问题谈判的背景

最惠国贸易谈判是中美关系史上的一项重要内容。在 20 世纪 70 年代之前，两国曾经经历了两次最惠国贸易谈判：第一次是美国通过 1844 年《望厦条约》获得了片面最惠国贸易谈判的相关资格，第二次是中美两国在 1946 年签订的所谓《中美新约》，双方均获得了最惠国的待遇。[1] 但是前两次的最惠国贸易谈判从实质上而言对于中国来说都是不平等的。这主要是因为，无论晚清还是民国时期的中国，在国家主权上受到了西方列强的严重侵蚀，同时在综合国力上也与美国相差甚远。就像马寅初在《我何以反对新订的中美商约》一文中指出的"（两国）贫富悬殊若此，安能望其相安无事乎？"[2] 而到了 20 世纪 70 年代，中国的综合国力已与当初今非昔比，这也就决定了中国在与美国进行最惠国贸易谈判不可能再像前两次那样 —— 被动获得不平等的待遇。

卡特政府时期中美最惠国贸易谈判是中美关系史上的第三次贸易谈判。早在 20 世纪初，中美两国恢复中断三十余年的贸易后，中国暂时出现了逆差的不利局面。在这种情势下，中国希望通过双边协商以获得美国的最惠国待遇。关于中国政府的诉求，美国国内的反应不一：民间商业团体对中国获得关税最惠国待遇的议题发表了一些的言论支持。例如 1972 年广州春交易会，当时就有美国商业团体认为，美国政府对中国歧视性的高关税，将是阻碍中美贸易得以畅通的主要障碍。因为美国政府对中国商品所征进口关税已经要比其他西方国家和

1　金卫星：《中美关系史上围绕最惠国待遇问题的三次缔约谈判》，《江海学刊》，2006 年第 4 期。

2　马寅初：《我何以反对新订的中美商约》，《文汇报》，1946 年 12 月 30 日。

地区高许多，这会造成中国商品在与市场上处于明显劣势。

　　而在美国国会则在这个问题上显得过于保守。1972 年美国国会民主党参议员杰克逊抛出了所谓的对"非市场经济国家"不得给予最惠国关税待遇的修正案。众议员范尼克在同一时间提出了类似相关的修正案。这两份议案在国会受到了不少议员的力挺，史称为"杰克逊－瓦尼克修正案"（Jackson-Vanik Amendment）。一年后，众议院又提出了一项贸易法案[1]，修正案是将最惠国关税待遇与共产主义国家的移民政策联系起来。虽然说这项法案最初并不是针对中国，而现如今则在实质层面影响到中国获得最惠国待遇的问题。[2] 同年 10 月，美国驻华联络室主任布鲁斯给美国国务院发了一封电报表示，主要内容有四点：1. 如果该修正案获得通过，将成为中美贸易关系发展的一大障碍。2. 国会没有意识到中国对于最惠国待遇问题的关注。3. 获得最惠国贸易地位是中国在对美贸易中改善逆差的重要方式。4. 中国最惠国关税待遇的给与是促进两国关系正常化的重要指标。[3]

　　1972 年 2 月，中国外长姬鹏飞与美国国务卿罗杰斯在会谈时也谈到中国最惠国待遇的问题。中国政府向美国政府表达了对中国获得最惠国关税待遇的愿望以及由此对中美关系推动的重要性。美国政府回应三点：1. 中国如若获得最惠国待遇需要中方这边提供一份详细的输美商品清单。2. 目前中国的出口产品仅仅限于初级制成品，例如农产品。这也是造成中方出口逆差的重要结构性因素之一。3. 虽然中国获得最惠国待遇与中国贸易的发展没有太多的联系，但美方会在两国贸

1　杰克逊－瓦尼克修正案就是其中的一部分。

2　Editorial Note, On October 3, 1973, FRUS, 1969-1976, Volume 31, China, Document 188.

3　Telegram from the Liaison Office in China to the Department of State", October16, 1973, FRUS, 1969-1976, Volume 18, China, Document 54.

易发展的适当时机讨论这一问题。[1] 从罗杰斯的言语中，可以发现当时美国政府高层对于中国获得最惠国贸易待遇的关注程度十分有限。

但是一年以后这种态度发生了显著和积极的变化：不仅体现在美国的官方渠道在言辞上的转变，而且美国商界和之前积极的态度相比更是有过之而无不及。从美国的决策层角度集中体现在美国的国家安全部门和商务部在涉华贸易上的相关言论。1973 年 1 月 18 日，时任美国国家安全委员会成员的霍尔德里奇在提交给总统国家安全事务助理基辛格的备忘录中首次表示[2]："我们现在正计划让国会批准对苏联的最惠国关税待遇问题。但与此同时，如果我们不能给予中国同样的待遇的话，他们（中国）会感受到歧视和不公正。不仅如此，我们还要特别注意到中国始终非常担心自己因为没有获得最惠国关税待遇会影响其本国产品的竞争力。"[3] 同年 5 月 31 日举行的美中贸易全国委员会 (U.S.–China Business Council)[4] 成立大会上，美国商务部部长弗雷德里克·登特（Frederick Dent）也主张给予中国最惠国关税待遇，他认为（中国没有获得相关待遇）已经成为中国贸易发展的障碍，并且它发表了将加快与中国的经贸关系正常化进程的言论。

从美国企业界的角度，他们则更加积极的倡导要给予中国最惠国关税待遇。例如 1973 年 9 月 18 日，美中贸易全国委员会理事会主席

1   Telegram from the Department of State to the Embassy in France, July 26, 1972, FRUS, 1969–1976, Volume 17, China, Document 242.

2   宋黎磊:《从推动到放弃——尼克松第二任期内对中美关系正常化政策的调整》,《同济大学学报（社会科学版）》, 2014 年第 2 期。

3   Memorandum From John H. Holdridge of the National Security Council Staff to the President's Assistant for National Security Affairs (Kissinger), January18, 1973, FRUS, 1969–1976, Volume 18, China, Document4.

4   成立于 1973 年 5 月 31 日的非政府和非盈利的组织。旨在扩大美中商务联系，使在华经商的全体会员获得更加广阔的商业利益，时至今日共有 200 多家会员登记注册。

克里斯托弗·菲利普斯（Toffer Phillips）致信国会，指出最惠国关税待遇对扩大中美贸易的重要性。他给出的依据是：1. 由于未能给予中国最惠国关税待遇进而导致中国产品需要支付昂贵的关税，最终影响美国进口商购买中国产品。2. 中国无法出口产品使得外汇枯竭也变相影响了美国技术、设备和产品出口到中国。基于此，美中贸易委员会希望国会尽快通过一项法案，允许总统签署一项给予中国最惠国关税的贸易协定。可以看出，当时在美国主张给予中国最惠国待遇的有两个主体即美国的商业团体和国家安全部门。前者因为将中国视为潜在的市场并由此可能获得巨额的经济利益故而在给与中国最惠国贸易待遇的问题上一直表现积极。至于美国的国家安全部门在该问题上态度出现变化的动机则是因为：美国政治精英的体系认知（主要是基辛格"缓和均势"战略认知）在美决策层中已经逐步成为共识，政府部口在苏联和中国之间更多的是采取某种制衡的战略立场作为其核心的外交理念。战略制衡性的主要表现是在中国和苏联之间"一碗水端平"，即给予苏联的相关政策必须与给予中国的政策实现对等。

也就是在同一年，美国决策层在中国贸易最惠国待遇问题上还做了项重要的工作：在当年 2 月，美国政府发表了一份有关中美贸易形势的备忘录指出了有关中美贸易的现状：1. 由于中国的经济结构缺乏合理的分布，美国的贸易壁垒等因素导致中美的贸易关系出现了失衡的现实。2. 美国政府亟需完善对中国的贸易交流机制以确保两国贸易健康发展。3. 虽然说中方非常关注两国贸易的发展以及获得最惠国的待遇，但是决定这些事宜取决于国会而不是政府部门。4. 解决资产问题的困难归因于未能获得最惠国关税待遇。应该说，评估报告的出台为今后美国能够有效推进与中国就最惠国贸易谈判指明的道路。

在此基础上，尼克松当局拟定了与中方谈判的筹码，即"以 A 谈判推进 B 谈判"。具体来说，当时中美正在就资产问题进行谈判，美国希望以"愿意给予中国最惠国关税待遇"为条件和筹码来推动中美资产问题的顺利解决。在 11 月 12 日的中美高层领导人会谈中，基辛格告诉周恩来，如果资产问题能够得到解决，美国"原则上"准备给予中国最惠国关税待遇。他还特别指出，中国目前未能获得最惠国关税待遇与中国自身无关，美国众议院筹款委员会 10 月提出的贸易法案的核心问题是给予总统是否给予他国最惠国关税待遇的决定权。一旦总统有了自由裁量权，就由白宫决定是否给予中国最惠国关税待遇而不必去国会讨论。[1] 基辛格告诉周恩来，他一回到美国将与参议院杰克逊讨论这一阻碍中国获得最惠国待遇的贸易修正案。

周恩来则对基辛格表示，中国政府希望美国能分别处理中国和苏联在最惠国关税待遇上的问题。显然，周恩来也知道美国试图将资产问题谈判与最惠国问题联系起来，正因如此他对美国政府发表了这样的言论，由于最惠国关税待遇问题此时可能被推迟，资产问题的解决可能会进一步推迟。[2] 事实上，当时中国并不像美国部分人想像的那样渴望获得最惠国待遇。但由于事关自身的国家利益，中国在这期间确实在一定程度上较为密切关注了美国有关部门对贸易修正案的讨论。

综上所述，美国已经逐渐摆出一种明确的谈判姿态，即把最惠国待遇与资产谈判结合起来，使中国在私人债权问题上与美国妥协并达成协议。受到美方的这种谈判思维影响，中国政府决定调整谈判的策略，将资产问题谈判和最惠国谈判区分开来，防止美方将二者问题混淆。在此后的双边会谈，中国不再对美国政府官员强调最惠国关税对中国的重要性，从而推动资产问题谈判朝着有利于中国的方向发展。

1　Memorandum ofConversation, November12, 1973, FRUS, 1969-1976, Volume18, China, Document57.

2　Ibid.

一年以后（1974年），作为促进中美贸易合作的民间组织——美中贸易全国委员会就一直试图给国会做工作，希望尽快给予中国最惠国关税待遇。就像该委员会首任主席菲利普斯在当年2月份接受记者采访时所说："国会如果给予中国最惠国关税待遇和信贷资格，中美两国的贸易必将得到很大程度的发展。"6月，白宫一份有关中美贸易前景的报告指出："中国进口的产品主要是纺织制品，之所以重点进口这些商品是因为这些产品在国内（美国）的市场前景广阔并且面临的竞争很小。如果能够让中国享受最惠国待遇，则上述的商品将会更加充足的进入美国市场。

不过，虽然美国的民间相关呼声非常强烈，但在美国决策层内部仍然秉持着"以A谈判推进B谈判"的论调，将资产问题谈判与最惠国待遇强行捆绑。如同年4月，有国会议员提出给予中国最惠国待遇的法案。该法案随即遭到美国国家安全部门的注意和警告，认为如果该法案顺利通过将会给美国的整体国家利益带来潜在和难以预计的损失。

3.1.2.2　中美贸易最惠国谈判顺利结束

中美经济贸易得以发展的原因很大程度上取决于中国能否获得贸易最惠国待遇。两国建交之后，最惠国待遇的问题浮上水面，如果中国在两国关系正常化以后仍然难以获得最惠国待遇，那么过高的关税极有可能成为阻碍两国关系顺利推进的重要阻碍。[1]甚至在中美签署建交公报之后，美国决策层内部仍然对这项议题采取对立态势：即万斯为主导的国务院派系主张应该充分考虑苏联的态度，并且在最惠国待遇问题上采取不偏不倚的政策。而布热津斯基为首的国家安全事务委员会和以哈罗德·布朗为部长的国防部则考虑到中国处于相对弱势的

1　陶文钊：《中美关系史（1972—2000）》，上海人民出版社2004年版，第86页。

局面，如果在最惠国待遇层面过于强调平衡的战略实际是对中国的不公平。

在中美建交的两个月后即 1979 年 3 月，万斯提出可同时向中国和苏联提供最惠国待遇旨在中苏之间达到一种"巧妙的平衡点"，但是这个提议遭到的布热津斯基的反对并认为国会很难通过该项议案。卡特最终决定不再考虑苏联因素并结束这种畸形的平衡战略，开始全面向中国提供贸易最惠国待遇。

此时中国对于最惠国待遇的态度非常积极。邓小平在建交之后首次访美期间在与卡特会谈时指出："中美之间的贸易额是美台贸易额的十倍多……杰克逊 – 瓦尼克修正案主要涉及苏联对移民自由流动的限制。事实上，这一修正案与中国的移民政策无关。您（卡特）会允许成千上万的中国人移民美国吗？……中国大陆每年有许多人移居香港。香港当局对于这个问题发表了这样的言论不满。加拿大政府也面临着类似的问题。"四人帮"猖獗的时候，我们确实采取了非常严格的移民政策，但现在这个问题已经解决了。我们允许中国与外国人通婚，允许我们的公民到国外探亲。"[1] 邓小平上述发言可以归结为几点：1. 从贸易总量来看，中美之间的贸易总量远比台美之间高出许多。美国在两岸之间究竟选择谁作为重要的贸易伙伴一清二楚。2. 杰克逊 – 瓦尼克修正案有关对社会主义国家限制移民的政策不能适用于中国，一旦适用那么对于美国乃至世界来说并不是一个好消息。

5 月初，卡特在白宫会见了新任驻美大使柴泽民。卡特表示，中美两国有关的经济事务不只是双方之间的相互贸易，还包括资产问题谈判以及中国最惠国待遇的问题。他还希望上述问题能够通过今后频繁

1　Memorandum Conversation, January30, 1979, FRUS, 1977–1980, Volume13, China, Document208.

的部长级和大使级会谈来妥善处理并最终解决。有趣的是也就是在同月，美国商务部长克雷普斯与中国财政部长张劲夫在北京签署相关协议，解决了困扰两国三十余年的资产问题。资产问题的解决使得美国政府企图"A 谈判推进 B 谈判"的想法成为了泡影，也几乎扫清了中美签署最惠国贸易协定的障碍。

不久之后，商务部长克雷普斯访问中国，其中有两项议程即与中国签署双边贸易协定、给与中国最惠国待遇。会谈期间两国对于上述议题达成基本共识。7 月 1 日，两国正式签署中美贸易协定，史称《中美贸易关系协定》。协议包括 9 项内容，其中主要内容有"缔约双方对对方商品应给予公平的待遇，"双方应注意并考虑到中国是发展中国家则最惠国待遇原则应给予中国"，"缔约双方同意向对方的商事主体提供的待遇不低于给予任何第三国或地区的待遇"等等。应该说从这一刻开始，中美有关最惠国待遇的谈判正式结束。

但问题是要想让这个协定最终生效必须经过美国国会审议并获得多数通过。10 月底，卡特总统将协定提交给众参两院相关部门进行讨论。根据美国相关法律，众议院下属的筹款委员会以及参议院下属的财务委员会在 45 天以内对这项贸易协定最初最终评估。而要使议案顺利获得通过必须克服两个障碍即：1. 众议院筹款委员会里面起决定话语权的贸易小组委员会主席查尔斯·瓦尼克仍然秉持美苏平衡策略，即反对在与苏联达成贸易协定之前单方面与中国达成任何贸易协定。2. 众议院部分议员仍然在中国人权问题上大放厥词。

11 月 15 日，在财务委员会就参议院提交的审批中美贸易协定的听证会上，不少官员、学者以及资本财阀都主张议案应该尽早通过。[1] 例

1　《美参众两院就美中贸易举行听证会，各界人士要求给予中国最惠国待遇和技术转让》，《人民日报》，1979 年 11 月 17 日，第 5 版。

如副国务卿沃伦·克里斯托弗（Warren M.Christopher）在作证时主张：
1. 两国关系得以发展的动力不应该仅限于政治上的承认，而应该通过
贸易协定等经济手段才能保障两国关系得以长期稳固发展。2. 尽管美
苏贸易协定自七年前（1972 年）已经签署但并没有送交两院进行审议
生效的事实表明美国并不想采取在中苏之间"找平衡"的战略，即在
中苏两方采取同等的政策。3. 与苏联签署贸易协定取决于美苏关系而
不取决于中国。

其实通过上文可以看出，尽管美国民间的商业团体对中美达成贸
易协定充满期待，尽管美国白宫的主要行政部口甚至卡特总统本人
也对两国签署贸易协定持赞成意见，但美国众议院的部分保守派始终
是阻碍最惠国待遇协定签订并最终生效的重要因素。明面上这是由于
美国政府 —— 国会的二元政治结构所导致，实质上与美国国内深层
次的政治文化即理想主义与现实主义的张力有着千丝万缕的联系。美
国的政府官员大多都具有丰富的行政能力和外交经验，对于国家所身
处的战略环境以及国家的相对实力分布有着非常明确的认知。这也就
使得他们在做出相关的政策时显得更加客观和务实，即以现实主义的
思维去制定国家的对外政策。而美国的国会议员出身比较复杂，三教
九流囊括了社会的各种背景。许多议员不仅外交事务经验，可能连最
基本的政治学、法学的相关知识都极其缺乏。这也就决定了他们的很
多议案可能并不能契合国家的实际，有时更多的是将自己所谓的政治
理想嵌入其中，试图左右议会乃至国家的权力格局。于是，政治文化
的张力使得看似统一的国家在某些情况下能够出现许多自相矛盾的
行为。

3.2 卡特政府对华经济文化政策的表现和本质

3.2.1 卡特政府对华经济文化政策的表现

新中国成立以后到中美关系正常化的三十年时间，两国的经济和文化往来几乎处于隔绝状态。美国学者哈里·哈丁（Harry Harding）在《脆弱的关系》一书中对这一时期中美关系的概括为，"没有正式的外交关系，没有贸易，没有合法的往来，在两国公民之间几乎没有相互的联系……可能当下没有（像中美）两个主要社会在和平时代彼此隔绝如此之久。[1]以美国为首的西方国家对中国大陆实行最为严格的禁运和封锁政策，例如以美国为首的巴黎统筹委员会规定的对华禁运政策条款相较于苏联和东欧社会主义国家还要严苛。

1972 年尼克松访华使得中美关系获得了一定程度的改观，两国经济关系开始出现解冻迹象。这主要体现在美国开始部分解禁对华贸易，据统计中美贸易额从 1971 年的近 500 万美增加到 1974 年的 9.3 亿美元。在 1973 年中美开始签订石油合作项目并且美国开始向大陆出口高技术产品，同年 5 月开始，两国贸易额进一步扩大。及至 1978 年，双边贸易额就突破 10 亿美元大关。在文化领域，在中美建交以前两国主要以民间自发交流为主。1972 年至 1976 年约有 12000 名美国人来到中国大陆进行访问，这其中主要以科学界人士为主。

在中美建交前后，两国经过了多轮紧张和激烈的谈判终于解决了资产债务赔偿、贸易关系协定以及纺织品协议这三个困扰中美两国经贸关系多年的障碍。应该说，1980 年 2 月《中美贸易关系协定》的签订正式标志着中美两国均同意给对方以贸易最惠国地位，这为两国今

1　Harry Harding, A fragile Relationship: The US and China since 1972, The Brookings Institution Press, 1992, pp.33.

后贸易的顺利进行奠定了法律基础。资产债务赔偿问题的顺利解决也排除了在双边贸易进行过程中因为历史问题而引发的法律纠纷问题。上述两大问题的顺利解决为中美经贸合作铺平了道路，卡特政府的经贸政策得以进一步展开。[1] 在中美刚刚建交的时候，两国贸易关系并不十分均等。以 1979 年为例，当时美国对华的出口额为 17 亿美元，而中国对美国的出口额仅为 5.94 亿美元。[2] 中国对美国的贸易逆差多达 11亿多美元，而且中国的出口多以纺织品等低附加值产品。但 1980 年两国的贸易额迅速增长比去年增长了一倍：1979 年中美双边贸易额是24.5 亿美元，1980 年就达到了 48 亿美元。[3]

　　中美经贸关系发展中出现的一个新变化就是双边投资准入环境的构建和驻华金融机构办事处的设立。从 1980 年 4 月开始，美国开始对华投资以中美合资形式设立的长城饭店。通过这个良好的合作契机，双方在此后的投资程度逐年增高。[4] 而随着中美经济关系的日趋紧密，在涉及到两国经济互动中的技术性事项需要加以面对和解决，比如在两国经济贸易中有关财务和汇率的结算、相关国际法的制订和具体操作、双边金融机构的设立和互动等问题。

　　在经济关系推进的同时，中美两国还建立起了一系列双边国际机制以确保两国经贸往来的持续性，这其中以中美"海运协定"、"民航

1　卡特政府还批准了准许美国进出口银行贷款给中国大陆以及准许美国私人投资公司在华开展正常的业务活动的法案。

2　Memorandum From Secretary of the Treasury Miller to President Carter, October 27, 1980, FRUS, 1977–1980, Volume XIII, China, Document324.

3　苏格：《美国对华政策与台湾问题》，世界知识出版社 1998 年版，第 440 页。以上数据来源源于中国海关统计，美方统计与中方略有出入，即 1979 年与 1980 年双边的贸易额分别为 23.7 亿美元和 49 亿美元。

4　例如 1984 年一年美国对华的投资额就超过了 1980 年、1981 年以及 1982 年三年的总和。

协定"以及"领事协定"最为典型。卡特总统于 1980 年 9 月与中方代表副总理薄一波签订了相关的协定，前两者协定主要从交通航路上保障了今后中美两国各领域人士特别是经贸人士的便捷往来。"领事协定"主要涉及国际公法领域，即在既定的机制框架内有效保障在对方境内的本国公民权益。而在一年后，以专门处理和解决中美双边贸易事项的机构 —— 中美联合商务贸易委员会成立。

经济是文化的基础，文化是经济的映射并由其决定。当时中美的经济关系直接决定了两国的文化关系，从某种程度上说，卡特政府对华的文化政策是其对华经济政策的组成部分。在教育交流层面中美两国在建交之后发展迅速。早在 1978 年 7 月，卡特总统的科学顾问普雷斯在访问中国期间与中国就签署了《教育交流谅解备忘录》，这在相当程度上促进了两国学术交流的发展。同年 12 月就有 50 余名中国的访问学者到美国的乔治敦大学（Georgetown University）开展科学研究。在 1980 年底有 4000 余名中国学生和 100 名美国学生在美国和中国分别进行留学。与此同时，中国每个月会派出平均 100 个代表团到美国进行学术访问，美方访华的学术代表团则达到数万人。而持有美国教育交流特殊签证的中国学生从 1979 年的 1330 名上升到 1983 年的 19000 名。应该说在改革开放初期，美国客观上教育水平处于全球领先的地位，成为许多中国学子出国进行学习以及学者进行访学的目的地。

在文化产业交流方面，自中美在 1979 年签订文化协定开始，双方在文学艺术、电影图书、大众传媒等领域都展开了充分的交流和合作。美国许多家喻户晓的歌剧纷纷在内地公开上演。1980 年，中国国家图书馆与美国国会图书馆正式建立起馆藏资料相互交流关系。美国驻华大使馆也开始编辑出版《交流》（Communication）的中文期刊，涉及美国各方面领域，并且通过以亚洲基金会为代表的美国民间组织向中国的不少高校赠送图书。

在中美文化领域的合作中以美国的基金会组织所发挥的作用尤为明显。[1]与此同时，美国成立的其他的基金会组织，同样在推动和促进两个国家的交流与合作，尤其是两个国家之间文化方面、教育方面以及科技方面的交流和合作等事务中，起到了尤为重要的促进和推动作用。表现较为突出，被两国人民所熟知，并具有一定代表性的基金会组织主要包括：

洛克菲勒基金会：1949年开始从中国大陆被迫退出，1979年开始逐渐恢复了与中国的合作交流，主要体现在科技的领域。

亨利鲁斯基金会：1949年开始从中国大陆被迫退出，1979年开始逐渐恢复了与中国的合作交流，主要体现在人文社科领域，突出表现在从1979年开始，该基金会每年都会资助一批中国人文社科领域学者到美国研究成果较为突出的大学进行深入的学习深造，提高人文社科方面的交流和合作。

福特基金会：作为1936年成立的老牌基金组织，福特基金会主要与中国在经济管理、法律、国际关系等多个项目之间进行合作，与此同时，该基本金在1980年开始，划拨专款40万美元，正式启动执行与中国社科院联合签署的有关经济管理、法律、国际关系多个项目的合作协议，并资助在中国召开国际问题研讨会、资助中国从事国际关系教学和研究的学者及学生到美国进行访学抑或攻读学位、支持中国的国际关系学科建设。

---

1 美国基金会最重要的资助项目当属中美富布莱特教育交流项目。该项目始于1946年，创立宗旨是以教育交流为契机，促进美国与全世界增强彼此了解，促进文化交流合作。新中国成立以后，该项目中止。1979年，项目恢复后主要资助中美专家学者互相到彼此国家进行进修和访学。项目伊始是美方专家到中国主要城市高校教授人文社会科学，中方派学者和研究生到美国大学进修。

亚洲基金会：作为由美国资助创建的基金会，亚洲基金会从和中国大陆建立联系之后，侧重的交流重点领域主要是美中交流、高等教育、并资助中国人到美国进行学习或研究等。

3.2.2 卡特政府对华经济文化政策的本质

卡特政府的对华经济政策在中美关系正常化初期为促进中国的现代化进程注入了强大的动力，奠定了改革开放初期中国对外开放的重要基础。在与美国的经济互动中，中国不仅通过日益增长的经贸往来为本国的企业带来了日常生产中所必须的物资供应，而且还使得许多企业获得了重要的资金支持、管理理念以及丰厚利润。民间社会在经历了多年物质单调的生活后，也开始在对外贸易逐步放开的背景下有了根本改观。与此同时，美国政府也在卡特政府对华经济政策的推进下获得了可观的利益：除了美国的商业集团在这个过程中收获了丰厚的经济利润之外，还依靠与中国的经济合作和交流，使得中国逐渐被带进了美国主导之下的国际经济政治体系格局之中，并在这个体系中让中国潜移默化的接受这种既定的国际秩序。应该说，接受这种国际体系秩序也是改革开放初期中国选择对外开放战略所不得不接受的事实。但是当被美国等西方国家封锁长达三十余年的中国重新走入世界舞台的时候，美国等西方国家表面上表达了"欢迎和接受"的姿态，实际上运用各种手段对中国进行"和平演变"战略，以双边经贸政策作为基础，逐步扩大中美双边的文化交流和合作。美国人认为，中国的改革开放政策最终会朝着西方自由化的道路迈进，并最终成为"西方自由社会的一部分"。

在20世纪50年代，美苏冷战正处于最紧张的阶段。当时以美国为首的西方阵营对中国、苏联等社会主义国家进行了全方位的遏制政策，不仅包括军事干预、经济制裁、政治孤立等传统措施，还包括通过输出所谓价值理念、制度模式以及生活方式的文化渗透。这可以被理解为早期的"和平演变"战略。起初这一战略是由美国前国务卿约翰·福斯特·杜勒斯[1]（John Foster Dulles）提出，1953 年 1 月，杜勒斯在国会的演讲中提出了所谓的"解放政策"，鼓吹要把社会主义国家的人民从"被奴役"状态"解放"出来……要摧垮社会主义对自由世界的威胁必须通过和平的方法。1957 年 4 月，他又在纽约发表演讲，明确提出了"和平演变社会主义"的六项政策。美国的"和平演变"策略最主要的手段是依靠代表其国家意志的新闻传媒对社会主义国家发动具有洗脑性质的宣传战。

　　这其中最具代表性的外宣机构当属臭名昭著的"美国之音"[2]，从其建立的伊始就开始了旷日持久的反共宣传。在上世纪 50 年代，它被视作是美国政府颠覆共产党的工具。自 70 年代以后，"美国之音"在宣传上开始更加注重"方式技巧"，以所谓新闻报道的客观性为噱头来进行意识形态的宣传。美国国会 1976 年批准的"美国之音"章程认为它代表整个美国，并且应该对美国的整体政策进行全面的介绍。应该说，"美国之音"就是完全代表美国官方意识形态并且按照美国政府意志进行对外意识形态宣传的外交工具。值得注意的是，"美国之音"将对华宣传视作是工作的重点，自 1944 年开始播出对华中文广播。在中美关系正常化以后，它又进一步美化了宣传手法，不再用"红色中国"等带有明显意识形态色彩的称呼称中国，并且极力的"取悦"中国观众，开展美国音乐欣赏、英语教学以及美国宣传片等节目拉近与中国观众的关系。但仍然没有改变其对华意识形态渗透的本质，他们试图通过这种看似平缓的方式悄然改变中国人的价值观念以及生活方式。

1　1953—1959 年期间美国国务卿，冷战初期美国外交政策的主要制定者。

2　美国之音是隶属于美国新闻署的对外文宣机构，于 1942 年 2 月在纽约开播。

　　除了利用新闻媒体进行渗透，美国政府还依靠在中美经济关系逐渐缓和之后利用两国密切的人际往来，间接输入大量的文化垃圾，宣扬美国自由主义的文化价值观。大量美国文化产品输入中国是两国经贸关系提升之后必然导致的结果。不否认一些具有科学性、人文性的美国文化产品确实对中国民众特别是年轻人无论是视野还是学术上都有较大提升，但是也充斥着不少宣传美国制度、价值观以及生活方式的书籍、杂志、影视作品等文化事项会对年轻人的世界观、人生观以及价值观带来很大的误导。甚至有些宣扬色情和暴力的文化垃圾在美国社会都已经被政府明令禁止发行，但这些却都流入到了中国，毒害了为数不少的一代人。正如美国中情局前局长艾伦·杜勒斯（Allen Welsh Dulles）在其《战后国家关系准则》一书中说："应让他们的文化产品不停地灌输有关暴力、色情和叛卖行为等内容，都来表现和颂扬人性中最卑劣的情感部分。"

　　最后，美国通过丰厚的物质条件对年轻一代进行"洗脑"，试图在中国年轻人中培养一批具备西方思维方式，认同西方"普世价值"，代表西方在华利益的反华亲美派。这些人普遍受到过良好教育，但由于年纪尚轻，思维体系和价值观并没有完全的建立，极容易受到别人的误导。况且这些人大多数都对西方特别是美国的科学技术抱有羡慕的心理。正是在两国民间往来逐渐放开的时候，不少具备上述特征的年轻人被美国政府成功的策反，成为日后威胁中国国家安全的重要隐患。

　　通过上述分析，卡特政府上台之后，虽然随着中美关系正常化促使两国经济联系程度的加深，但"和平演变"对中国所造成的影响较之两国建交之前并没有减轻，甚至在某种程度上对中国的国家安全造成了更多的隐患和威胁。具体来说，自1949年以来美国历任政府在对华政策制定时均将"和平演变"作为重要的参考。1953年4月，美国国家安全委员会通过了148号文件（即NSC—148），对美国在远东地区的战略目标进行了设定，即美国在远东地区最终的目标就是实现中国（共）政权的解体，并使得中国成立一个亲美的非共产主义政府。美国为了实现这个"战略目标"，针对中国的各个领域持续造成巨大的冲击以取代直接的军事干预。同年底，美国国家安全委员会又对美国政府提出建议，认为在对华政策上应该着力找寻军事途径之外的其他一切方式去压缩中国在亚太地区的战略空间影响力。肯尼迪政府上台之后，在对华关系上提出了"微开门"政策以及"新门户开放政策"，这主要是基于自身利益的考量上做出的，美国愿意打开与中国交往的大门实行有限的交往。约翰逊政府时期继续承接上一届政府的对华政策逻辑，对华推行"不完全遏制"政策。这种思路与对华"微开门"的政策逻辑如出一辙。尼克松政府在对外政策上添加了国务卿基辛格"缓和"和"均势"战略的色彩，以"遏制"与"对话"相结合的方式处理对华关系。在经济政策上适度放宽一些限制，而在政治关系上保持高级别官员的对话和沟通。这一时期美国对华政策的逻辑充分反映了当时美国政府将自身国家利益的实现成本降至最低，即尽量不通过引发国际格局激烈动荡的军事干预手段，而仅仅通过在经贸往来领域以"和平演变"的方式使得中国的民众逐渐接受美国的生活方式、思维模式以及价值观，促成中国最终"融入"到美国所建立的国际体系之中。

　　卡特政府时期中美之所以能够顺利正式建立外交关系，不仅是由于国际体系的影响，即美国自身的相对实力和战略环境都较之过去处于不利局面，还由于美国国内单元层次的一系列深刻的作用。最终体系和单元的双重影响使得卡特在对华政策上较前几任政府发生了重大变迁。中美建交的总体背景之下，两国无论政治、经济以及军事上的交流和合作程度都会显著提升，这就给美国政府施行"和平演变"战略提供了充分的空间和机会。中美两国在建交之后的双边交往领域涉及宽，参与人数多并且涉及的项目广。在这个过程中，会使得中美两国彼此的社会得到充分的接触。正如上文所言，美国政府所推行的

"和平演变"通过新闻媒体的意识形态传播、输出大量文化垃圾以及培植一部分青年人作为反华势力的代言人。在八十年代，中国留美的高干子弟一度成为了美国策反的对象，这些留学生多数思维较当时内地的其他留学生思维更活跃，接受新鲜事物的速度也更快，对于美国在科技和经济领域所取得的成果普遍抱有肯定的态度。而美国政府看重他们作为重点渗透的对象除了上述原因之外，还有就是希望利用他们特别是其父辈在国内丰厚的人脉资源发展情报网。他们中确实有不少人被美国的宣传所误导，认为美国之所以取得如此高的物质文明成就与其制度文明有着密不可分的关系。通过这种偷换概念的宣传，确实让极少数高干子弟留学生错误认同了美国的普世价值。

除了高干子弟，国内的高级知识分子和各领域的尖端人才来到美国以后也成为美国"和平演变"的又一重要对象。这些国内的知识精英在国内基本都接受过良好的教育，业务水平极为出众。美国不仅是希望利用一切手段将这些人才为美国所用，更是希望通过价值观的"改造"，让这些精英发生内心质变，指望日后这些人在掌握学术甚至是整个中国社会的话语权后能够成为美国在华的"间接代理人"。

第 四 章

卡特政府对华的军事科技政策

在卡特政府对华政策中，军事和科技领域由于涉及到战略安全和国家安全，始终是两国关系中最为敏感的部分。美国对华的军事政策与科技政策有着极其密切的关系。通过梳理我们发现，这一时期美国在中国军事领域上的政策基本是以科技政策的形式体现，即中美两国军事领域的关系是以军事科技的交流和合作加以体现。卡特政府对华科技政策的基本内容除了涉及少量的民用科学技术外，几乎都涉及军事领域。本章将着重对这一时期中美军事科技交流进行系统梳理和分析。

4.1 卡特政府对华军事科技政策的酝酿

4.1.1 中美军事科技关系的历史渊源

美国的对华科技政策始终从属于对华的政治政策。在 1949 年至 1955 年期间，中美两国关系彼此对立，特别是朝鲜半岛爆发的战争使得两国不可能在战略安全领域有任何合作可言。自 1955 年中美华沙会谈开通之后，两国有了可以对国际重大以及敏感问题进行沟通的固定渠道，通过在第三方地点的双边会谈使得中美两国及时了解对方的战略意图并在一定程度上化解了不必要的矛盾，同时避免了因不信任和战略误判而导致局势进一步恶化的可能性。

但也在这一时期，美国对中国实行了严格的科技和军事技术的

封锁。具体来说，美国首部对外出口管制法即《1949 年出口管制法》
（Export Control Act of 1949）是最为集中的体现。该法案不仅明文禁
止美国与中国大陆开展包括军备、技术、石油等在内的科技交流合
作，而且还将美国的贸易对象国划分为多个类型并加以识别，以便在
贸易活动中进行区分处理。[1]

　　1949 年 2 月，美国国家安全委员会（National Security Council）
执行秘书索尔斯（Sidney W. Souers）提交给政府的有关美国对华政策
的评估报告中这样说[2]：

　　1. 应建立对美国对华出口的管制制度。

　　2. 出口管制制度应包括对所有直接军事设施出口中国的禁运，并
应在最终使用的基础上，仔细筛选出口到中国所有中国的重要工业、
运输和通信用品和设备的高度选定时间表。这种筛选的主要目的应是
防止美国希望阻止商品从中国出口或再出口到苏联、东欧和朝鲜。

　　3. 日本对华出口一般应考虑上述因素。

　　4. 其他友好政府在执行这一政策时，应在必要时进行有效合作。

　　5. 这一政策应根据中国的政策和行动不断审查。

　　时隔不久，美国、英国、法国等西方国家又成立了输出管制统
筹委员会[3]，（又称"巴黎统筹委员会"，Coordinating Committee for
Export to Communist Countries），它是对社会主义国家实行军事禁运
和贸易限制的国际组织，此后，该委员会成为制约中美展开科技交流

1　根据与美国的关系将管制程度从严到宽划分为八个组别，分别是 Z、S、Y、P、W、
　　Q、T、V，中国曾被多次识别，先后定义为 Y 类、Z 类、P 类、V 类。Q、W、Y 是华约
　　国家，Z 是敌对国家，V 是友好国家。

2　Note by the Executive Secretary of the National Security Council (Souers), on
　　United States Policy Regarding Trade With China", February 28, 1949, FRUS,
　　1949, The Far East: China, Volume IX, Document790.

3　简称"巴统"，总部设在巴黎，其创始成员国有美、法、德、意、荷、比、卢七国。

的主要障碍。[1]

　　自 20 世纪 50 年代开始，中美关系因为朝鲜半岛局势而交恶。美国一方面将中国的贸易识别由 Y 类转变为 Z 类，另一方面又授权"巴统"组织设立专门负责中国贸易事务的"中国委员会"。美国对华的军事装备和技术封锁使得中国不得不寻求新的途径向苏联等社会主义阵营国家寻求广泛的军事合作。随着 70 年代尼克松访华，中美关系出现缓和趋势，国际体系格局出现深刻性变迁。中美双方的外交联络方式由秘密渠道会谈逐渐转变为互设联络处沟通。这一时期，中美几乎没有实质和具体上的战略安全合作[2]，主要通过"试探性"的会谈为日后中美全面建立外交关系建立基础。但在科技合作层面，中美两国高层通过会谈互访有效推进了中美军事关系的提升以及军备技术交流的进程。实现中美两国广泛的科技特别是军事科技的交流不仅被美国视作是对华政策的一项重要组成部分，同时也是中国能够尽快实现国防现代化的路径之一。

　　作为"缓和"战略的重要组成部分，尼克松政府在充分评估了体系环境的基础上，对包括中国在内的社会主义国家的技术出口政策进行了重大调整，从对华严格技术禁运调整到贸易自由化。具体来说，首先，尼克松政府进一步解构"巴统"的贸易制衡地位。即一方面降低"巴统"成员国向中国在内的社会主义国家出口核心科技装备的准入门槛，例如准许应该向中国出口卫星地面站，准许法国向波兰出口集成电路、晶体管等技术和设备。另一方面利用"巴统"的例外程序，

1　王东，梁凯钦：《卡特政府时期中美军备技术交流述》，《中共党史研究》，2018 年第 2 期。

2　1975 年福特总统访问中国期间宣布美国同意中国以 2 亿美元的价格购置由英国罗伊公司生产的可以用于改良战斗机性能的贝斯发动机，这是在中美关系正常化之前美国为数不多向中国出售武器的孤立事件。

扩大禁运和限运物资的例外条件，进一步从法律层面上破解了美国及其西方国家向中国等国的技术出口禁运体系。其次，对中国的贸易类型进行重新评估。1972 年 6 月，美国在解除对华禁运的同时允许对华出口有限的非军事物资 [1]，不久之后又将中国的贸易类型进行重新界定（即 Z 类转变为 Y 类）。

　　此时对于中国而言，由于中苏关系的破裂，两国原有的军事合作项目相继取消间接使得中国逐渐向美国等西方国家靠拢。早在 1973 年，中国计划经济委员会向国务院提交了一份报告指出在未来 5 年内向发达国家引进 43 亿美元的技术设备（即 "43 方案"）[2]。此后中国开始引进西方国家的技术。考虑从西方引进大型先进设备的安装和建设地点的便利，中国工业技术发展的中心由三线建设的西部地区转向东南沿海等经济发达地区（这在一定程度上也促发了中国的 "改革开放"先行区被选定在东部沿海城市）。总之，在美国取消 "巴统"禁运以及降低对华贸易禁运等一系列政策的影响下，中美的科技交流逐渐进入了良性合作的发展阶段。卡特政府上台之后，美国基于对抗苏联的战略基础和对中国前景广阔的市场需求，开始进一步寻求与中国在包括军事技术在内的科技合作。不仅在军事技术交流、对华武器出口方面逐步放宽限制，促进中美防务合作不断深化。而且在转让民用技术方面也开始松绑。

4.1.2 中国改革发展的需求

　　早在改革开放之前，中国政府就已经建设性的预见到科学技术对于推动中国特色社会主义现代化建设具有举足轻重的作用。在许多高

1　这期间美国对华出口最为代表性的是案例是 1972 年波音公司与中方敲定了美国向中国出售 10 架波音 707-320C 型客货两用机的交易。

2　即《关于增加设备进口、扩大经济交流的请示报告》。

层的党政会议中着重强调学习和引进西方技术的重要性。周恩来总理在 1975 年初第四届人大会议上发表的政府工作报告中就提出了学习西方先进军事技术的口号。不过在这次人大会议之后，周恩来总理就因为身体原因难以主持政府日常工作。于是，在毛泽东的同意下，邓小平再次复出主持党和国家的主要领导工作。上任伊始，他就在经济和科技领域中召开了一系列重要会议并采取了诸多富有成效的政策来整顿"文革"以来国家混乱的局面，具体来说主要分为四个方面：第一，在经济上以"抓生产"为主，从 1975 年 2 月开始，党中央就国民经济计划、铁路运输、钢铁生产以及畜牧业生产等多个领域发布纲领性指导文件以其在最大限度上恢复被"四人帮"破坏殆尽的国内经济。第二，在军队上"抓思想"，7 月份召开的中央军委扩大会议[1]全面批判了"林彪"反革命集团给党和国家造成的严重危害，将全军的思想统一到正常的道路上来。第三，在老干部问题上落实政策，将相当多数在"文革"中遭受迫害的老干部进行平反，年岁较大的给予养老保障，而年纪尚轻的则落实工作。第四，在科技领域"两手抓"，邓小平在对待西方科学技术的态度上并不是简单的"拿来主义"，而是在学习和引进的同时，坚持自主性的基本原则。例如，邓小平在 1975 年 8 月 3 日会见以共和党众议员约翰·安德森（John Anderson）为首的国会代表团时指出："我们是建立在自力更生的基础上的。自力更生并不意味着闭关自守或是一种保守主义。我们应该学习和吸收世界上所有的先进技术。"[2]

1　1975 年 6 月 24 日到 7 月 15 日在北京召开，会议的主要内容有：1. 讨论军队的思想和组织建设；2. 讨论军队编制调整和精简；3. 讨论全面整顿军队的问题。

2　中央文献研究室：《邓小平年谱（1975—1997）（上）》，中央文献出版社 1998 年版，第 85-86 页。

　　在邓小平的主导和整顿下，国民经济逐渐恢复好转。仅以 1975
年为例，当年国家的工业和农业产值分别比 1974 年增加了 15% 和
4.5%。但好景不长，同年底爆发的所谓"反击右倾翻案风"运动使得
刚刚步入正轨的国民经济又陷入瘫痪，邓小平再次隐退。又经过了近
一年艰辛和曲折的斗争，"四人帮"最终被打倒，十年的"文革"浩劫
宣告结束。国家各个领域特别是科学技术的发展形势更加好转，前景
一片光明。1977 年 3 月，中央工作会议召开，总结了粉碎"四人帮"
以来五个月的工作和政治形势，部署了当年党和国家的主要工作。时
任中共中央委员的陈云提出建议让邓小平同志重新参加党中央的领导
工作，王震等人在会上也有类似发言。最后中央政治局的意见是经过
党的十届三中全会和党的第十一次代表大会，正式做出决定让邓小平
同志复出是"比较适当"的。[1]8 月，全国科学技术座谈会在北京召开，
会上邀请多位在全国领域著名的科技界和教育界人士前来献计献策。
邓小平在会上发表了重要讲话，他指出：这个世纪还有 23 年，要赶超
世界先进水平，实现四个现代化要从科研和教育着手……要把先进的
科技成果放到教材里，把数理化和外文的基础打好……高等学校特别
是重点大学必须要搞科研……自己研究和引进技术要结合起来，坚持
"一用、二批、三改、四创"的原则。[2]

　　1977 年 9 月，国务院复设国家科学技术委员会[3]，这意味着国防

1　中央文献研究室：《邓小平年谱（1975—1997）（上）》，中央文献出版社 1998 年版，
　　第 156 页。

2　中央文献研究室：《邓小平年谱（1975—1997）（上）》，中央文献出版社 1998 年版，
　　第 172-173 页。

3　简称国家科委，是国务院下属的专门管理科技事务的部级单位。其前身是 1956 年设
　　立的国家技术委员会和科学规划委员会，二者于 1958 年合并为国家科学技术委员
　　会。文革期间该部门被取消，直到 1977 年 9 月得以复设。

科研领域开始由国家科委统一管理和规划。[1]与此同时，在党中央的大力推动下，中国开始加快引进外国军事技术的步伐。截止 1977 年 10 月，中国先后与日本和西欧多国制造商签订了近 200 项西方先进技术设备合同[2]。邓小平在听取国家计委关于经济计划的报告时，再次提出了"一用、两批、三改、四创"的对外引进方针。[3]即引进技术以后要学会用，然后在此基础上进行批判性的改进，最终得以创新。

1978 年 3 月，为了有效维护粉碎"四人帮"后来之不易的政治氛围和经济形势，充分调动知识分子的科研生产积极性。中共中央决定召开全国科学大会，会期从 3 月 18 日到 31 日，全国科技战线 6000 余名代表出席了这次盛会。邓小平在开幕式大会上发表重要讲话，并提出了"科学技术是第一生产力"这一影响深远的著名论断，对中国的科技发展有着不可估量的影响。此外，大会还通过了《1978—1985 年全国科学技术发展规划纲要（草案）》，该文件分为前言、奋斗目标、重点科研项目[4]、科研队伍和机构、具体措施以及规划的执行和检查六个部分。一方面，这对于当时全国 5400 余个科研单位有着重要的指导意义，在未来的八年时间里他们要建成布局合理、门类齐全的科学技术研究体系，为中国未来的现代化进程奠定雄厚的科技基础。另一方面，使得中国的广大科研知识分子明确了科学技术的现代化建设方案，彻底解除了"文革"以来长期束缚科技发展的思想桎梏，在中国

1　原本拟在国务院设立科教组统筹大学和国防科研工作，后被取消。设立国家科委专门管理国防科研工作，科学院管理大学的科研工作。

2　牛军：《战略的魔咒：冷战时期的美国大战略研究》，上海人民出版社 2009 年版，第 156 页。

3　中央文献研究室：《邓小平思想年编：1975—1997》，中央文献出版社 2011 年版，第 95 页。

4　包括农业方面、资源和自然条件方面、能源方面、工业方面、医药和环保方面、新兴科学技术方面、自然科学理论方面。

科技发展史上留有光辉的一页。

　　会上，邓小平明确指出："四个现代化的关键是科学技术的现代化。没有现代科学技术，就不可能建设现代农业、现代工业和现代国防。没有科学技术的高速发展，就没有国民经济的高速发展……科学技术是生产力，这一直是马克思主义的观点。随着现代科学技术的发展，科学与生产的关系越来越密切。科学技术作为生产力，发挥着越来越重要的作用。现代科学技术正在经历一场伟大的革命。近三十年来，现代科学技术几乎在所有科学技术领域都发生了深刻变化，并发生了新的飞跃，一系列新的科学技术已经产生并正在产生。现代科学为生产技术的进步开辟了道路，决定了生产技术的发展方向。"[1]

　　1978 年 5 月，邓小平在会见外宾时也客观的指出了中国的工业和科技相对落后的现状，提出对外学习、吸收先进军备技术的迫切性："我们提出在本世纪末实现四个现代化的目标……其中最重要的一点就是吸引世界上最先进技术作为我们发展的起点。当然，这不是简单地吸收国外技术，吸引先进技术，更是自己创造。这是一项非常重要的工作。现在我们提出这个目标是有根据的，不是空谈。我们有信心，但这并不容易。我们面前有许多新问题需要解决。我们还需要学习和善于学习。我们在科学上决不能有一点虚假。"[2]

　　1978 年 7 月，国务院召开经济工作务虚会，通过总结了建国 30 年经济建设的经验教训，并且重点研究和讨论了国外经济发展的成功经验，特别是如何加强技术引进、采取灵活方式利用国外资金等问题，会议所体现的经济建设和改革思想对改革开放的启动以及加快中国社

1　中央文献研究室：《邓小平年谱（1975—1997）（上卷）》，中央文献出版社 2004 年版，第 281-282 页。

2　中央文献研究室：《邓小平年谱（1975—1997）（上卷）》，中央文献出版社 2004 年版，第 316 页。

会主义现代化建设有着深远的影响。在会上，国务院副总理李先念指出："决不对外封闭，不学习外国先进的东西。为了大幅度加快掌握世界先进技术必须积极引进国外先进技术和设备。"[1]

　　1978 年 12 月 18 日，在中国当代史上具有转折意义的中共十一届三中全会在北京召开。由于 11 月 10 日中央已经召开了中央工作会议（也可以视作是十一届三中全会召开之前的筹备会），不仅基本上解决了"文革"以来的许多重大原则问题，而且华国锋的执政地位以及其所提出"两个凡是"也受到了批判和质疑。一个月后召开的三中全会则继续围绕上述问题展开更进一步的讨论。除此之外，大会也着重讨论了国民经济的发展问题，确立了改革开放这一影响中国深远的既定国策和战略主张。大会系统回顾了建国以来党和国家在经济建设上所遭受的残酷教训，提出一切从实际出发来发展国民经济，反对不顾客观规律和经济规律的激进主义发展模式。会议还否定了"以阶级斗争为纲"、"无产阶级专政下继续革命的理论"等文革时期的理论思想并高度评价实践是检验真理的唯一标准。这次全会围绕社会主义现代化建设这个中心，讨论决定了关系党和国家前途命运的若干重大问题，一致通过了中共十一届三中全会公报，公报肯定了建国以来经济建设的基本成就，对毛泽东《论十大关系》中有关国家经济发展基本规律的论述进行了高度评价。同时也对今后中国现代化的发展方向做了重大调整，即要在符合经济规律的基础上发展与其他国家的经济合作，引进西方的先进技术，加强科教工作水平，使得国民经济高速稳定的发展。[2]

1　郑谦、伍国友：《中华人民共和国史（1977—1991）》，人民出版社 2010 年版，第 29 页。

2　《中国共产党第十一届中央委员会第三次全体会议公报》，《人民日报》，1978 年 12 月 24 日。

中共十一届三中全会从根本上冲破了中共党内长期的"左"倾错误和"两个凡是"的影响，确定了"解放思想，开动脑筋，实事求是，团结一致向前看"的指导方针。从此以后，中共的指导思想由阶级斗争转移到经济建设上，逐渐形成了以邓小平为核心的第二代领导集体。中国在以邓小平为核心的党中央领导下走向建设有中国特色的社会主义的改革开放道路。应该说，中共十一届三中全会无疑是中国当代史上具有里程碑意义的会议，与此同时，中国逐步打开尘封已久的国门也促使着卡特政府在对华政策上可以朝着更加积极和友好的方向上边进。从客观的角度说，中国在改革开放初期的现代化建设阶段需要与包括美国在内的西方国家展开科学技术领域的交流与合作，充分学习和借鉴有关国家的先进技术，尽快缩小与西方发达国家科技水平的巨大差距。改变以往落后僵化的思维模式，为最终有效提升自主科学技术水平奠定了良好的基础。

4.1.3 美国决策层充分的评估

卡特政府执政初期，美国政府就已经考虑把对华发展军备技术交流作为政策重点。美国国内的官僚部门如国家安全委员会、国防部、中央情报局等部门都对中美科技合作和交流的前景进行过充分的论证和评估，并且对卡特政府最终生成有关中美科技关系的行政令有着重要的推动作用。通过有关解密档案和相关研究文献的线索可以梳理出美国决策层在评估两国军事科技合作和交流的进程基本是以下逻辑顺序进行推进：奥克森伯格（从国家安全部门的角度就中美科技合作的可能性进行评估）——普雷斯（从科技部门的角度就美国在中美科技合作中所应采取的措施进行建议）——布朗（从军事部门的角度就实现中美军事科技合作的必要性进行评估）——中情局（从情报部门的角度对中国当时的具体国情进行了评估）——普雷斯（对中美科技交流和合作进行规划）——卡特（中美科技交流合作的政策文件出台）。

最早对中美科技合作前景进行评估的是美国国家安全委员会亚洲事务主管奥克森伯格，他在 1977 年 11 月就已向他的上司布热津斯基递交了一份评估报告，该文件是继《第 24 号总统参考备忘录》（又称 PRM-24）提到的有关"解除向中国转让国防相关技术和设备管制"的进一步深化性的评估。该备忘录向布热津斯基以及卡特总统阐明了中美关系正常化的背景、问题的复杂性以及美国的备选方案，该报告分为五个部分[1]：

第一部分（即报告导言部分）指出，增加中美两国国防相关技术和设备来源的接触可能有助于美国实现两个目标：（1）改善与中华人民共和国的双边关系，（2）希望看到中国继续具有制约苏联的实力。第二部分介绍了中国的国防科技现状以及其在这方面对西方进口的相关政策。[2]第三部分分析了影响中美军事交流的四个主要因素：政策利益[3]；对美国及其利益的潜在威胁；苏联的看法[4]；美国盟国的态度和政策。第四部分描述了如何对中国进行国防相关技术和设备的出口管

1　Paper Prepared in Response to Section III of Presidential Review Memorandum, FRUS, 1977-1980, Volume XIII, China, Document67.

2　中国因未能跟上苏联或西方的技术发展以及受到苏联的威胁使得对于军事的需求是巨大的。苏联和中国军事能力之间的差距正在缩小，要想对中国的能力产生重大影响，就需要大量西方国家的国防装备和技术。然而，中国从西方和日本获得大量国防相关技术和装备的能力和意愿将继续受到经济、文化、政治以及吸收能力的限制。尽管中国未来可能会增加其军事相关产品的进口，但中国不太可能希望依赖于从西方购买实际的军事最终产品。

3　在商业利益和政治利益上实现平衡。

4　苏联对美国在这一领域的任何倡议的关注程度及其反应的性质可能由五个变量决定：1. 在美苏中整体关系的背景下实现军事交流的时间安排；2. 两国军事交流的规模及其对中国军事能力的影响；3. 转让是否涉及生产技术；4. 转让的材料与提供给苏联的是否一致；5. 美国其他盟国对华军事转让的情况。

制。[1]第五部分阐述了接下来美国的五种备选行动方案：维持现行政策和控制措施；在当前政策总方针下向中国倾斜；使中国和苏联同等获得技术和设备；中国和苏联建立单独的控制程序，对中国的销售控制比对苏联的控制范围小；中国和苏联建立与前一个相同的单独管制程序，但将进一步允许某些类型的军事装备和技术（包括生产技术）向中国销售。

1978 年 6 月，奥克森伯格继去年 11 月之后又向他的上司布热津斯基提交了一份备忘录。该份文件从国际关系的角度出发，就中美提升军事科技合作的前景进行了简要的评估：第一，"如果我们在 SALT Ⅱ 谈判上继续推进而不去寻求与中国关系的改善，那么就破坏了三角外交的精髓，即同时寻求与中国和苏联更为合作的关系。第二，美国无法从中国获得对台湾"和平意图"的承诺，这是他们的主权问题，中国领导人不可能在减少中国最终统一机会的条件下实现中美关系正常化。第三，卡特民调的支持率并不是很高，这也导致了中美的正常化问题不能出现闪失。由于中美关系过于脆弱也无法承受失败的压力。[2]

中美技术交流政策审查委员会主任弗兰克·普雷斯（Frank Press）在 1978 年 1 月也撰写了有关中美科技交流和合作前景的评估报告并递交给卡特总统，该文件主要分为三点：（1）中美展开科技合作的原因（2）美国应该采取的相关对策（3）有关建议。如果说奥克森伯格的评估报告侧重于对中美两国科学技术合作可能性进行初期性的论证和

1　美国对中国采取的禁运行动是受到 1951 年《作战法》的限制，该法案禁止销售武器、弹药和战争装备以及具有军事用途的材料和技术。在该法案的影响下当时除南斯拉夫外所有社会主义国家都受到影响。但是对于民用和军事用途的工业和科学物品也允许例外禁运。

2　Editorial Note, June 19, 1978, FRUS, 1977–1980, Volume XIII, China, Document123.

评估，那么普雷斯的评估则更近一步为今后美国政府在两国科学技术合作所应该采取的具体性政策方案提供了有效的建议，其主要内容主要有：

美国政府应与中国发展一系列科学技术举措……我认为现在开始这一进程是及时的，原因如下：（1）华国锋总理和邓小平副总理都强调要建设一个强大的国防体系，包括引进外国技术（2）中情局报告称，中国购买外国技术的新一轮浪潮可能会在头 12 个月内突破 10 亿美元大关（3）北京方面热情地接受了美国政府对能源集团的邀请（4）西欧国家和日本正积极寻求与中国的贸易、培训和交流联系以抢占美国推迟的行动（指美国对华军事交流）。

美国所应采取的措施：（1）增加美国在中国市场的份额；（2）在两个社会中有影响力的群体之间建立长期联系（在美国接受培训的中国科学家和工程师大多年龄在 65 岁以上，我们和年轻一代没有联系）；（3）通过加强中国的农业和工业能力以及出口自然资源和自给自足（甚至使中国成为粮食出口国）以抗衡苏联，提升中国的战略价值。具有的风险：（1）由于（中美）缺乏外交关系，中国可能会拒绝这种做法；（2）在缺乏广泛联系的情况下提供给中国的资金和技术过多。

建议：我和布热津斯基在代理机构的帮助下与中华人民共和国共同制定一系列科技计划以供批准。这些领域可能包括能源资源、空间应用、高能物理（加速器）、地震预测、自然资源勘探和开发以及农业。这些举措将涉及贸易、培训和长期科技交流。[1]

---

1 Memorandum From the President's Special Adviser for Science and Technology (Press) to President Carter1, January 23, 1978, FRUS, 1977–1980, Volume XIII, China, Document75.

3月，国防部长布朗代表美国的军事系统从地缘战略的角度出发向卡特总统提交了实现中美军事科技合作必要性的备忘录。他的总体性思路是，要加快中美军事关系提升，进而对苏联在远东的战略威胁进行有效的遏制。他提到中美或者建立类似华沙的大使级会谈就共同关心的问题展开讨论，或者美方派遣特别使节到访北京与中方有关人员展开磋商。这样做的目的是为了"挫败苏联在非洲的进一步冒险主义"，同时还可以讨论诸如战略平衡；北约和欧洲共产主义；苏联在南亚、印度支那的军事扩张；甚至包括苏联、美国、太平洋委员会和日本在东北亚的四方关系。"[1]

10月，美国中央情报局（CIA）对于中国当时的具体国情，如集体领导体制以及政策制定现状进行了分析评估。认为邓小平通过"从根本上改革教育制度"、"派遣数千名学生出国接受科学和技术培训"、"向现代化、专业化军队转变"、"扩大在中国自然资源开发方面的对外合作"、"越来越多地依赖外国信贷来资助西方技术的进口"等一系列"独辟蹊径"的政策中实现中国的现代化。"中国通过从西方获取资本和技术来促进现代化的努力在增加。"[2]

10月中旬，总统科学顾问以及中美技术交流政策审查委员会主任弗兰克·普雷斯在评估美国与中国的科技合作前景之后，向卡特总统提交了中美科学技术交流合作（主要是民用科技）对两国外交关系影响的备忘录。备忘录中他对接下来中美科技交流和合作进行了较为系统和详尽的规划：

---

1   Memorandum From Secretary of Defense Brown to President Carter, March 11, 1978, FRUS, 1977-1980, Volume XIII, China, Document83.

2   Intelligence Assessment Prepared in the National Foreign Assessment Center, Central Intelligence Agency", October 1978, FRUS, 1977-1980, Volume XIII, China, Document140.

目前，我们在中美能源开发、学生交流、卫星发射等领域采取了以下行动：施莱辛格最初计划本月中旬访问中国。他将与中方就两国能源（煤炭、石油和天然气）和发电（水电、地热和核能）的合作开发进行磋商。他还将在高能物理领域为中国提供必要的援助和培训。

美国国家科学基金会（NSF）主席迪克·阿特金森说，"美国国家科学基金会成立于 1950 年，是美国独立的联邦机构，其成员由美国总统直接任命。其主要职责包括资助基础研究、改进教育科学、开发科学信息和加强国际科学合作。目前，正在接受中国代表团的访问需求。到明年秋季，预计至少有 500 名中国学生前来交流意见，美国将向中国派出约 100 名学生。"

美国国家航空航天局局长鲍勃·弗罗什（Bob Frosch）已向中国航天代表团发出邀请，讨论购买和发射地球同步通信卫星的问题，我们还计划向中国提供陆地卫星（Landsat）地面基站，并对其数据的使用进行培训。我们希望通过一些低容量卫星率先减少巴统对中国的技术转让壁垒。[1] 除此之外，他在报告中从多个角度对推动中美科技交流进行了系统性的规划（详见下表）[2]：

1　Memorandum From the President's Assistant for National Security Affairs (Brzezinski) to President Carter, October 13, 1978, FRUS, 1977—1980, Volume XIII, China, Document142.

2　资料来源 Memorandum From the Chairman of the Policy Review Committee (China S&T) (Press) to President Carter, October 13, 1978, FRUS, 1977—1980, Volume XIII, China, Document144,.

表 4.1　弗兰克 · 普雷斯评估报告中对中美科技交流的规划

项目	操作规划
预算编制	1. 中国已发表了这样的言论它将支付与有益活动相关的所有费用 2. 各机构将在 1979 财年和 1980 财年预算和人员上限内执行商定的项目 3. 在向中华人民共和国作出任何承诺之前将通过 OMB 对 1981 财年或之后导致额外资源需求的活动进行清算。 4. 对于所有人员交流、访问学者等的机构项目，中国将支付其在美参与者的所有旅行、食宿费用。 5. 当收益主要在中国产生时，中国还将补偿代理机构与其在美国居住相关的直接成本和间接成本（只要这些成本是可识别并且是外国政策所允许） 6. 美国或赞助的美国私人组织将支付美国参与中国互惠项目的费用
部门协调	在初始阶段，活动将由州、国防部、OMB 和其他相关机构通过政策审查委员会进行审查。机构间机制将全面批准所有提案以确保考虑到有关出口管制和预算需要
国家安全	继续通过机构间进程审查出口管制问题
互利互惠	已指示执行机构在制定项目时寻求对美国的所有合理利益

　　11 月 3 日，经历了布热津斯基、普雷斯以及布朗等人一年的充分的评估论证后，卡特总统终于签发了具有历史意义的文件，即中美科技关系的总统行政令 (NSC 431 号文件)——它也成为日后中美两国科技合作特别是军事合作的重要政策指引。该政策文件对到在政策实施过程中所涉及到的有关政策协调、出口管制、项目预算等内容进行了详尽规定，与此同时，他又对中美今后科技合作的有关领域做了具体的规划（详见下表）。[1]

1　Presidential Directive/NSC 431, November 3, 1978, FRUS, 1977–1980, Volume XIII, China, Document150.

表 4.2　卡特政府有关中美科技合作行政令的内容

政策实施内容	具体规定
政策协调	在促进对华交流与合作的初期，我们的所有活动都将在政策审议委员会的协调下，由国务院、国防部、预算管理办公室等有关机构共同开展。
项目内容	具体来说，积极推进有利于两国关系发展的项目，重点推进技术转让、空间合作、能源开发等对外政策影响较小的领域。
出口管制	在这一问题上，我们将遵循先前的出口审查程序，在处理对华关系时将更加谨慎。正因如此，中美两国对武器技术交流的期望不应过高。
互惠互利	所有相关机构都应在所有项目中寻求美国利益最大化，努力实现互利共赢的目标。
预算	中方同意利用资源谋取利益，我们还将制定一些对中国的优惠政策，包括减少和减少美国民间组织参与对华互惠项目的费用。"
合作项目内容	具体规定
能源 [1]	有关煤、石油、天然气的开发合作；水力、核能以及地热发电技术的合作；高能物理的培训合作

---

[1] 美方能源部长施莱辛格于 27 日向卡特汇报了中美能源技术合作的详细计划。他认为，（与中国展开合作的）大量能源项目将为美国工业提供潜在的有利可图的商业机会，并为扩大与美国政府各部门的科技合作奠定基础。我们（美方）将继续利用这些机会。为确保有效和负责任的后续行动，建议能源部设立了一个机构来协调与中国在能源科学和技术方面的合作活动，我们（美方）将根据国家安全委员会的指示协调这些活动。参阅 Memorandum From Secretary of Energy Schlesinger to President Carter, November 27, 1978, FRUS, 1977–1980, Volume XIII, China, Document157.

（续上表）

合作项目内容	具体规定
教育	美方将继续接待中国留学生和研究人员，并对华派遣美国留学和学者
农业	防虫害以及种质交换技术的合作
医学卫生	抗癌症、传染病、基因重组的合作
航空	（协助购买和补偿发射）地球同步卫星、（提供数据、使用培训）陆地卫星及其地面基站，
商业	海洋、气象、渔业、数据管理以及科技专利等领域的合作

但美国决策层内部对于中美合作并不持完全开放的态度，在一定程度上仍然有保留。12 月 12 日，政策审议委员会主持召开全体会议，会议成员包括白宫、国务院、国家安全部门以及与中美合作有相关联系的部门。会上讨论了 11 月 3 日卡特签发的有关中美合作计划的总统令以及两国科技交流合作的前景。会议得出的共识是，在先进技术转让方面美国应该保持总体的"消极立场"，中国可能会继续寻求在某些具体项目上的"合作"（例如购买卫星的零部件等）。而美方应该仔细考虑这其中的原因，并对美国对华技术转让的项目进行审查。并且希望与中国尽快签署上月 3 日卡特总统令所涉及到的民用科技合作项目。[1]

随着中美建交谈判接近尾声，卡特政府对华政治外交政策的总体趋势已经基本成型，这也在相当程度上促进了中美两国军事科技合作

1　Summary of Conclusions of a Policy Review Committee Meeting, December 27, 1978, FRUS, 1977–1980, Volume XIII, China, Document164.

和交流的稳步推进。从中方的角度上说，中国的改革开放进程刚刚启航，在各个领域需要广泛的引入西方的先进技术和装备，而美国的科学技术能够满足中国的现代化建设需要，从美方的角度来说，巨大的市场所带来的可观的经济利益也使得美国的科技商业集团蠢蠢欲动，并希望政府能够借着中美政治外交关系改善的势头扩大两国科技的交流和合作。应该说，卡特总统与 1978 年 11 月 3 日签署的中美科技合作的行政令（NSC 431 号文件）标志着中美两国军事科技关系的初步确立，同时也标准着卡特对华军事科技政策的形成。

4.2 卡特政府对华军事科技政策的表现和本质

4.2.1 卡特政府对华军事科技政策的表现

NSC 431 号文件的颁布为美国政府顺利推进其军事科技政策奠定了重要的制度性保证。在此之后，卡特当局主要通过两种形式促进中美军事科技的合作和交流：（1）通过中美高层互访的契机进而签署双边科技合作协议文件，这些具有开创性和建构性的协议书成为今后两国在科学技术领域合作的重要纲领性指导文件。（2）颁布相应的法律法规（如新的出口管理法）从法律层面降低对中国的技术出口管制。应该说，1979 年初两国关系正常化为中美双方在各领域的深入交流和合作注入了动力：为落实美国向中国的建交承诺即"建交三原则"（废约、断交、撤军），美国在 1978 年的最后一日就宣布在台湾的"外交关系"全部断绝，并计划在 4 月底之前从台湾全部撤走驻军。同时声明所谓"中美共同防御条约"（俗称"美台共同防御条约"）在中美正式建交的一年后即 1980 年 1 月 1 日正式失效。美方在改善两国关系上的"善意和决心"也让中方看到了与美国展开进一步合作的可能性。

中方即利用两国科技合作的良好契机进行了充分的前期准备。具体来说，体现在两个层面，其一是进行切实有效的军事机构的改革布局，其二是立足于引进西方先进科学技术的基础上完善提升国防工业化的机制。不久之后，邓小平在中央军委座谈会上发表有关国防现代化主题的重要讲话，不仅意在为今后的军队组织改革埋下伏笔，更是为了能够顺利推进中美军事科技合作特别是为接下来引进西方军事科技营造良好的人事环境。他在讲话中提到：我们军队最根本的、核心的问题，说到底是机构臃肿，人浮于事……要创造条件，解决这个问题。顾问制度是我提议的，我自己愿意以身作则。如果我们设想一个目标，从一九七九年到一九八五年，能在六年内想办法把军队臃肿的状况解决了，那就会有大批老同志抑或当顾问，抑或退休，抑或转到地方去。确实要这样做，要不然到那时，师以上起码有五万人要安置……一九七七年底军委会议和一九七八年全军政治工作会议制定的方针，今天看无论如何是正确的，问题是都还没有真正扎扎实实地做。主要是抓教育、抓作风，还要认真抓训练。[1]

与此同时，党中央决定把对外引进科研设备、加强对外科研合作以及加速科技现代化作为完善国防工业化的重点路径，这充分体现了当时的中国高层领导人已经对引进西方先进科学技术的基础上完善和提升国防工业化达成了共识。1 月 18 日，邓小平在听取第三机械工业部有关人员介绍国防科技工作现状时提到："加强科学研究是总的趋势……不搞科研我们就不可能有现代化。引进外国大型科研设备，同外国科研机构合作搞科研，加速科学技术现代化……要考虑周到，要配套、搞全，与此同时要和我们的制造结合起来。还可以派人出国，

1　中央文献研究室：《邓小平年谱（1975—1997）（上卷）》，中央文献出版社 2004 年版，第 463 页。

进行技术培训。"[1] 邓小平的讲话再次表明中国对于实现军事现代化的迫切决心，而中方的表态很快也得到了美方的回应。1月29日，邓小平应卡特总统邀请访美，成为了建国以来首位到访美国的中国领导人。在第一天的会谈中，两国领导人对国际地区热点问题展开了深入讨论和交流，并在许多问题上达成了一致性的看法。双方最明显的共识是对于苏联的战略扩张与世界秩序的关系达成了共识。邓小平在谈到中国应对苏联的军事压力中提到：

中国的预警系统尽管还是较为落后，但是中国总是对苏联有可能发出的攻击保持长期的警惕。然而，中国目前的评估是，苏联在远东拥有现有的武装力量，要想发动攻击并不容易。他们在远东的武器还不到总数的四分之一……实事求是地说：苏联并没有在很大程度上增加他们在远东的力量。自从越南问题出现以来，苏联人一直在"叫嚣"，但我们并没有看到他们的力量有多大的增加。尽管如此，中国已经准备好了……苏联加强了他们在远东的海军和空军，就像他们在欧洲所做的那样，特别强调海军的改进。[2]

双方在30日的会谈中就有关中美经济关系以及技术合作等议题展开深入会谈。在技术交流方面，中美双方主要围绕美国对华高技术产品出口以及双边核技术合作展开对话。卡特承认目前中美关系的程度仍难以保障双方贸易完全畅通，但是认为美方会采取相对灵活的政策，如在对华高科技产品的出口上以长期租赁替代出售形式。与此同时，美国也愿意对中国的核技术提供相关支持。[3]

1　中央文献研究室：《邓小平年谱（1975—1997）（上卷）》，中央文献出版社2004年版，第472—473页。

2　Department of State, Executive Secretariat Files: Lot 84 D 241, Box 9, Vance NODIS Memcons, 1979. Secret.

3　Memorandum of Conversation, January 30, 1979, FRUS, 1977—1980, Volume XIII, China, Document208.

　　31 日，中美双方在白宫举行的仪式上共同签署《中美科技合作协定》（Sino-US Agreement on Scientific and Technological Cooperation），这是两国建交后签署的首批政府协定之一，双方根据协定成立了两国科技合作联委会机制并统筹两国科技领域各个层面的合作和交流。[1]1980 年 1 月第一届科技联委会在北京召开，双方又据此签订了有关科技合作的 6 个议定书。在此之后，两国的科技联委会在中美两国轮流举行，每两年一次。该文件成为日后指导两国军备技术交流的纲领性文件。根据该协议规定成立的科技合作联合委员会统筹两国在农业、能源、机械、卫生以及文化等领域的合作协定。[2]此外，万斯国务卿和黄华外长签署了建立领事关系和开设总领事馆的协议（美国随后在上海和广州开设了领事馆，中国在休斯敦和旧金山也开设了领事馆）[3]。中国副总理方毅分别与总统科学顾问普雷斯和美国能源部长施莱辛格签署了农业交流和空间技术合作的协议和高能领域合作的实施协议。[4]

　　2 月 4 日，邓小平结束了对美国的国事访问。在访问期间，他多次表达了希望不断扩大中美交流合作的意愿，获得了美国政府和社会人士的普遍共识，同时也拉开了此后中国政府高层访问美国展开各领域交流和合作的先河。但在美国政府内部仍然有对于中美科技合作持有一定保留态度的声音。也就是在同一天，总统国家安全事务助理布热津斯基向卡特提交了一份备忘录，他们指出，美国只向英、法等盟国提供核试验相关援助的义务，正因如此仍需探讨对华相关技术援助的

1　　王伟中：《加强中美人文交流，提升科技合作水平》，《经济日报》，2013 年 9 月 28 日。

2　　至今中美两国政府有关部门在该协定的框架下共签署了近 50 个议定书，领域覆盖能源、环境、农业、基础科学、交通、水文和水资源、医学、计量标准、核技术、环保等几乎所有的科学技术领域，已成为中国政府对外最大的科技领域合作机制。

3　　完颜亮：《纵横捭阖邓小平》，《党史博采（纪实）》，2014 年第 5 期。

4　　Editorial Note, FRUS, 1977-1980, Volume XIII, China, Document210.

实施，因为这可能涉及政治和法律问题。他们认为，基于中国一些民用技术的水平发展较为缓慢，与此同时中方也希望美方能够提供相关的现代化技术装备，而美国可以向中国提供民用且非涉密的技术。在军事技术合作领域也可以与中方共享非敏感的技术。不过这会涉及到许多政治问题并且存在"风险"。所以他们建议暂时延迟中美军事技术交流，在中止技术交流的这段时间只可以与中国展开诸如资源开采等相关技术的合作。[1]

3月，国防部长布朗在向布热津斯基送交的备忘录中谈及了中美军事科技合作和交流可能面临的三大现实性问题：第一，是否应该积极接受邓小平发出的欢迎美国第七舰队访问中国港口的邀请。第二，是否应该继续扩大与中国的军事接触。第三，面对中国的现代化建设，应如何逐步扩大对华军备技术转让。[2]可以说，在中美建交之初卡特政府虽然在一定程度上放宽了两国民用技术的交流限制，但是对于涉及军事领域的技术交流仍保持谨慎和保守的态度。

虽然美国国内对于中美军事科技合作交流的不同声音层出不穷，但中美两国官方也表面上维持着合作交流的积极态势。1979年5月，卡特在华盛顿召见中国首任驻美大使柴泽民，双方共同探讨建交后中美各领域交流合作的发展情况。卡特认为，邓小平访美之后两国政府和民间的交流逐渐频繁，各领域合作深入开展，这种良好的趋势应该继续得以维持。他还着重谈到了中美的经济和军事关系：

1　Memorandum From the President's Adviser for Science and Technology (Press) and the President's Assistant for National Security Affairs (Brzezinski) to President Carter, February 1, 1979, FRUS, 1977–1980, Volume XIII, China, Document211.

2　Memorandum from Secretary of Defense Brown to the President's Assistant for National Security Affairs (Brzezinski), March 23, 1979, FRUS, 1977–1980, Volume XIII, China, Document233.

　　我们两国之间下一步，也是最重要的一步涉及经济事务，首先是关于债权／资产结算的协议，然后是贸易协定和纺织品问题的解决。然后我将把贸易协定提交给国会，在贵国政府的合作下，我将请求给予中国最惠国待遇。我的目标是与中华人民共和国建立完全正常的经济关系，就像我们与世界上其他朋友和盟友的关系一样⋯⋯我们也听到贵国政府对美台军事演习表示关切。（美方）没有计划、计划甚至讨论过这样的演习，当然也不会进行任何演习⋯⋯美国会积极筹备对大陆的军事合作和交流。

　　美方的积极表态得到了中方柴泽民的积极回应，并希望两国能以世界，和平稳定的角度出发，尽最大限度的推动中美军事关系顺利发展。[1]此后，中美两国高层互访更为密切。截至 1980 年底，中国与美国省（州）部级及以上官员访华的成员主要有（详见下表）[2]：

表 4.3　1979—1980 年中美高级别官员来访统计

美方访华人员	访华时间
财政部长布卢门撒尔	1979 年 2 月 24 日—3 月 4 日
阿拉斯加州长哈蒙德	1979 年 2 月 24 日—2 月 28 日
宾夕法尼亚州长索恩伯	1979 年 3 月 8 日—3 月 18 日
商务部长克雷普斯	1979 年 5 月 6 日—5 月 15 日
部长级贸易谈判特别代表斯特劳斯	1979 年 5 月 26 日—6 月 2 日
卫生部长卡利法诺	1979 年 6 月 21 日—6 月 30 日

1　Memorandum of Conversation, May 3, 1979, FRUS, 1977-1980, Volume XIII, China, Document241.

2　资料来源：冬梅，《中美关系资料选编》，时事出版社 1982 年版。

（续上表）

美方访华人员	访华时间
副总统蒙代尔	1979 年 8 月 25 日—8 月 31 日
国防部长布朗	1980 年 1 月 5 日—1 月 31 日
劳工部长马歇尔	1980 年 12 月 15 日—12 月 19 日

中方访美人员	访美时间
副总理康世恩	1979 年 5 月 28 日—6 月 12 日
财政部长张劲夫	1979 年 7 月 10 日—7 月 24 日
农业部长霍士廉	1979 年 7 月 21 日—8 月 3 日
外贸部长李强	1979 年 10 月 22 日—11 月 1 日
经济委员会主任袁宝华	1979 年 11 月 5 日—12 月 7 日
林业部长罗玉川	1980 年 4 月 24 日—5 月 18 日
央行行长李葆华	1980 年 4 月 28 日—5 月 28 日

在来访的美方人员中最具有代表性的非美国副总统蒙代尔（Walter F. Mondale）莫属。1979 年 8 月底，他率领代表团到达北京，成为有史以来首位访华的美国副总统。在访华期间，蒙代尔同邓小平和华国锋等中国高层领导人展开会谈，并且签署了多项协议书。[1] 副总统代表美国政府与外国签订协议书在美国历史上极为罕见，不过这也为副总统代表政府签署对外条约和协定开创了先河。除此之外，蒙代尔还在中国的最高学府北京大学发表了具有历史意义的演讲，通过这次演

1　如中美两国政府 1980 年和 1981 年文化交流执行计划、中美两国政府水利发电与有关的水资源利用合作协议书等。

讲，他向中国政府转达了美国渴望与中国在经济、军事等领域的合作并转达了美国政府为推动中美的经济关系而采取的政策：除了包括在 1979 年年底将中美两国贸易协定送交国会进行审议之外，还有美国政府计划授权其国内的进出口金融机构在五年内按逐项确定的方法向中国提供总数约 20 亿美元的贷款；美方准备用补偿安排的方式协助中国发展水电方面的相关技术；倡议美国商业向中国投资等。[1] 蒙代尔在北大的演讲获得了国内外的高度评价，美国有的媒体甚至认为美国历史上几乎没有领导人能够在中国获得如此殊荣。

除了经济领域之外，中美关系在蒙代尔访华之后还在军事技术交流层面获得了长足的发展。他在访华期间向中国提出了美国国防部长哈罗德·布朗访华的提议并得到了中方的积极回复。在欢迎蒙代尔访华的欢迎宴会上邓小平说：

建交以来，中美两国政府签订了一系列双边协定，我们在政治、经济、文化、科技等领域的合作日益增进，两国人民的友好交往日益频繁。当然，我们双方希望两国关系今后将有更大的发展方针的过程中，我们要加强同外国的经济贸易关系和科学文化技术等方面的交流。这不但为中国人民所需要，也将对同我们交往的各国人民带来好处。我相信，中美两国的经济合作是有广阔前途的……我国的社会主义现代化建设需要一个和平的国际环境，世界人民也都希望在和平的环境中幸福地生活。[2]

蒙代尔在与邓小平的会晤中谈及有关中美军事交流的议题。邓小平认为，中国目前的军事技术目前还相对滞后，但是提升中国的国防

1　资中筠：《战后美国外交史——从杜鲁门到里根（下册）》，世界知识出版社 1994 年版，第 823 页。

2　冬梅：《中美关系资料选编（1971.7—1981.7）》，时事出版社 1982 年版，第 56 页。

现代化不仅在于维护国际社会的安全，还可以应对苏联的战略扩张。希望美国以及盟友在适当情况下提供对华援助。蒙代尔认为，在军事交流方面中美两国虽然在一定程度上存在着许多障碍，但是美国与盟国正在商讨研究对华技术出口的审批制度以及中苏区别对待政策。美方认为中美存在广泛的战略利益，并提到了美国向中国转让武器的具体计划，并表示美方可以向中国出售部分先进研发的技术。

蒙代尔的访华在中美关系史上具有重要的历史意义。这不仅在于他是美国历史上首位访华的副总统，更在于这次外交访问有效推动了卡特政府对华政策的具体落实。在他访华前后，中美两国在科学技术领域的许多方面都已经实现了有效的合作。正如普雷斯呈交给卡特的与中国科技交流现状的备忘录所说：

在海洋石油勘探方面，中国人接受了我的建议，最近从美国几大石油公司租用了地震勘探船。租赁安排规定由美国技术人员进行全面的现场控制，从而缓解出口管制问题。

在空间技术领域，（美方代表团）最近率团访华，就中国购买美国广播和通信系统和陆地卫星地面站进行第二轮谈判。

美国能源部发起了一项高能物理合作计划，其中包括美国在设计、测试和制造中国拟建同步加速器方面的援助。

我们在其他领域达成了协议：计量学；计量和标准；工业管理；数据控制和检索；渔业科学；大气科学；卫生和医学。美国地质调查局正在与中国讨论地球科学和地震研究合作协议。[1]

1979 年 5 月，为进一步促进双方在科学技术管理和科学技术情报领域的合作和协作，中美两国于 8 日在北京签署了《中美科技管理和

1　Memorandum From the President's Adviser for Science and Technology (Press) to President Carter, July 27, 1979, FRUS, 1977–1980, Volume XIII, China, Document257.

科技情报合作协定书》（全文共八款条文）[1]，同意在中美科技合作联合委员会指导下按照平等互利的原则开展有关合作。这也标志着，中美两国在科学技术交流领域有了制度性的保障机制。

此后，卡特政府又推行了更多的有利于促进中美军事交流的政策措施。9 月，在听取了副总统蒙代尔的访华报告之后，美国开始进一步降低对华军事技术出口的门槛，决定多项军备内容派发对华出口许可证。10 月，国会正式颁布实行新的《出口管理法》（Export Control Act of 1979），从法律层面降低对中国的出口管制。两个月后，国防部拟定了来年（即 1980 年）中美两国军事技术合作和交流的主要任务。美方认为军事技术出口和转让应该尽快进行。在基于中苏区别对待原则的同时充分考虑和评估中方获得军事技术后果的可能性。此外要增加对华武器技术转让的方式。[2]

1979 年末，苏联入侵阿富汗导致美苏关系进一步恶化：早在 1978 年初，亲苏势力人民民主党激进派塔拉基在克格勃的支持和操纵下发动政变，推翻了达乌德政权并建立了阿富汗民主共和国，即所谓的"四月革命"。[3] 塔拉基担任国家元首期间国内政局动荡，人民民主党内部也发生了内讧。1979 年 3 月他的政敌哈菲佐拉·阿明出任政府总理，

1　根据该协定第 2 条规定在工业科学技术管理领域的合作可包括下列形式：1. 交换与提供工业科学技术管理方面的出版物和文献；2. 交换工业科学技术管理专家和学者讲学；3. 交换培训工业科学技术管理人员；4. 联合组织学术会议、讨论会和培训班；5. 双方同意的其他合作形式。又根据该协定第 3 条规定在科学技术情报领域的合作可包括下列形式：1. 交换和提供各种已有的科技情报；2. 为使用已有的情报系统和数据库提供方便；3. 为发展和改进这些数据库和情报系统进行合作；4. 交换培训人员；5. 双方同意的其他合作形式。

2　Memorandum From Secretary of Defense Brown to President Carter, December 13, 1979, FRUS, 1977-1980, Volume XIII, China, Document283.

3　潭荣邦：《苏联侵略阿富汗原因新论》，《当代世界与社会主义》，1996 年第 10 期。

阿明上台后很快发动政变处决了塔拉基，自己出任阿富汗总统。但阿明的执政思路并不符合苏联人的战略意图。一直以来，苏联就希望以阿富汗作为其"南下"的跳板，打通其进入印度洋的路上交通线。这样既可以有效拓展苏联以及华约对于西欧国家的战略围堵，又可以对海湾国家的石油运输通道进行威胁以期干涉世界石油市场。

而阿明上台后种种对于苏联阳奉阴违的行动，即表面上称苏联是其重要的"盟友"，另一方面加速与美国实现关系正常化以脱离苏联的控制。这使得莫斯科当局确立了更换阿富汗执政当局的决心。早在1979 年的 8 月，苏联就以"援助"名义向阿富汗派遣了军队并控制了阿富汗北部的部分地区。与此同时又秘密的在两国边境设立指挥部以应对指挥即将爆发的军事行动。12 月 27 日，苏联发动了震惊世界的侵阿战争。

苏联的军事扩张在美国 1980 年初的国情咨文中得以充分的体现。卡特在国情咨文中强调，我们必须要坚决维护我们的立场，任何外国势力企图控制其他国家，都将被视为侵犯美国的核心利益，我们将采取包括武力在内的一切手段予以回应。[1] 为了进一步向苏联当局施加压力，美国开始考虑将对华出口管制的各项政策由设想转变为现实。次年 1 月，美国总统卡特曾经在年度国情咨文中做出表示："我们一定要坚决阐明属于我们美国自己的立场，不管任何企图控制我们的外来势力，终将会被我们视为侵犯美国的核心利益，对此，我们将毫不客气地采取包含武力手段在内的全部方法来进行回应。"[2] 为尽快向苏联进行战略施压，美国考虑落实有关放宽对华出口管制的各项政策。

1　兹比格涅夫·布热津斯基著;邱应觉译:《实力与原则》，世界知识出版社 1985 年版，第 481 页。

2　兹比格涅夫·布热津斯基著，邱应觉译:《实力与原则》，世界知识出版社 1985 年版，第 481 页。

布朗在访华前曾经向卡特发表了这样的言论说他此次访华的目的就是要调整对华出口管制、加强双边军事合作、讨论地区安全形势等，希望继续放宽对华军备技术出口，不断扩大中美军事交往的范围，并提出将对华军售、防务规划、联合军事行动纳入议事日程，力求实现维持全球军事战略平衡的目标。

1980年1月，国防部长布朗访华，成为首位到访中国的美国国防部长。7日，布朗与耿飚副总理举行会谈。双方就有关地区热点问题交换了看法，并且对中美定期展开"热线交流"达成了基本的共识，即这种机制是对中美军事交流和合作的进一步拓展。当然这还需要相关的技术手段作为支撑以提高双方的沟通成效。布朗还就加强中美军事合作交流提出以下观点：

第一，我想邀请你在双方都方便的时候来我国，并建议从现在起我们定期会晤。第二，我建议，一旦驻京使节有足够的工作和生活条件，我们将在互惠的基础上扩大我们各自的武官办公室。第三，我想邀请你们军校的一个代表团访问我们在华盛顿特区的国防大学，并参观我们在美国的一些军事设施。第四，现代军事力量需要广泛的支持来维持。我们愿意在适当的时候与您讨论我们在这些领域的经验。最后，我们最关心的是防止世界危机升级为对抗和战争。我们已与朋友和对手（英国、德国、苏联等国）建立了特殊的沟通安排，以便在危机情况下进行方便和保密的沟通。我们认为，鉴于我们两国关系的新状况和两国在世界事务中的重要性，在危机和其他特别敏感的情况下，建立一种直接的沟通联系，在实质上和象征意义上都是适当的。

中方在肯定美方提议的基础上，又提出希望美国继续放宽对华出口管制：我们看到我们两国之间的商业和经济关系迅速发展。我们希望尽早给予最惠国地位，因为它现在限制了我们的双边贸易。我们希望，在取得一些进展的同时，你们能解除过去遗留下来的禁运，不要把中国和苏联放在同一个 Y 类。[1]

与此同时，针对中美军事技术交流的相关事宜，布朗再度确认美国会推行中苏区别对待的政策原则，并且当前正处于逐项审查阶段，待完结后将尽快与国会进行磋商。据布朗透露，白宫近期决定对华转让两项军事技术，即陆地卫星和地球物理系统。通过这种行为来体现美国在对外技术出口领域的中苏区别性。但是受制于该两项内容涉及到军事科技的敏感性，白宫计划以所谓"租赁协议"的形式逐项对上述两项技术的出口进行审查，这实质上也反映了美国政府害怕和担心其本国的核心科技落入到中方手中。

在第二天布朗与邓小平进行的会谈中，美方的上述立场依然表现明显。在会上，双方虽然肯定了中美建交以来双边关系迅速发展的势头，但在谈到两国技术合作和交流问题的议题时，布朗表示："关于技术转让，美国已经把苏联和中国区分开来。例如，我们同意向中国提供陆地卫星，但不向苏联提供。"但邓小平表示技术转让的范围过于窄。布朗则辩称："我们的专家将对此进行详细讨论。美国的政策是，虽然我们不向中华人民共和国出售武器，但这并不适用于所有的军事装备。我要区分军民两用技术和军事装备，例如监视和预警设备，例如超视距雷达。我准备和你们的技术人员私下讨论这个问题。这是一个独立于技术转让问题的新课题。"[2]布朗又继续补充道："我想区分武器转让、军事装备转让和技术转让。此外，还有纯民用技术，其中一些既有民用又有军事用途，还有纯军事技术。武器和军用物资之间的界限并不明确。每个人都会同意卡车是军事装备，但不是武器。我想

1　Memorandum for the Record, January 7, 1980, FRUS, 1977–1980, Volume XIII, China, Document291.

2　Memorandum of Conversation, January 8, 1980, FRUS, 1977–1980, Volume XIII, China, Document292.

说，有些雷达是武器，有些则被视为装备。我们的立场是，我们不转让武器，但愿意转让军事装备。"[1]

2月，《中美贸易关系协定》正式签署生效，确认两国政府机构在双边经贸关系中发挥重要作用。此后，中美两国先后在基础科学、核能、航空、电子通信等领域签署了一系列合作协议。然而中美两国在军事武器出售、核心军事技术转让等核心敏感问题上依然没有达成一致。与此同时，中国也提出了处理与美国进行军事科技交流合作的立场，即"合资企业"原则。其最早见诸于1980年4月，邓小平在国外某电视台现场采访时提出："中国是一个大国，完全依靠外资建设是不可能的。我们必须以自力更生的基本原则为基础。按照其他国家的模式建设中国是不可能的。但中国也不能闭门造车，要充分吸收国外先进经验，充分利用外资和国外技术，加快发展。我们欢迎国际资金帮助我们发展。你们称之为跨国公司，我们称其为它合资企业。我们欢迎这种做法。"[2]

解放军副总参谋长刘华清5月率领军事技术代表团访问美国时，又在邓小平的基础上对中国引进西方技术的立场进行了进一步的解释说明，主要内容包含五个方面：

1. 自力更生、国防建设是我们的一贯方针……我们也希望引进国外的一些先进技术来加快这一进程。

2. 引进国外先进技术装备包括两个方面：一是引进技术专利；二是购买部分武器装备……我们需要的是先进的技术。

3. 我们的战略方针是积极的战略防御。

1　Memorandum of Conversation, January 8, 1980, FRUS, 1977–1980, Volume XIII, China, Document293.

2　中央文献研究室：《邓小平年谱（1975—1997）（上卷）》，中央文献出版社2004年版，第626页。

4. 中国国防现代化的实现有赖于整个国民经济的发展。我们实行军民结合的政策。对于引进项目，要有利于国防建设和经济发展。它们可以用于军事和民用目的，以便最大限度地发挥进口技术的作用。

5. 在科学技术领域，我们应该向其他国家学习，以便相互学习……美国在许多科技领域都处于领先地位，肯定有很多值得借鉴的地方。[1]

此后，卡特政府除了重申布朗访华期间的各项承诺外，逐渐开始在对外出口领域区分中苏两国。与此同时，美国在对华防御性武器技术转让方面开始松动，最明显的现象是 4 月卡特政府宣布中国将从 Y 组划入到 P 组，以示区别于苏联。这是对 1 月 7 日布朗与耿飚双边会谈时中方所提出的要求的善意回应。除此之外，在逐项审查的基础上，美国决定向中国出售军民两用技术。[2] 这表明美国开始不断放松对中国的出口管制。

美国国务院、国防部以及商务部在 7 月联合颁布了对华出口管制原则的具体指导议案，其中着重针对军事技术项目作出详细说明："有证据表明某一特定的最终用户从事军事活动并不一定会导致否认……军事最终目的设计、开发或制造而专门设计的设备和技术资料，如果最终产品不被批准或只批准数量有限，则可能会被拒绝。用于设计、开发或制造核武器或运载系统、电子战或情报收集设备的设备和技术数据将不予批准。采用先进技术的设备，其性能超过规定的民用或者经批准的军事用途的，不予批准。

这些新准则的效果将是，许可证不再仅仅因为最终用途是军事用

1　《刘华清军事文选》编辑组：《刘华清军事文选（上卷）》，解放军出版社 2008 年版，第 153—154 页。

2　虽然有些情况下可能会被拒发出口许可证，但实际上美国给予中国与苏联不同的优惠待遇。

途或最终用户参与军事活动而被否决。即使设备或数据可用于设计、开发或制造战术军事物品，也可批准许可。此外，许可证将不再仅仅因为设备采用了某些先进技术而被否决，前提是技术水平被评估为适合于规定的和可接受的最终用途。

商务部应优先考虑为中国处理积压案件。商务部还应与国务院、国防部和国家安全委员会合作，制定一个适合公开发布的指南版本。案件的处理和许可证的发放不应等待这些准则的公开版本的发布。"[1]

这份议案所传达了两个重要信息即，其一，美国向中国出口的技术仅包括民用科技和"经批准"的军事科技。其二，美方会充分评估向中国出口的技术最终会被中方如何利用，美方不允许中方将技术应用到敏感领域。

美国国防部副部长佩里（William J. Perry）9 月应邀率美国军事技术代表团访华，就技术转让等问题同刚刚上任的国务院副总理张爱萍以及解放军副总参谋长刘华清举行了会谈。随后，布热津斯基向卡特汇报了本次中美会谈情况。在谈到中国军事技术发展现状时，布热津斯基认为：（1）（中国）生产技术停滞在 1950 年代苏联提供的水平上（2）中国认识到它们的军事弱点以及在没有外国援助的情况下无法很快消除这些弱点（3）中国决心发展，最好是与美国的军事技术合作关系。如果不与美国合作，则会与其他西方国家建立军事技术合作关系。至于向中方转让技术的范围和重点，布热津斯基认为，应该避免向中方提供高技术的转让（美方认为，受制于两个巨大的科学技术差距，尖端技术的转让对中国没有任何帮助），而重点向中国提供中低端的技术转让。这些技术转让可以为中国军事工业的"进化"升

1　Memorandum From the President's Assistant for National Security Affairs(Brzezinki), July 21 1980, FRUS, 1977–1980, Volume XIII, China, Document315.

级服务。[1]

综上所述，经过了中美双方一系列的会谈，彼此对于扩大两国军事科技交流和合作达成了一定性的共识，这种共识也促使着两国军事科技合作关系不断加强。可以从布热津斯基 1980 年 10 月向卡特呈交的备忘录中看出中美各领域特别是军事科技层面的合作和交流趋势：

（中美）贸易额从 1978 年的 11 亿美元增加到 1979 年的 23 亿美元，翻了一番多。今年，我们估计这一数字将再次翻番，达到 40 亿美元。1978 年我们没有交换学生。现在（1980 年）有大约 4000 名中国人在美国学习……（预计全年）将有超过 70000 名美国人访问中国……我们在科技方面有 13 个单独的工作协议，这不仅给我们带来了当前和政治上的商业利益，而且使我们的科学家和技术人员能够分享中国在医学、地震预报和农业方面的研究。[2]

4.2.2 卡特政府对华军事科技政策的本质

本书第二章重点对卡特政府对华政治外交政策生成的逻辑从体系和单元层次进行了系统性的分析。而当中美两国正式建交后也标志着两国关系得到了根本性的定位。日后无论是经济文化还是军事科技领域的合作和交流都可以视作是两国政治外交政策的延续或附属。通过对卡特政府时期美对华军事科技政策基本脉络的叙述和分析，可以看出美国与中国在相关领域的交流和合作视作保持着矛盾性和两面性：卡特政府时期美国对华军事科技政策的调整是伴随着中美两国政治外

---

1 Memorandum From the President's Assistant for National Security Affairs(Brzezinski)to President Cater, September 26 1980, FRUS, 1977-1980, Volume XIII, China, Document320.

2 Memorandum From the President's Assistant for National Security Affairs (Brzezinski) to President Carter, October 10, 1980, FRUS, 1977-1980, Volume XIII, China, Document322.

交关系全面转型的前提下得以进行的。虽然中美军事科技的交流和合作在中美建交之后获得了长足的发展，美国不断降低了对华出口管制门槛，适度将部分不具有涉密属性的民用技术转让给中方，但始终把对华出口限制在自己可控的范围内，严格限制可能涉及敏感军事技术装备的出口，也没有实现对中国直接的武器出售。如果从美国身处的体系和单元层次进行分析可以看出这种看似缺乏逻辑的矛盾政策有其必然性。

在体系层次，苏联的战略扩张使得美国战略环境不断恶化的宏观背景使得卡特政府必须做出相应的政策回应。而政策回应的形式、时间就需要考虑其国内单元层次的实际情况。美国国内的外交思想、外交决策者的认知、国内制度以及社会力量都会对政策的运行起到中介性作用（即或加速推进或是阻碍制约）。这里中介性的单元变量主要是前两种，即理想主义与现实主义相互交织的外交思想和布热津斯基所谓"实力与原则"的体系认知。

基于国际权力分布的现实主义思想，美国不得已要在亚太选取中国这样一个与其曾经高度对立并且意识形态迥异的国家进行合作进而实现对于苏联的战略围堵和遏制。而美国向中国转让大量的军事技术和民用技术也是希望利用这种途径快速使得中国具有遏制苏联的国力资本。但两国毕竟存在较大的价值观分歧并且存在诸多的利益冲突，美国不可能完全对中国毫无保留的输送科学技术甚至直接放开对华武器出口，这无异于"养虎为患"。故而美国一直在"资助中国实现对苏联遏制"和"避免过分扶持中国"两者之间选取平衡点。

当时，中美两国基本上建立了一种谈判关系，使双方能够就共同关心的问题进行定期磋商，与此同时也给各方带来了不同程度的利益。就美国而言，它通过与中国的武器技术交流创造了丰厚的商业利润，不仅缓解了国内经济危机，而且成功地将公众的注意力转移到了中国关系上，有利于维护国内政治稳定。就中国而言，通过引进国外技术和设备，改善了落后的发展状况，从消化吸收到自用，实现了模仿到自我控制的目标，不断推进自身现代化的建设步伐。中国军事国防实力的提升也从某种程度上实现了对苏联的战略制衡。但美国也不希望过分扶持中国。卡特政府自始至终在对华军事科技出口上进行审查机制，同时严格禁止具有高度涉密和尖端的科学技术进口中国，另外在对华武器出口上也没有实质性动作。与此同时，美国仍然通过对台军售引发两岸关系紧张，即利用对华军事科技合作的主动权在台湾问题上做筹码，期望在对台军售上遏制中国军事实力的提升。

　　基于理想主义的价值观驱动，美国希望通过与中国不断的战略对话和科技合作使得后者逐渐认识并熟悉美国所建立的科技文明秩序，将中国拉入到以西方世界为主导的国际体系中，并在这个过程中输出美式的价值文明最终实现对中国的西化。而这时期美国对华的经济文化政策也深深打上了理想主义与现实主义相互交织的烙印。具体来说，从现实主义的角度，美国在一定程度上希望利用两国经济文化关系逐渐紧密的契机赢得中国市场，获得可观的商业利益。从理想主义的角度，毕竟两国意识形态迥异，美国自恃为人类文明的"引领者"，更希望在与中国的经济文化合作与交流的同时传播其文化价值观，进而实现对中国"和平演变"的妄想。可以说，这时期美国对华军事科技政策和经济文化政策不仅深刻折射出美国理想主义与现实主义相互交织的政治文化，而且也体现了布热津斯基的"实力与原则"的体系认知：美国对外战略所要遵循的是实力和原则，即在考虑自身实力客观能够接受的情况下，维护美国国家利益和宣扬美式价值观二者之间实现最大限度的平衡。总之，卡特政府时期美国在对华经济文化、军事科技领域的政策与美国自身单元层次的政治文化特征和政治精英的体系认知有着千丝万缕的联系。

第 五 章

卡特政府对华政策的特点和中国应对的经验

5.1 卡特政府对华政策的特点

卡特政府的对华政策生成和运行是 20 世纪 70 年代美国所基于的国际体系和单元层次复合作用的结果，而有关政策制定的动机值得进一步研讨。上文提到，政治外交政策是卡特政府对华政策的起始和基础，此后有关经济文化政策、科学技术政策都是围绕政治政策的总体逻辑进行展开。但是经济文化政策的实质是美国希望在与中国的经济互动中推行"和平演变"战略，妄图颠覆中国政府，使其成为"西方自由社会的一部分"。在中美科技交流和合作过程中，美国始终对中国心怀戒备，并不情愿把自身的尖端科技成果分享给中方。卡特政府推进与中国在科技领域上的合作，除了希望借助中国的实力对抗和遏制苏联之外，就是试图将中国强行纳入以美国主导的国际体系，逐步完成对中国的同化。通过上文，我们系统梳理了卡特政府对华政策生成和运行的基本轨迹。在这个基础上，有必要对卡特政府对华政策的特点做进一步的解读。

（一）卡特政府对华政策在运行方面上具有矛盾性。造成这种特性的根源是美国政府在对外政策上始终受到现实主义与理想主义这两种外交文化的双重影响。从现实主义的角度来看，卡特政府的外交政策受到美国外交现实主义国家利益至上的历史传统所影响。依靠着现实主义的外交传统使得美国不断拓展其国家利益，实现其全球战略霸权。卡特政府的不少政治精英在面对美国全球战略环境的不断恶化以及国际相对实力的持续衰退时，开始深入反思和正视对于体系的客观认知，不能继续实行对苏"缓和"的不切实际的战略实践。盲目在中苏关系上实行"一碗水端平"已经不能更好的符合并实现美国的国家利益。换句话说，如果美国继续纵容苏联在体系层次的扩张就会给美国带来后患无穷的结果，最终失去与中国关系正常化的最佳时期。从理想主义的角度来看，卡特政府在对华政策上也深受美国理想主义文化所蕴含的核心价值观的策动。美国人认为"自由、民主以及人权"这些属于普世价值，已经成为美国人性格基因的重要组成部分。扭转亲苏的战略不仅是为了表达对苏联长期在国内打压"人权异议人士"的不满，更是对卡特"人权外交"的声援。这种声援可以为美国树立所谓"普世价值的捍卫者"以进一步号召和凝聚国内民众。正是基于这种理念，卡特政府在对华政策上夹杂着这种文化烙印。在对华关系上会不自觉的推行其所谓的"优越价值观"，达到同化中国的目的。

　　总的来说，在国际体系条件恒定时，理想主义与现实主义相互交织的战略文化会使得美国的对华政策产生一种"精神分裂"式的矛盾。一方面，美国考虑现实主义的眼前利益，积极与中国开展经济文化等领域的交流，有效推进两国关系发展，以便能够联合中国对苏联实现战略遏制。另一方面，美国又受到理想主义的影响，希望从价值观层面改造中国，甚至不会放弃"和平演变"图谋。通过输出大量与中国现实和传统极不相称的美式"价值"和"精神"向全世界去证明美国的价值观具有"普世性"，美国是这个世界"正义的代言人"。

　　（二）卡特政府对华政策在两岸问题上具有双轨性。在建交谈判时，美国虽然答应了中方提出的"建交三原则"即废约、断交、撤军。但是在两国关系正常化以后，美国通过了另一种方式继续运行着与大陆平行的对台政策。这种行为严重破坏了"建交三原则"的履行：首先，中美建交之后不久，美国就宣布与台湾当局在 1954 年签订的所谓《中美共同防御条约》失效。可为了"兼顾"台湾当局的态度，美国国会又在不久之后通过了《台湾关系法》，继续以法律形式维持与台湾的关系。其次，虽然美台早在 1979 年就断绝了所谓的"外交关系"，但在此之后双方仍在彼此城市设立具有"外交性质"的民间非营利组织。美国在台湾省台北市设立所谓"美国在台协会"[1]（American Institute in Taiwan，AIT），宣称是为了维持与台湾当局的经济和文化往来，以及执行美国各政府部门在台的活动事宜。台湾当局在美国纽约设立所谓"驻纽约台北经济文化办事处"（Taipei Economic and Cultural Office in New York，TECO-New York），办事处名义上是沟通台北与纽约在经济和文化的交流和合作，但在实际的运作上就相当于驻外"领事馆"。最后，美国在建交谈判中也保证撤出其驻扎在台湾的"军事顾问团"[2]。该组织虽然不是名义上的驻军，但在台湾当局的军队中甚有影响力。[3]在 1979 年 3 月军事顾问团"从台湾撤走之后，美国仍然每年向台湾当局出售相当数量的军事装备。

（三）卡特政府对华政策在未来前景上具有短期性。卡特在对华关系上扮演的角色更像是一个自相矛盾的"双面人"。带来的后果就是不仅使中国对美国对华政策的确定性、权威性以及持续性产生了

1　美国依照《与台湾关系法》于 1979 年设立该协会。对外宣传为民间组织，但经美国国会的相关授权，美在台协会也办理与领事馆相同的事务，包括核发赴美签证以及美国公民服务等。

2　即"美国军事援助技术团"（Military Assistance and Advisory Group），朝鲜战争爆发后，美国以"重新资助"台湾为名义于 1951 年 4 月让其进驻，首任团长为少将蔡斯（William Chase）。该顾问团在人数最多时曾达到 2300 人（1955 年）。

3　台湾当局军队只要是营级以上的编制就至少配备一名美国顾问团的士官以"督导"。除了具有督导军队的人员编制外，该团还设有本部、台湾各地分团、陆海空军组、联勤组。与正规的军事驻军无异。

不信任感，更让卡特在美国国内受到了两边不讨好的尴尬境地。主张对华强硬的人士认为政府的对华关系过于亲近，在政治外交、经济文化乃至科学技术领域给予中方的优惠太多，这会造成美国的国家利益受到侵蚀和威胁。主张对华和缓的人士又质疑卡特的对华政策，比如在处理两岸关系方面，认为美方言而无信，并没有遵守中美三个联合公报的精神，在与台湾"断交"后仍然给与台湾客观的政治、经济甚至军事资源。这并不利于两岸局势的和解，甚至不对于中美关系持续和健康发展。里根上台以后，为了进一步迎合国会内部的对华强硬派，稳固其权力地位，他开始在对华关系上"开倒车"。在涉台事务上，加大对台湾出售武器的力度，并承诺"为台湾的安全和繁荣承担应有的义务"。[1] 在对华关系的虽然主张建立"长期和建设性的关系"，但是不再强调中美具有战略关系。实际上，当时的美国政府已经逐渐意识到中美双方的战略共识正在变得模糊，二者在意识形态层面的天然差异难以修补，中国加入到美国战略阵营的设想简直就是天方夜谭。

5.2 中国应对卡特对华政策的经验

中美关系对于东亚甚至全球的和平和发展有着至关重要的影响。从历史的实践中证明，两国关系是走向积极合作的良性发展道路还是陷入零和博弈的深渊都是由美国所决定。冷战以来，历任美国政府的对华政策从表现形式上看不尽相同。20 世纪 70 年代以前，美国政府在对华政策上奉行遏制的战略逻辑。尼克松时代开始对华关系开始和

1　王玮：《美国对亚太政策演变（1776—1995）》，山东人民出版社 1995 年版，第 377 页。

缓。到了卡特政府时期中美关系实现正常化。可以说，这个阶段美国对华政策的走向与其身处的体系层次和单元层次有着重要的联系。卡特政府对华政策作为冷战以来美国对华政策的重要组成部分，无论在政策的生成还是运行上都深受美国国内单元层次的影响。具体来说，为了获得议案的通过，必须竭尽所能去和参众两院的议员们维持良好的关系。而为了获得权力的连任，也不得不考虑社会大众和民间舆论的影响。即在社会力量和国会议员的态度之间找寻适度的平衡。卡特政府没有理由做出打破平衡和超出底线的行为，这会危及自身的政治前途。无论国会层面还是社会层面，评价政府对外政策的标准基本可以概括为两点：第一，是否满足或代表自身的利益；第二，是否推行自身所信仰的价值和道义。从这个角度出发，卡特政府对华政策所考虑的着力点是要在处理好美国国家利益的基础上向中国推行美国人所推崇的价值理念、社会制度、生活方式等一系列"上层建筑"，以期彻底"改变中国"。针对卡特政府对华政策的"核心目的"，中国政府"见招拆招"，采取了具有针对性的回应措施。

首先，积极表明自身的鲜明立场，在涉及原则的问题上绝不退让。具体体现在两岸问题上，坚决表明大陆对台湾具有无可争辩的主权和"一个中国"的原则立场。从根本性打破美国政府在台湾问题上的某些幻想，并让美国政府明白打"台湾牌"是不现实和不理智的行为。如果想要继续推进与中国的政治外交、经济文化和科学技术领域的交流和合作，绝对不能挑战两岸问题的底线。否则就会从根基上动摇中美两国的关系，不利于两国的政府和民间交往。

其次，明确美国内部的政治结构，在白宫和国会采取不同交往方式。对于白宫的行政官僚更多的是通过官方的外交沟通如双方会谈、磋商，及时有效地进行沟通和协调。而对于党派林立派系复杂的美国国会，在对华事务的认知上各有主张。中方在明确对华亲近和友好的国会议员的同时强化国会声援中国的舆论阵地，充分争取持中间立场的国会议员，使得其至少在今后的涉华议案中不会对中国进行发难。至于国会的传统保守势力则在适当的时机与其展开对话，将中国真实的信息传递给他们，最大限度的让这些人了解到了客观和真实的中国，一定程度上消除了对中国既有的偏见和误解。

再次，认清中国发展的客观现状，采取了灵活变通的应对之策。20 世纪 80 年代的中国在综合国力的排行中不仅远远落后于美国，与日本和西欧等发达国家相比都有很大的劣势。仅以 1980 年世界经济总量排行为依据，当时美国的国民生产总值高达 28625 亿美元，位居世界第一；日本以 10715 亿美元位列第二；而中国当时仅有 3050 亿美元。除了经济上的巨大劣势，中国在科学技术领域与美国的差距也有几十年。但是中国并没有展现出妄自菲薄的姿态，而是不卑不亢去处理中美关系。与此同时，考虑到两国在综合国力上的巨大差距，当时的中国也并没有对自身的情况做出过于乐观的评估。这也间接导致了中国没有依附于美国，也没有成为与美国在任何问题上都持不同意见的国家。比如 1980 年莫斯科奥运会，中美就达成了难得的一致，共同响应抵制该届奥运会并且中方也没有派出代表团参加。但灵活变通并不等于对美国等西方国家的妥协和退让，而是在不动摇自身原则立场和坚守国家核心利益的基础上采取更加巧妙的方式最大限度的维护自身权益。

最后，切实提升国家的综合国力，提升两国交往中的外交资本。基于卡特政府在对华政策中存在固有缺陷和偏见的事实，中国政府除了通过外交途径与美国的保守势力展开了激烈的外交博弈，还利用与美国等西方发达国家难得交流和合作的机会使得自身经济文化、科学技术等领域获得了飞跃性的提升，更加坚定的向社会主义现代化目标大幅度迈进。在国际关系交往中获得更加公正的环境，除了在外交博弈中发挥机智才能，还应具备强大的综合国力作为支撑，不仅需要在经济文化领域，更需要在科学技术领域特别是军事科技的充分发展作为保障。即使美国等西方国家对中国进行技术封锁，中国仍然能够依靠强大的制度优势研发出具有自主知识产权的科技产品，打破西方国家的垄断，并最终了形成一批具有世界领先地位的科技集团。正如1977 年 12 月叶剑英在中央军委全体会议上指出，对于国防科研和工业要以自力更生为主，与此同时引进必要的先进技术和设备。科研必须走在生产的前面。[1] 中国在这种方针的指引下很快在世界尖端科技中取得突破，1983 年，经过六年艰苦攻关，国防科技大学银河亿次计算机[2]研制成功，使得巨型计算机领域基本迈入了世界领先水平。

5.3 对当下中美关系的启示

从卡特任期结束至今已经将近四十个年头，国际权力体系格局和美国自身的单元层次要素早已发生了深刻性的重组和变迁：美苏两国受冷战思维模式主导的国际权力体系架构随着苏东剧变逐渐重塑为以美国作为全球性强国，中国、欧盟、俄罗斯作为地区性强国（政治实体）的体系格局。美国国内的单元层次因素，特别是政治精英对于体系的认知也伴随着国际体系深刻性的变迁而发生了数次的调整。即便如此，卡特政府的对华政策在当下仍然具有启示意义。

21 世纪以来，随着中国的迅速崛起，中美两国在综合国力的差距逐渐缩小。以经济数据为例，1990 年中国的经济总量约为 0.36 万亿美元，同期美国则高达 5.97 万亿美元。美国的经济总量约为中国的 16.5倍。到了 2018 年，中国的经济总量高达 13.6 万亿美元，美国的经济总

1　中央文献研究室、解放军军事科学院 :《叶剑英军事文选》，解放军出版社 1997 年版，第 685-686 页。

2　银河系列巨型计算机（Galaxy series of giant computer）具有运算速度快、存贮容量大、处理能力强等特点。被广泛应用于地质勘探、数值预测以及图像处理等方面。

量为 20.49 万亿美元。中国的经济总量已经达到美国的 65%。而中国年均的经济增速要高于美国，按照这种趋势发展下去，中国将在不久的将来会在经济体量上超越美国，成为世界第一大经济体。美国担心中国如此迅猛的发展势头会危及美国的全球霸权地位和以美国所主导的世界政治经济体系。

特别是"911 事件"和次贷危机相继发生之后，美国在世界政治和经济秩序的主导地位受到了前所未有的挑战和质疑。与此同时，中国"一带一路"战略布局和亚投行（AIIB）的设立正在重新塑造着国际秩序。基于不断变迁的结构性现实，从小布什政府开始，美国的决策层开始重新拾起里根时代新保守主义的冷战思维，在战略上遏制中国的和平崛起，以"零和博弈"处理中美两国的分歧。2016 年特朗普政府上台之后，美国在两国贸易问题上无限放大分歧并且制造矛盾，以所谓的"逆全球化"思维破坏多年来形成的中美经贸良性合作的既有秩序。而在地缘战略上，又拉拢澳大利亚、印度以及东南亚一些国家形成了所谓的"印太战略"网以期在地缘战略空间上压制中国。

从某种程度来说，特朗普政府时期的"印太战略"与卡特政府时期提出的"硬缓和"战略有一定的相似性。卡特政府时期，布热津斯基将基辛格提出的缓和战略进行了改良，即在对外关系总体路径呈现缓和的基础上增添了对苏遏制以实现衡平。为了有效的围堵苏联，卡特政府在任内实现了中美关系正常化，将中国寄托成为遏制苏联的"桥头堡"。而在特朗普时代，美国又片面的将始终坚定不移走和平发展道路的中国理解为上世纪 70 年代的苏联。其在亚太地区部署的所谓"印太战略"网与当年遏制苏联在形式如出一辙，只是遏制对象由苏联换成了中国。

如果从新古典现实主义的角度去解读美国在战略层面将中国重新视作遏制对象的原因，首先，体系层次上，中国的全面崛起正在打破美国主导并垄断的世界政治经济体系。例如，在美国长期所主导的手机通讯市场出现了如中国的华为、小米等产品，占据了世界手机市场相当比例的市场份额，打破了美国长期在该领域的垄断局面。其次，单元层次上，理想主义与现实主义相互交织始终是美国战略文化的根本逻辑。当美国主观上认为中国的经济发展模式不能再为美国输送利益的时候，理想主义就逐渐成为美国对华战略思维的主基调，即通过遏制实现对中国的制衡。

那么，中美两国是否会避免直接的战略对抗，中美能否避免"修昔底德陷阱"吗？当今世界正面临百年未有之大变局，许多人通过特朗普上台后一系列对华遏制政策得出，中美会逐步走向日趋紧张的战略对抗，世界和平稳定的秩序会遭到严峻的冲击和挑战。但中美不会陷入"修昔底德陷阱"之中，更不会展开全面的对抗。诚然，在无政府的国际体系下，每个国家都担心自身的国家安全利益会遭到他国的侵害。当今的中国逐步走向繁荣和富强并成为世界经济增长的主要引擎，已不再是多年前那个落后封闭的中国。美国等一些西方国家对中国的急速崛起抱有很大的担忧，认为中国会代替美国所主导的世界体系和秩序。其实这是对中国发展崛起路径的严重误解。2015 年 9 月，习近平主席访问美国期间就提到，世界上本无"修昔底德陷阱"，但大国之间一再发生战略误判，就可能自己给自己造成"修昔底德陷阱"。[1]当今国际社会早已不是几千年前古希腊彼此封闭的城邦国。国家之间彼此的利益分布呈现出高度融合的状态，已经形成你中有我，我中有你的"人类命运共同体"。基于此，中美两国应该携手建立 21 世纪新型大国关系，即"不冲突不对抗"、"相互尊重"以及"合作共赢"，并承担起世界秩序稳定和发展的担当，共同推动人类文明迈向新的台阶。

1　详见人民网 2016 年 4 月 17 日，《正确认识"修昔底德陷阱"》http://opinion.people. com.cn/n1/2016/0417/c1003-28281386.html

结　语

　　卡特政府对华政策无论其生成还是运行都与20世纪70年代美国身处的国际体系层次和单元层次有着千丝万缕的联系。在体系层次上，由于美国在国际体系中与苏联的相对实力平衡逐渐被打破，战略环境出现了恶化。体系性的深刻变迁已经基本决定了此后的美国政府需要在对华政策上做出实质上的调整和变迁，否则就会使得美国的国家利益遭到难以评估的损失。而具体何时调整、通过何种方式调整等具体环节则必须要考虑到单元层次，即美国国内的情况。美国的战略外交文化、政治精英对于体系变化的认知、国内的政治制度以及社会力量都会是影响卡特政府对华政策的重要单元因素。体系层次作为自变量需要通过单元层次这一中介变量最终影响政府对外政策。因此，卡特政府对华政策的变迁需要综合考量体系层次和单元层次。

　　中美关系正常化让两国政治外交关系得以解冻。基于这种宏观环境的改善使得两国经济文化以及军事科技领域的合作逐步有计划的展开。在经济文化领域，中美两国高层领导人经过了一系列的会谈，终于解决了困扰两国多年的资产冻结问题和最惠国贸易谈判问题，扫清了制约美国对华经济政策推进的障碍。在此之后，中美经济关系持续升温，这不仅为中国的改革开放进程注入了动力，而且也让美国获得了可观的经济利益。但另一方面，经济文化政策的实质是美国希望在与中国的经济互动中推行"和平演变"战略，妄图颠覆中国政府，使其成为"西方自由社会的一部分"。在军事科技领域的交流，卡特政府上台之后，美国基于对抗苏联的战略基础和中国前景广阔的市场需求，开始寻求进一步与中国在包括军事技术在内的科技合作。不仅在军事技术交流、对华武器出口方面逐步放宽限制，促进中美防务合作不断深化，而且在对华转让民用技术方面也开始松绑。但是在中美科技交流和合作过程中，美国始终对中国心怀戒备，并不情愿把自身的尖端科技成果分享给中方。卡特政府推进与中国在科技领域上的合作，除了希望借助中国的实力对抗和遏制苏联之外，还有就是试图将中国强行纳入到以美国主导的国际体系结构中，逐步完成对中国的同化。

新古典现实主义所倡导的"体系层次＋单元层次"分析法也深刻影响着卡特政府对华政策的特性。体系层次决定卡特政府在宏观层面上需要采取联合中国遏制苏联的总体战略方针。但美国单元层次中的政治文化，政治精英对体系的认知，议会以及社会民意都会具体塑造着卡特政府对华政策的特性。例如美国的政治文化中有着理想主义和现实主义相互交织的传统，美国人从现实主义的角度审视对华关系认为与中国合作可以获得显见的现实利益，比如实现遏制苏联的战略利益或是可观的商业利益。但理想主义又使得美国深刻意识到两国意识形态的巨大差异，内中提防中国的同时又不断向中国输出大量的美式价值观以其从思想上"改造中国"。理想与现实的张力也在一定程度上影响了美国议会对华的态度，社会的民意。甚至美国政治精英的体系认知——卡特政府时期美国核心对华决策者在处理中美关系的思维也打上了这种烙印。总的来说，卡特对华政策与这时期美国国内单元层次有着密不可分的联系，这也就决定了卡特对华政策具有矛盾性、双轨性和短期性，逻辑缺陷显而易见。

　　这段尘封的往事距今已经四十多个年头，国际权力体系格局和美国自身的单元层次要素早已发生了深刻性的重组和变迁。不过卡特政府对华政策对当下的中美关系仍然具有借鉴意义。从某种程度来说，特朗普政府时期的"印太战略"与卡特政府时期提出的"硬缓和"战略有一定的相似性，实质上都是为了遏制战略对手，只是遏制对象由苏联换成了中国。但中美两国不会陷入"修昔底德陷阱"，更不会展开全面的战略对抗。[1]美国等一些西方国家对中国的崛起抱有很大的担忧，认为中国会改变美国所主导的世界体系和国际秩序，其实这是对中国发展崛起的严重误解。中美两国应该携手建立新型的大国关系，共同承担起世界秩序的稳定和发展的担当，推动人类文明迈向新的历史篇章！

1　刘振江：《论习近平国家治理思想的内在逻辑》，《马克思主义研究》，2017 年第 2 期。

参考文献

一、档案文献、史料汇编

1　美国对外关系文件集，FRUS（Foreign Relations of the United States）

　　Volume17 China（1969—1972）

　　Volume18 China（1973—1976）

　　Volume13 China（1977—1980）

2　USDDO（U.S. Declassified Documents Online）美国解密档案在线

3　DNSA（Digital National Security Archive）解密后的数字化美国国家安全档案

4　USCSS（U.S. Congressional Serial Set.1817—1994）美国国会文件集

5　RNPLM（Richard Nixon Presidential Library & Museum）尼克松总统图书馆

6　AAD（Access to Archive Database）美国国家档案与文件局档案数据库

7　APP（The American Presidency Project）美国总统系列文件

二、中文论著

1　毛泽东：《毛泽东外交文选》，中央文献出版社，1994 年。

2　周恩来：《周恩来统一战线文选》，人民出版社，1984 年。

3　周恩来：《周恩来外交文选》，中央文献出版社，1990 年。

4　中共中央文献研究室：《邓小平年谱》，中央文献出版社，2004 年。

5　中共中央文献研究室：《邓小平思想年谱》，中央文献出版社，1998 年。

6　叶剑英：《叶剑英军事文选》，中央文献出版社，1997 年。

7　黄镇：《黄镇文集》，中国友谊出版社，1994 年。

8　朱洪：《黄镇传》，人民日报出版社，2000 年。

9　黄华：《亲历与见闻—黄华回忆录》，世界知识出版社，2007 年。

10　陈志瑞、刘丰：《国际体系与国内政治：新古典现实主义的探索》，北京大学出版社，2015 年。

11　陶文钊：《中美关系史》（中卷、下卷），上海人民出版社，2004 年。

12　冬梅：《中美关系资料选编》，时事出版社，1982 年。

13　闫晓萍：《中美关系正常化与台湾问题》，社会科学文献出版社，2017 年。

14　刘连弟：《中美关系重要文献资料选编》，时事出版社，1996 年。

15　官力：《从解冻走向建交—中美关系正常化进程的再探讨》，中央文献出版社，2004 年。

16　郝雨凡：《白宫决策—从杜鲁门到克林顿的对华政策内幕》，东方出版社，2002 年。

17　王立新：《意识形态与美国外交政策》，上海人民出版社，2007 年。

18　李庆四：《美国国会与美国对华政策》，当代世界出版社，2002 年。

19　资中筠：《战后美国外交史》，世界知识出版社，1994 年。

20　郝雨凡：《美国对华政策内幕》，台海出版社，1998 年。

21　沈志华、杨奎松：《美国对华情报解密档案（1949—1976）》，东方出版中心，2007 年。

22　苏格：《美国对华政策与台湾问题》，世界知识出版社，1998 年。

23　杨生茂：《美国外交政策史：1775—1989》，上海人民出版社，1991 年。

24　倪世雄：《中美国家利益比较研究》，时事出版社，2004 年。

25　牛军：《冷战时代的中国战略决策》，世界知识出版社，2019 年。

26　樊超：《合作与共赢：蜜月期的中国与美国》，世界知识出版社，2016 年。

27　刘山，薛君度：《中国外交新论》，世界知识出版社，1998 年。

28 姚仲明:《将军、外交家、艺术家 —— 黄镇纪念文集》,解放军出版社,1992 年。

29 孙国维:《亲历中美建交:中国首任驻美大使柴泽民传》,世界知识出版社,2009 年。

30 张历历:《外交决策》,世界知识出版社 2007 年版,第 28 页。

31 [美]肯尼思·华尔兹;信强译:《国际政治理论》,上海人民出版社,2003 年。

32 [美]罗伯特·杰维斯著;秦亚青译:《国际政治中的知觉与错误知觉》,世界知识出版社,2003 年。

33 [加]诺林·里普里曼、[美]杰弗里·托利弗、[美]斯蒂芬·洛贝尔;刘丰、张晨译:《新古典现实主义国际政治理论》,上海人民出版社,2017 年。

34 [美]邹谠;王宁、周先进译:《美国在中国的失败》,人民出版社,1997 年。

35 [美]理查德·尼克松;马充生译:《尼克松回忆录》天地出版社,2019 年。

36 [美]约翰·米尔斯海默;王义栀、唐晓松译:《大国政治的悲剧》,上海人民出版社,2003 年。

37 [美]亨利·基辛格;陈遥华译:《白宫岁月:基辛格回忆录》,世界知识出版社,1980 年。

38 [美]托克维尔;董果良译:《论美国的民主》,商务印书馆,1997 年。

39 [美]亨利·基辛格;顾淑馨译:《大外交》,海南出版社,1998 年。

40 [美]吉米·卡特;卢君甫译:《忠于信仰》,新华出版社,1985 年。

41 [美]兹比格涅夫·布热津斯基;邱应觉译:《实力与原则:1977—1981 年国家安全顾问回忆录》,世界知识出版社,1985 年。

42 [美]兹比格涅夫·布热津斯基;中国国际问题研究所译:《大棋局:美国的首要地位及其地缘政治》,上海人民出版社,2007 年。

43 ［美］孔华润；张静尔译：《美国对中国的反应 —— 中美关系的历史剖析》，复旦大学出版社，1997 年。

44 ［美］塞勒斯·万斯；郭靖安译：《困难的抉择：美国对外政策的危急年代》，中国对外翻译出版社，1987 年。

45 ［美］卡伦·明斯特；潘忠岐译：《国际关系精要（第 3 版）》，上海世纪出版集团，2007 年。

46 ［美］哈罗德·布朗；现代国际关系研究所北欧研究室译：《关于国家安全的构想》，时事出版社，1986 年。

47 ［美］罗伯特·S·罗斯；丛凤辉译：《风云变幻的美中关系 (1969—1989)：在谈判中合作》，中央编译出版社，1998 年。

48 ［美］罗伯特·基欧汉、约瑟夫·奈；门洪华译：《权力与相互依赖》，北京大学出版社，2002 年。

49 ［美］查尔斯·林德布洛姆著；竺乾威译：《决策过程》，上海译文出版社，1988 年。

三、中文论文

1 刘劲松：《中美军事关系的历史演变、问题和前景》，《战略与管理》，1997 年第 5 期。

2 斯塔尔；李向前译：《评哈里·哈丁新作脆弱的关系：1972 年以来的美国与中国》，《国外社会科学》，1994 年第 7 期。

3 陈志瑞，刘丰：《国际体系、国内政治与外交政策理论 —— 新古典现实主义的理论构建与经验拓展》，《世界经济与政治》，2014 年第 3 期。

4 刘丰，陈志瑞：《东亚国家应对中国崛起的战略选择：一种新古典现实主义的解释》，《当代亚太》，2015 年第 8 期。

5 李巍：《从体系层次到单元层次：国内政治与新古典现实主义》，《外交评论》，2009 年第 5 期.

6 徐其森，王英：《国内新古典现实主义理论研究综述》，《现代国际关系》，2012 年第 9 期。

7　王鸣鸣：《外交政策分析：理论与方法》，中国社会科学出版社 2008 年版，第 16 页。

8　郑义民，倪世雄：《美国外交决策模式研究》，《复旦学报（社会科学版）》，1988 年第 6 期。

9　张清敏：《外交政策分析的三个流派》，《世界经济与政治》，2001 年第 3 期。

10　张清敏：《外交政策分析的认知视角：理论与方法》，《国际论坛》，2003 年第 1 期。

11　张清敏：《小集团思维模式：外交政策分析的特殊模式》，《国际论坛》，2004 第 2 期。

12　张清敏：《外交决策的微观分析模式及其应用》，《世界经济与政治》2006 第 11 期。

13　张清敏：《国际政治心理学流派分析》，《国际政治科学》，2008 年第 3 期。

14　唐晓：《美国外交决策机制概论》，《外交学院学报》，1996 年第 1 期。刘文祥：《考察影响美国外交决策的国内因素》，《世界经济与政治》，1999 年第 8 期。

15　孙哲：《美国的总统外交与国会外交》，《复旦大学学报（社会科学版）》，2001 年第 4 期。

16　李艳辉：《政党与利益集团对美国外交决策的影响》，《湘潭大学社会科学学报》，2003 年第 3 期。

17　李艳辉：《谈公众舆论对美国外交决策的影响》，《湘潭大学社会科学学报》，2003 年第 6 期。

18　钱文荣：《美国思想库及其对美国外交政策的影响》，《亚非纵横》，2004 年第 3 期。

19　王缉思：《中美外交决策的国内环境比较》，《国际政治研究》，2006 年第 1 期。

20　张历历：《21 世纪初期中美外交决策机制比较研究》，《世界经济与政治》，2009 年第 9 期。

21 参见余丽：《美国外交决策模式分析：以中美建交为例》，《郑州大学学报（社会科学版）》，2008 年第 1 期。

22 夏立平：《当代国际关系中的三角关系：超越均势理念》，《世界经济与政治》，2002 年第 1 期。

23 申玉庆：《外交决策的微观认知视角对杰维斯认知理论的几点评价和思考》，《外交评论》，2005 年第 5 期。

24 毕云红：《外交决策及其影响因素》，《世界政治与经济》，2002 年第 1 期。

25 王存刚：《当今中国的外交政策：谁在制定 谁在影响》，《外交评论》，2012 年第 2 期。

26 齐建华：《影响中国外交决策的五大因素》，中央编译出版社，2010 年。参见牛军：《冷战与中国外交决策》，九州出版社 2013 年版。

27 茅文婷：《尼克松访华前中美秘密渠道考察》，《中共党史研究》，2011 年第 6 期。

28 威尔达：《中美关系正常化的最初步骤》，《当代中国史研究》，2011 年第 2 期。

29 徐红艳：《美国国会与中美关系正常化问题（1972—1977 年）》，《同济大学学报（社会科学版）》，2003 年第 4 期。

30 赵学功：《中美建交谈判的历史考察》，《理论视野》，2009 年第 8 期。

31 赵学功：《卡特政府的对华政策与中美关系正常化》，《西南大学学报（社会科学版）》，2007 年第 6 期。

32 张杰、宋卓如：《尼克松政府对中苏冲突的评估、分析与决策》，《国际论坛》，2013 年第 2 期。

33 骆亦粟：《70 年代中美关系解冻的开端—对中美最后两次大使级会谈的回顾》，《外交学院学报》，2000 年第 4 期。

34 夏立平：《当代国际关系中的三角关系：超越均势理念》，《世界经济与政治》，2002 年第 1 期。

35　忻泽：《安哥拉内战与美中关系 —— 基于美国联华援安战略始末的考察》,《四川师范大学学报（社会科学版）》,2017 年第 1 期。

36　忻泽：《卡特政府的对华技术转让与军售问题》,《美国研究》,2016 年第 5 期。

37　董振瑞：《邓小平与卡特时期的中美外交博弈》,《党的文献》,2012 年第 3 期。

38　张清敏：《美国对台军售决策的官僚政治因素》,《国际政治科学》,2006 年第 1 期。

39　杨建国：《卡特政府在巴拿马运河新条约上的双重政治博弈（1977—1979）》,《世界历史》,2020 年第 4 期。

40　王宝付：《中美军事关系 30 年回顾与展望》,《国际问题研究》,2009 年第 1 期。

41　邓峥云：《二十世纪七十年代中美关于私人求偿和冻结资产问题的谈判》,《中共党史研究》,2016 年第 7 期。

42　王东、梁凯钦：《卡特政府时期中美军备技术交流述论》,《中共党史研究》。2018 年第 2 期。

43　刘振江：《论习近平国家治理思想的内在逻辑》,《马克思主义研究》,2017 年第 2 期。

44　潭荣邦：《苏联侵略阿富汗原因新论》,《当代世界与社会主义》,1996 年第 10 期。

45　邓峥云：《二十世纪七十年代中美经贸关系研究》,中央党校博士论文,2016 年。

46　杨建国：《卡特时期美国对华"双轨制"政策研究》,华中师范大学博士论文,2014 年。

47　何伟：《外交表演与身份演化的动力：福特政府和卡特政府对华关系正常化比较研究》,外交学院博士论文,2014 年。

48　宋志艳：《中国外交决策机制研究》,中共中央党校博士论文,2017 年。

49　张键：《冷战后中国东亚外交战略的学理分析》,外交学院博士论文,2011 年。

四、英文论著

1   Paul't Hart, Eric K.Beyond Groupthink.Political Group Dynamics and Foreign Policy-making, The University of Michigan Press, 1955.

2   Horold and Margaret Sprout, The Ecological Perspective on Human Affairs with Special Reference to International Politics, Princeton University Press, 1965.

3   Margaret G .Hermann, A Psychological Examination of Political Leaders, Free Press, 1977.

4   Harry Harding: A fragile relationship: the United States and China since 1972, the Brooking institution Press, 1992.

5   James Mann: About Face-A History of American's Curious Relationship with China, From Nixon to Clinton, Alfred A. Knopf, 1999.

6   Bush George & Scowcroft Bent: A World Transformed, Alfred A. Knopf, 1998.

7   Henry J·Kenny: The American Role in Vietnam & East Asia, Praeger, 1984.

卡特政府对华政策与中美建交

宋辰熙　著

责任编辑　王春永
装帧设计　高　林
排　　版　赖艳萍
印　　务　刘汉举

出版　　开明书店
　　　　香港北角英皇道 499 号北角工业大厦一楼 B
　　　　电话：(852) 2137 2338　传真：(852) 2713 8202
　　　　电子邮件：info@chunghwabook.com.hk
　　　　网址：http://www.chunghwabook.com.hk

发行　　香港联合书刊物流有限公司
　　　　香港新界荃湾德士古道 220–248 号
　　　　荃湾工业中心 16 楼
　　　　电话：(852) 2150 2100　传真：(852) 2407 3062
　　　　电子邮件：info@suplogistics.com.hk

印刷　　美雅印刷制本有限公司
　　　　香港观塘荣业街 6 号海滨工业大厦 4 楼 A 室

版次　　2022 年 2 月初版
　　　　© 2022 开明书店

规格　　16 开（230mm×160mm）

ISBN　　978-962-459-238-2